中国少数民族语言话语材料丛书
ZHONGGUO SHAOSHU MINZU YUYAN HUAYU CAILIAO CONGSHU

佤语话语材料集
WAYU HUAYU CAILIAOJI

赵富荣 陈国庆 ◎ 编著

中央民族大学出版社
China Minzu University Press

图书在版编目（CIP）数据

佤语话语材料集/赵富荣，陈国庆编. —北京：中央民族大学出版社，2010.8
ISBN 978-7-81108-733-8

Ⅰ. ①佤… Ⅱ. ①赵…②陈… Ⅲ. ①佤语—语言学—研究 Ⅳ. H255

中国版本图书馆 CIP 数据核字（2010）第 137125 号

佤语话语材料集

编　　者	赵富荣　陈国庆
责任编辑	方　圆
封面设计	汤建军
出 版 者	中央民族大学出版社
	北京市海淀区中关村南大街 27 号　邮编：100081
	电话：68472815（发行部）　传真：68932751（发行部）
	68932218（总编室）　　　68932447（办公室）
发 行 者	全国各地新华书店
印 刷 厂	北京骏驰印刷有限公司
开　　本	787×960（毫米）　1/16　印张：14.75
字　　数	200 千字
版　　次	2010 年 8 月第 1 版　2010 年 8 月第 1 次印刷
书　　号	ISBN 978-7-81108-733-8
定　　价	45.00 元

版权所有　翻印必究

内容提要

此书为中央民族大学"211"工程项目"中国少数民族语言文化及口头非物质文化遗产调查与资料整理制作"之二级项目——佤语话语材料的研究成果，书中的佤语话语材料主要是以云南沧源佤族自治县境内的布饶克方言点为研究对象，此书的具体内容主要介绍了佤族社会、历史、文化等方面的概况；介绍了佤语的声母、韵母、松紧系统；佤语的词法、句法特点；佤语神话故事《司岗里传说》；佤语俗语。

前　言

佤族是一个历史悠久的民族，为云南独有的民族，佤族有自己的语言，历史上没有自己的文字，过去主要以刻木、结绳记事和实物来传递信息。在长期的生产活动实践中，佤族人民用自己的勤劳和智慧，创造了丰富多彩的口头非物质文化，主要有神话、传说、民间故事、歌谣、谚语、谜语等艺术形式。由于没有自己的传统文字，佤族这些富有哲理、生动活泼、妙趣横生的口头非物质文化，主要是通过口耳相传的方式流传于世；是以口头的形式得以保存；是佤族人民珍贵的非物质文化遗产。

在当前的现代社会背景下，佤族人民这些珍贵的口头非物质文化，随时可能面临着失传和消失的命运，对于它们的收集、保护、整理等工作是一件迫在眉睫而有意义的事。《佤语话语材料集》的完成，在一定程度上及时地、较好地保留、抢救了佤族这些可能消失的传统文化，具有重要的历史和文化价值。同时，本项目的完成，不仅对于发展语言科学、推动民族文化的研究工作；对于丰富祖国的文化宝库、繁荣民族文化；对于做好民族工作、促进和发展我国民族大家庭的团结与进步，都是有益处的。

《佤语话语材料集》是以云南省沧源佤族自治县境内的布饶克方言（Parauk）为主要调查对象，具体内容有佤族神话传说——司岗里、佤族谚语等。其中，佤族神话传说"司岗里"主要参考了沧源佤族文化研究中心秘书长王学兵先生整理编写的《佤族司岗里传说》；佤族谚语主要参考了王敬骝主编的《佤语熟语汇释》中的相关内容，同时，沧源县肖子生、王有明、陈卫东、田国荣等先生做了一些具体的解释和说明。

佤语长篇话语材料项目主要由赵富荣、陈国庆承担完成，中央民族大学研究生董秀坽、尹巧云也参加了课题的相关调查研究工作。

编者

2008 年 11 月 25 日

目　录

第一章　佤语概况 ··································· 1
　一、语音 ··· 1
　二、语法 ··· 5
　三、方言土语 ····································· 11
第二章　司岗里传说 ································· 14
　宇宙与生命的产生 ································· 14
　人类再生 ··· 28
　葫芦里孕育新的人类 ······························· 42
　第三批人类从葫芦里再生 ··························· 55
　炫耀本领的一次盛会 ······························· 74
　艾佤首居门高西爷 ································· 96
　寻找太阳 ·· 106
　寻找长生不老药 ·································· 123
第三章　佤语熟语 ·································· 134
第四章　佤语基本词汇 ······························ 203
参考文献 ·· 226
后记 ·· 227

第一章　佤语概况[1]

佤族有 298,591 人（1982 年）。佤语是我国佤族的语言，属于南亚语系。主要分布在我国云南省的沧源佤族自治县、西盟佤族自治县以及孟连、澜沧、双江、耿马、永德等地。国外的佤族主要分布在缅甸境内。

佤语分巴饶克、佤、阿佤三个方言。

佤文是解放后新创制的一种民族文字，完全采用 26 个拉丁字母，并尽可能以相同的字母形式表达佤语和汉语相同或相近的语音，以利于各族人民间的相互学习和文化交流。

现将佤语的语音、语法、方言的简单情况介绍如下（语音、语法以巴饶克方言岩帅话为代表）：

一、语音

（一）音位

1. 辅音音位有三十八个：

p	ph	b	bh	m	mh	f	v	vh
ts	tsh				s			
t	th	d	dh	n	nh	l	lh	
						r	rh	
tɕ	tɕh	dʑ	dʑh	ȵ	ȵh	ʑ	ʑh	
k	kh	g	gh	ŋ	ŋh			
ʔ					h			

说明：

（1）辅音后面的"h"表示送气符号。

（2）ts、tsh 是专拼汉语借词的。

---

[1] 本部分内容源自：周植志. 佤语[A]. 中央民族学院少数民族语言研究所 编. 中国少数民族语言[C]. 四川人民出版社, 1987.11: 731-742. 本书运用时, 对原文做了一些标记和调整。

（3）r、rh 的摩擦较小，颤动微弱，实际音值相当于 ɹ、ɹh。
（4）h 的实际音值为 /ɦ/。
（5）b、bh、d、dh、dz、dzh、g、gh 的前面带有同部位的鼻音。
（6）tɕ、tɕh、dʑ、dʑh、ʑ、ʑh 等发音时，舌面前部与硬腭接触偏央偏后。

例词：

p	pa̠ʔ	你俩
ph	pha̠	半拉篾盒
b	ba̠	大腿
bh	bha̠ŋ	敞开
m	ma̠	地（田地）
mh	mha̠	篾片
f	fa̠	乏（？）
v	va̠	宽
vh	vha̠ʔ	叶猴（？）
ts	tsi̠ pu̠	支部
tsh	tshi̠ʔ	尺
s	sa̠	凉拌菜
t	ta̠	苍白
th	tha̠	等待（？）
d	da̠	晒
dh	dha̠	事先
n	na̠	横七竖八（？仰八叉似的躺着）
nh	nha̠	馋
l	la̠	驴
lh	lha̠	迟
r	ra̠	二
rh	rha̠	雪
tɕ	tɕa̠	蝉
tɕh	tɕhy̠	试
dʑ	dʑa̠	遮

ʤh	ʤha̠ʔ	骂
ɲ	ɲa	丝儿
ɲh	ɲha̠p	麻烦
ʑ	ʑa	呀（表示惊讶）
ʑh	ʑha̠	下，产子
k	ka̠	烤
kh	kha̠	炼
g	gai	苔，藓
gh	gha̠	税
ŋ	ŋai	眼睛
ŋh	ŋha̠	公，雄
ʔ	ʔa̠ʔ	我俩
h	ha̠	也许

2. 元音音位有十八个：

i e ɛ a ɑ ɔ o u y ɯ
i̠ e̠ ɛ̠ a̠ ɑ̠ ɔ̠ o̠ u̠ y̠ ɯ̠

说明：
（1）元音下面的"-"符号，表示紧元音。
（2）紧元音舌位都比松元音舌位略为偏低。
（3）送气辅音、喉塞音ʔ以及擦音h后面的元音都是紧的。
（4）-i、-i̠在 ts、tsh 后面的实际读音为/ɿ/、/ɿ̠/。

例词：

i	tiʔ	一		ɔ	mɔʔ	谁
i̲	ti̲ʔ	自己		o	toʔ	稠
e	peʔ	山羊		o̲	so̲ʔ	狗
e̲	pe̲ʔ	你们		u	pu	厚
ɛ	kɛh	让		u̲	pu̲	飞
ɛ̲	kɛ̲h	劝		ɤ	rɤ	船
a	ka	啃		ɤ̲	rɤ̲	拖（？抛）
a̲	ka̲	烤				
ɔ	mɔʔ	满满的（？）		ɯ	bɯ	油
				ɯ̲	bɯ̲	耳坠子

（二）音素组合情况

岩帅佤话的辅音都可以居于音节的开头，居于音节末尾的辅音只有 p、t、m、n、ŋ、k、ʔ、h 八个。

塞音 p、ph、b、bh、k、kh、g、gh 可以与边音 l、擦颤音 r 组成复辅音，共十六个：

pl　plh　bl　bhl　kl　khl　gl　ghl
pr　phr　br　bhr　kr　khr　gr　ghr

元音与元音都可以组合成二合元音或三合元音，共三十二个：

iɛ　ia　io　iu　ɛa　ai　aɯ　ɔi　oi　iu　ua　ɤi　ɯi　iau　uai

i̲ɛ̲　i̲a̲　i̲o̲　i̲u̲　ɛ̲a̲　a̲i̲　a̲ɯ̲　ɔ̲i̲　o̲i̲　i̲u̲　u̲a̲　ɤ̲i̲　ɯ̲i̲　i̲a̲u̲　u̲a̲i̲

单元音和复元音都可以带辅音尾，因此，音节数目相当多，但结构形式整齐，很有规律。根据这种结合情况，佤语的音节结构可以归纳为 12 种基本形式（c 代表辅音，v 代表元音）：

cv　va̲　宽　　　cvc　kat　刺
cvv　la̲i　松鼠　　cvvc　kaik　害羞
cvvv　pia̲u　表　　cvvvc　phia̲uk　捆
ccv　kra̲　沙哑　　ccvc　glak（？klak）锄，铲
ccvv　gra̲ɯ　笼子　ccvvc　pra̲ɯk　斟，倒
ccvvv　plia̲u（？pia̲u）飘

ccvvvc khriauh 鸟叫声

二、 语法

（一）构词方式

佤语的构词方式可分为三类：

1. 单纯词

pui 人　kɛt 很　mai 和　paŋ-pɯt 翻筋斗　ku-kɛ 鸽子 nak-nɔn 开玩笑　kaŋ-kɔi 兔子

2. 合成词

tauʔ-lhaʔ 蔬菜　krai-lau 讲述　ŋhoʔ-pit 糯稻
菜-叶　　　　说-讲　　　　稻-糯

hauk-kauʔ 成长
上、爬-个儿

还有一部分合成词是由词根和附加成分组成的，如：

tɕau-tɕau 使者　kɔn-sim 鸟儿
者-差遣　　　　儿-鸟

3. 有一部分词用有规律的语音变化表示语法意义的差异：

用辅音清浊交替区别词类。如：

动词	名词	动词	量词
tɛp 盖	dɛp 盖子	pin 抓	bin 把
tɕim 钉	dʑim 钉子	pɯih 背	bɯih 背

有一部分动词以辅音的清浊交替区分他动与自动。如：

他动　　　自动
kah 解开　gah 散开
pauh 打开　bauh 敞开

用元音替换区别人称代词的双数和多数。如：

双数　　　多数
paʔ 你俩　peʔ 你们
kɛʔ 他俩　ki ʔ 他们
ʔaʔ 咱俩　ʔeʔ 咱们

用元音替换区别指示代词的近指与远指。如：

近指　　　远指

ʔin 这　　ʔan 那

tin 这里　　tan 那里

用元音替换区别量词所表示的量的差异。如：

diŋ 这么点儿，这么多　duaiŋ 这么点儿，这么多（量比 diŋ 少）

glaŋ 这么长　gluiŋ 这么长（长度比 glaŋ 短）

（二）词类

佤语的词可分为名词、量词、数词、代词、形容词、状词、副词、介词、连词、助词和叹词等十二类。

1. 名词

名词受数量词组修饰，修饰时数量词组在名词之后。如：

pui tiʔ kaɯʔ 一个人

人　　一　个

krak tiʔ mu 一头水牛

水牛　一　头

名词一般不能重叠，如不能说 pui pui（人人），但有少数亲属称谓的名词可以重叠，重叠后表示亲切的意思。如：

taʔ　taʔ 祖父　　kɯin kɯin 父亲

祖父　祖父　　　　父亲　父亲

2. 量词

量词一般不能重叠。若要说明每个都包括在内时，用 ku（每）加在量词前面表示。如：

ku ŋaiʔ 每天、天天　　ku daɯh 各处、处处

每　天　　　　　　　每　处

量词经常和数词结合成数量词组作句子成分（例见"数词"部分）。

3. 数词

数词可分为固有的数词和借傣语的数词。

固有的，如：

tiʔ 一 ra̱ 二 lo̱i 三 pɔn 四 phu̱an 五 liah
六 ʔa-liah 七 daiʔ 八 dim 九 kau̱ 十 ȥieh 百
借傣语的，如：

sa̱m sip 三十 si sip 四十 ha̱ si̱p 五十 rhɔk si̱p 六十
rhe̱ŋ 千 mhu̱n 万

数词和量词组合成数量词组作句子成分。如：

ʔɤʔ liak pliʔ ra̱ kin．我买两斤水果。
我 买 水果 二 斤

4. 代词

代词可分为人称代词、指示代词、疑问代词、量代词和反身代词。

人称代词有单数、双数和复数的区别。第一人称代词双数、复数有包括式和排除式的区别。如：

	单数	双数	复数
第一人称	ʔɤʔ 我	ʔaʔ 咱俩 （排除式）	ʔeʔ 咱们 （包括式）
		ȥieʔ 我们俩 （排除式）	ʔiʔ 我们 （包括式）
第二人称	maiʔ 你	paʔ 你俩	peʔ 你们
第三人称	nɔh 他、她、它	kɛʔ 他俩、她俩	kiʔ 他们、她们、它们

量代词可以和疑问代词 mɛʔ（多少、几）结合，表示疑问。如：

mɛʔ gu̱an 多（么）宽
多少 这么宽

反身代词有 tiʔ（自己）和 si-ru（ʔtɕau-ru）（自己）两个。tiʔ（自己）用在宾语后边作定语；用在谓语后边，强调谓语和主语的关系（？）。如：

ʔɤʔ tɕɯp si-beʔ tiʔ. 我穿自己的衣服。
我   穿   衣服   自己

si-ru（自己）一般用在谓语的后边，强调行为、动作等产生于自身，而不是由于外力。如：

ʔɤʔ zuh si-ru. 我自己做。
我   做   自己

5. 动词

动词能用肯定否定相叠的方式表示疑问，如：

zuh ʔaŋ zuh？做不做？
做   不   做

动词与情貌助词 deʔ-saŋ（将要…了）、ʔuik（正…着）、hɔik（已经…了）等结合，表示动作将要进行，正在进行或已经完成。如：

nɔh   deʔ-saŋ   hɔik. 他将要来了。
他   将要…了   来

kiʔ   ʔuik   gaik   lai   taŋ. 他们正在那里看书。
他们 正…着 看   书   那里

kaiŋ zuh ʔɤʔ hɔik   hɔik. 我做的工作已经完了。
工作 做   我   已经…了 完

6. 形容词

单音节形容词可以重叠，表示强调事物性状的程度。如：

tai ʔin rauh rauh. 这花红红的。
花   这   红   红

形容词能受副词修饰。如：

ket thɔ 很浅   rɔi lhauŋ 稍高
     很浅   稍高

7. 状词

状词是描写性质、状态和声音等的词，通常修饰形容词、动词。如：

plaŋ lhɯiŋ-lhɯiŋ 光溜溜   ɲiah rɔi 笑眯眯
光滑 光滑状   笑   微笑状

8. 副词

副词主要修饰动词和形容词。如：

kɿʔ　tauɯk　hu．他们才去。
他们　才　去

man　ʔin　kin　mhɔm．这布最好。
布　　这　最　好

9. 介词

介词不能单独做句子成分，用在名词、代词等的前边构成介词词组。如：

ȵi　　　lhauŋ　khaiŋ　nɔh．老二比他高。
老二（男）高　　比　　他

sai　　　hu　mai　mai？．老四跟你去。
老四（男）去　跟　你

10. 连词

连词可分为并列连词与主从连词。
并列连词起连接词与词、分句与分句的作用。如：

sɿ-vɔŋ　mai　ŋhɔʔ．玉米和稻谷。
玉米　　和　稻谷

dauɯh　mɔh　mai？　hu，dauɯh　mɔh　nɔh　hu．
或　　　是　　你　　去　　或　　　是　　他　　去
无论是你去，还是他去。

主从连词只起连接分句与分句的作用。如：

sin　praiʔ　lhɛʔ　kɛ，ʔɣʔ　ʔaŋ　lai　hu．
如果　天　下雨　一会儿　我　不　再　去
如果天下雨，我就不去了。

11. 助词

助词可分为结构助词、情貌助词、语气助词三类。
结构助词附在别的词或词组的前后（？结构助词附着于别的词或词组），表示结构关系。如：

ʔin　mɔh　tɕie　mai？．这是你的。
这　是　的　你

maɯ? lauik pa mhɔm. 你挑好的。
你 挑   的 好

情貌动词用在动词或形容词前面，表示动作、情态将要进行、正在进行或已经完成等。如：

tai saŋ pruih. 花要开了。
花 要…了 开

rɔm ʔuik lok. 水正开着。
水   正…着 沸

prai? hoik riaŋ. 天已经亮了。
天   已经…了 亮

语气助词居于句末，表示祈使、疑问、惊叹等语气。如：

pa? hu hɤi! 你俩走吧！
你俩 去 吧

saŋ ʔih mai? nɔh laih? 你想吃吗？
想   吃 你   它   吗

nie? ʔin ruk mhɔm hɤi! 这房子真好！
房子 这 真   好   啊

12. 叹词

叹词单独用在句子的前边，表示赞叹、悲伤、惊讶等强烈感情。如：

ʔa! mai? dʑiat tɕi? zuh! 啊！你真会做！
啊   你   恰   会   做

ʔa?-vɛ?! sauɯ?! 哎哟！疼！
哎哟   疼

（三）句子成分和基本语序

佤语句子有主语、谓语、宾语、表语、定语、状语和补语七种成分。

语序是佤语表达语法意义的主要手段。主语、谓语在语气不同的句子中位置不同。陈述、祈使和感叹等语气的句子，一般是主语在谓语之前。如：

kɔn-n̥ɔm　gauɯ　lai．小孩读书。（陈述句）
小孩　　　学习　书
pɛʔ　hu　khaiŋ．你们走吧。（祈使句）
你们　走　吧
ʔa！　man　ʔin　ruk　mhɔm！
啊　　布　　这　真　好
啊！这布真好啊！（感叹句）
疑问句一般是主语在谓语之后。如：
hɔik　　　zuh　maiʔ　laih？你已经做了吗？
已经…了　做　　你　　吗
宾语通常在谓语的后边。如：
lau-sɯ　pɔt　lai．老师写字。
老师　　写　字
但在谓语在主语之前的句子中，宾语就在主语的后边。如：
zuh　nɔh　tiʔ？他做什么？
做　　他　什么
状语有的在谓语的前面，有的在谓语的后面。如：
maiʔ　bauʔ　krai．你再说。
你　　再　　说
nɔh　hɔik　krai　khɔm-ʔuik．他全部都说了。
他　　了　　说　　全部
定语在中心语的后面。如：
kiʔ　pauk　ma　khrauʔ．他们挖新地。
他们　挖　地　新
补语一般在谓语的后面。如：
maiʔ　krai　si-dɔŋ．你说清楚。
你　　说　　清楚

三、方言土语

佤语分为巴饶克、佤、阿佤三个方言。这三个方言的分布情况大致与佤族的自称和地理分布相当。聚居在阿佤山边缘地带的沧源、澜沧两县以及与这两县毗邻的耿马、双江等县的佤族自称 pɑrauk（巴饶克）或 pɑ-ɣauk，说这个方言的人口约 17 万；聚居在阿佤山地带西盟、孟连两县以及与这两县毗邻的澜沧县的部分地区自称 ʔa-vɤʔ（阿佤）、rɤ-viaʔ、voʔ 或 ʔa-vɤʔ-lɔi 等，说这个方言的人口约七万；杂居在永德、镇康两县的佤族自称 vaʔ（佤），说这个方言的人口约三万。

　　这三个方言不论在语音、词汇和语法上都有它们的共同点，都有比较一致的基本词汇和语法结构。比如原没有声调、复辅音和复元音，有的辅音可居于音节的末尾；词汇以单音节根词为基础，构词法基本相同；修饰语在被修饰语的后面等。但有不同程度的差异，比如阿佤方言元音不分松紧，巴饶克方言元音分松紧，而佤方言元音的松紧与声调有密切的关系（松元音音节读低降[21]，紧元音音节读高降[51]）；巴饶克方言和阿佤方言都有用语音交替区分词性等情况，而佤方言没有这种现象。如：

词义	巴饶克方言[2]	阿佤方言[3]	佤方言[4]
挑	klɔm	klɔm	klɔm
一挑	glɔm	glɔm	klɔm
跨、渡	tiaŋ	thuaŋ	thaŋ
一步	diaŋ	dhuaŋ	thaŋ

巴饶克方言和阿佤方言在疑问句里，谓语一般在主语的前面，佤方言的疑问句则是主语——谓语的形式。如：

巴饶克方言：saŋ　hu　**mai**ʔ　dɯ-mɔʔ ?
　　　　　　要　 去　你　　哪里
　　　　　你要去哪里？

阿佤方言：som　hc　**mei**ʔ　thauʔ-miuʔ ?
　　　　　要　 去　你　　哪里

---

[2] 以岩帅佤话为代表，下同。
[3] 以马散佤话为代表，下同。
[4] 以孟汞佤话为代表，下同。

你要去哪里？
佤方言：bʌʔ hu̱ tau̱ʔ-taʔ [5] ?
　　　　你　　去　　哪里
　　　　你要去哪里？

---

[5] 周植志、颜其香编著《佤语简志》中（第149页）为 tau̱ʔ-ta，待考。

第二章 司岗里传说
bɯɯn sigaŋ lih [1]
传说 司岗 里（出来）

zam dzaɯɯh hakteʔ tiʔ bi
时候 开始 世界 助词 结果

  ʔah ʔeʔ parauk loʔ bɯɯn taʔ mai loʔ bɯɯn sigaŋ, tɯɯ
讲 我们 布饶克(佤族支系) 话 故事 祖先 和 话 故事 司岗 一定
hoik saŋ moh grɔŋ sigaŋ lih. bɯɯn sigaŋ lih kin laŋ kin laŋ, pa lau
已经 将 是 情况 司岗 出来 故事 司岗 出来 很 长 很 长 的 讲述
pui ku kaɯɯʔ kɔn ʔaŋ ʔɔm pau˺ tiʔ. khɔm moh nan, ʔeʔ kah lau
人 每个 还 不 一样 同伴 自己 即使 是 那样 我们 也 讲述
tɕie tiʔ. ku kaɯɯʔ, noh ʔaŋ ʔɔm kɔʔ, ʔante ʔɔt luan khain bɯɯn
的 自己 每 个 它 不 相似 即使 并非 助词 出入 于 故事
sigaŋ meʔdiŋ tiʔ. tɕa moh zi peʔ. loʔ moʔ peʔ tɕaŋ zi loʔ pui
司岗 多少 什么 只要 是 相信 你们 话 谁 你们 就 相信 话 人
ʔan.
那个

  loʔ ʔah pui, diʔdiʔ piaŋ mɯŋ ʔaŋ titiʔ naŋ koi.zam ʔan ʔaŋ
话 讲 人们 从前 之上 世界 不 什么 尚 有 时候 那 没
simʔuiŋ mai khiʔ naŋ koi, ʔaŋ siŋaiʔ mai hakteʔ naŋ koi, khauʔʔoʔ tosat
星星 和 月亮 尚 有 没 太阳 和 地球 尚 有 植物 动物
khɔm ʔeʔ kɔnpui ʔuik kah ʔaŋ naŋ koi zam ʔan.daɯʔ mɯŋ ʔuik
包括 我们 人类 全部 也 没 尚 有 时候 那 里面 世界 全部

---

[1] 本部分内容选译自：王学兵 译著. 司岗里传说(中国·沧源文化丛书之一)[M]. 远方出版社，2004.4.

moh ŋeh sim̠o̠k ʔu̠ik. . hoik khaiʔ pakhioŋ hauk du lhauŋ, pakian tɕot dauʔ
是 仅仅 雾 全部 到 后 轻的 上 处 高 重的 掉 里
tiam pu̠m ti̠ʔ tauu. ʔaŋ toŋ koi meʔmum moʔ ŋeh, pakhioŋ hauk
低 聚集 助词 一起 不 知道 有 多少年 多少 语气助词 轻的 上
du lhauŋ ku̠u̠m moh rauma, pakian khro̠m ti̠ʔ tauu ku̠u̠m moh hakteʔ. dauʔ
处 高 就 是 天 重的 集合助词 一起 就 是 地面 里面
gry̠ŋ zi khaiʔ, ŋoh ku̠u̠m moh du ʔo̠t ʔeʔ, ʔeʔ ku̠u̠m ʔah ro̠mma
中间 空 后 它 就 是 地方 居住 我们 我们 所以 叫 天空
kah. ʔin ku̠u̠m moh lo̠ʔ taʔ ʔeʔ "zam dzau̠h hakteʔ ti̠ʔ bi, zam
以 这 就 是 话 祖先 我们 时候 开始 世界 助词 结果 时候
dzau̠h ko̠nmoi ti̠ʔ beʔ?".
开始 牛崽 助词 叫

zam dzau̠h hakteʔ ti̠ʔ bi ʔah ʔeʔ, hakteʔ koi ŋeh ʔo̠m bi
时候 开始 地球 助词 结果 讲 我们 地球 有 仅仅 像 颗粒
simau̠ʔ. ŋoh ʔo̠t siŋek tiŋ siŋek, ʔaŋ toŋ koi meʔglaŋ moʔ ŋeh, ŋoh ku̠u̠m
石头 它 在 越 大 越 不 知道 有 多久 多少 助词 它 就
tau̠k pon ti̠ʔ moh hakteʔ. ʔin siŋaiʔ. khaiʔ hoik koi hakteʔ, ʔaŋ toŋ koi
才 可以 助词 是 地球 这 今天 之后 已经 有 地球 不 知道 有
me̠ʔglaŋ ŋoh ku̠u̠m koi khuan ti̠ʔ mu, ʔin ku̠u̠m moh khuan kutɕy̠ voi pauʔ
多久 它 才 有 魂 一个 这 就 是 魂 万物 之前 伴儿
piaŋ hakteʔ. ŋoh ku̠u̠m moh pa zu̠h kutɕy̠ pa preʔ kutɕy̠ "taʔsizieʔ"
之上 地球 他 就 是 的 做 万物 的 保护 万物 天神
ʔah ʔeʔ siŋaiʔ.
说 我们 今天

khu̠u̠ moh ʔaŋ siŋaiʔ mai khiʔ naŋ koi, simʔu̠iŋ kah ʔaŋŋaŋ koi, piaŋ
由于 是 个 从阳 和 月亮 尚 有 星星 也 尚未 有 之上
my̠ŋ vhaik ŋeh ʔu̠ik, taʔsizieʔ ʔaŋ tɕiʔ zauʔ tittiʔ. zam dzau̠h taʔsizieʔ
世界 黑暗 助词 全部 天神 不 能 看见 什么 时候 开始 天神
to̠k mo piaŋ te̠ʔ, ŋoh mo to̠uu mo blauŋ kah ʔaŋ zauʔ patittiʔ. ŋoh
一直 爬 之上 地面 他 爬 下 爬 上 也 不 看到 什么 他

kɯɯm pu hauk dauʔ rɔmma, hoik nɔh dauʔ rɔmma pupi nɔh kusidauih,
就   飞 上 里 天空   到 他 里   天空   摸索 他 四处
pupi duɯŋoʔ kah ʔaŋ tɕɔ titti?. zam ʔan rauma ʔaŋŋaŋ lhauŋ, taʔsizieʔ
摸索 何处 也 不 碰到 什么 时候 那 天空 尚未 高   天神
tɔk lailiŋ grɯŋaʔ rauma keʔ pianteʔ, sok nɔh pauʔ tiʔ kusidauih, ʔaŋ nɔh
一直 来回 之间 天空 与 地面 寻找 他 伙伴 自己 四处 不 他
zauʔ pauʔ tiʔ pe tiʔ kauuʔ. nɔh tchy tiʔ zo kɔʔ zuhkahmoʔ kah
看到 伙伴 自己 连 一 个 他 试 助词 呼喊 无论 怎样   也
ʔaŋ mhɔŋ lɔʔ pɔk pui. taʔsizieʔ ʔaŋ zauʔ pauʔʔaik pauʔʔo tiʔ kɯɯm
不 听到 话 答复 人们 天神   不 看到 兄弟 姐妹 自己 就
ziam poʔ. ziam nɔh hoik moh liŋ ŋaiʔ liŋ sɔm. rɔmŋai taʔsizieʔ dɛŋh
哭泣 助词 哭 他 已经 是 整天 整夜 泪水 天神 落下
hoik piaŋ hakteʔ kɯɯm moh rɔmlheʔ. rɔm rɔmlheʔ ʔiŋ duu tiam kɯɯm moh
到 之上 地面   就 是 雨水 水 雨水 流 处 低矮 就 是
duŋ mai nhɔŋ, duu ʔiŋ rɔm kɯɯm moh kɔŋ mai ŋɔt. rɔŋ moh khɯɯ
潭 和 湖 处 流 水 就   是 河 和 山谷 正 是 由于
rɔmŋai taʔsizieʔ, piaŋ hakteʔ kɯɯm koi rɔm kɔŋ gɔŋ tiŋ, koi nhɔŋ mai
眼泪 天神   之上 地球   就 有 水 河 山 大 有 潭 和
tɔŋ. taʔsizieʔ tɕa ziam poʔ, khɯɯ moh nin lheʔ kɯɯm ʔaŋ tɕiʔ nauʔ
平原 天神 还是 哭 助词 由于 是 这样 雨 就 不 会 停止
tiʔ. rɔm kauh khaiŋ duu lhauŋ khrɔm tiʔ duu tiam meʔnau, ʔeʔ kɯɯm
助词 水 来 自于 处 高 汇集 助词 处 低 许多 我们 就
ʔah poʔ "rɔmsigritsigra" kah.
说 助词 大海   以

  ʔan tɔŋ koi meʔglaŋ moʔ ŋeh, rɔm mai teʔ koi kɔn tiʔ kauuʔ.
不 知道 有 多久 多少 助词 水 与 土 有 孩子 一个
kɔn keʔ kɯɯm moh meʔ ʔeʔ, ʔeʔ kɯɯm ʔah "meʔsizɔŋ" kah tɔm siŋaiʔ,
孩子 它俩 就 是 母亲 我们 我们 就 叫 地神 以至 今
khɯɯ moh nɔh pa zuh kɔnpui koi piaŋ hakteʔ. khaiʔ hoik koi
由于 是 她 助词 创造 人类 有 之上 世界 之后 已经 有

meʔsizoŋ, noh kah ʔaŋ zauʔ pauʔ tiʔ, noh ʔot noŋ kah ʔaŋ nom
地神　　她　也　不　看到　伴儿　自己　她　在　单独　也　不　舒服
ʔot. meʔsizoŋ lih khain̪ dauʔ rom hauk pian hakteʔ, kauh khain̪ pian
在　地神　　出　于　里面　水　上　之上　地面　从　自　之上
hakteʔ duih laik dauʔ rom, noh kah ʔaŋ zauʔ pauʔ tiʔ. noh kum
地面　又　进入　里面　水　她　也　不　看到　伴儿　自己　她　就
pu hauk dauʔ romma hu sok taʔsizieʔ. taʔsizieʔ keʔ meʔsizoŋ zauʔ pauʔ
飞　上　里　天空　去　找　天神　　　天神　　和　地神　　看见　伴儿
tiʔ, keʔ kum khrom preʔ pauʔ tiʔ. khuu moh nin, meʔsizoŋ kum
自己　他们　就　集中　保护　伴儿　自己　由于　是　这样　地神　就
n̪he kon taʔsizieʔ, noh kum tchok taʔsizieʔ? kum san tçieʔ noh kon
怀孕　孩子　天神　　　她　就　问　天神　　　难道　想要　他　孩子
zuhkahmoʔ. taʔsizieʔ kum ʔah: "keh noh tçiʔ rian, keh noh tçiʔ haʔ, keh noh
什么样　　天神　　　就　说　让　他　会　发光　让　他　会　发热　让　他
keh pian myn sidoŋ ŋeh. keh ʔeʔ tçiʔ zauʔ kutçu, nom ʔot siʔu
让　之上　世界　清楚　助词　让　我们　能　看到　万物　舒适　在　温暖
koi."
有

　　meʔsizoŋ ruk keh kon simeʔ tiʔ kauʔ, kon ʔin ruk tçiʔ rian kah
　　地神　　　真的　生　孩子　男孩　一个　孩子　这　的确　会　发光　也
tçiʔ haʔ. noh kum moh sinaiʔ. hoik koi sinaiʔ, hoik noh du moʔ, tan
会　发热　他　就　是　太阳　　　已经　有　太阳　到　他　处　哪　那里
rian kah siʔu, du ʔaŋ noh hoik ʔeʔ, ʔaŋ tçiʔ zauʔ tittiʔ. khuu moh nin,
亮　也　温暖　处　不　他　到　我们　不　会　看到　什么　由于　是　这样
meʔsizoŋ kum bauʔ keh kon bun tiʔ kauʔ, noh kum moh khiʔ. khiʔ
地神　　　就　又　生　孩子　女的　一个　她　就　是　月亮　月亮
ʔot du vhaik noŋ ʔaŋ nom ʔot, meʔsizoŋ tom bauʔ keh kon hyn ŋeh,
在　处　黑暗　单独　不　舒服　在　地神　就　又　生　孩子　多　助词
kum keh kiʔ ʔot mai khiʔ, kiʔ kum moh simŋuin ʔah ʔeʔ sinaiʔ.
就　让　他们　在　与　月亮　他们　就　是　星星　说　我们　今天

zam ʔin taʔsiziɛʔ mai meʔsizoŋ moh meʔmoiŋ,ʔaŋ kɛʔ saʔ koi loʔ
时候 这 天神 和 地神 是 夫妻 不 他俩 曾 有 话
tɕauʔ kah pauʔ tiʔ. mai hoik koi kon kɛʔ ʔot mai kɛʔ, ʔaŋ kɛʔ lai
发脾气 于 伙伴 自己 和 已经 有 孩子 他俩 在 同 他俩 不 他俩 再
koi loʔ tittiʔ. bokzam rhɯɯŋ khaiʔ, taʔsiziɛʔ ʔaŋ lai pon kan zauʔ tiʔ ʔaŋ
有 话 什么 时间 长 之后 天神 不 再 能 忍耐 看到 自己 不
tittiʔ koi pian haktɛʔ, noh kɯɯm kɤt rhrɔm tiʔ, me tiʔ saŋ keh pian
什么 有 之上 世界 他 就 想 心 自己 希望 助词 想 使 之上
haktɛʔ sigoik ŋeh.
地球 热闹 助词

  grɯɯm siŋaiʔ taʔsiziɛʔ zauʔ ʔaŋ tittiʔ koi pian haktɛʔ, noh kɯɯm lih
底下 太阳 天神 看到 没 什么 有 之上 地面 他 就 下
hoik pian haktɛʔ, noh kɯɯm ran zuh ʔoʔ mai mhaŋ koi. hoik koi ʔoʔ mai
到 之上 地面 他 就 先 做 竹子 和 泡竹 有 已经 有 竹 与
mhaŋ, noh kɯɯm zauʔ tiʔ ʔot kah grɯɯm vɯi. ʔot noh grɯɯm vɯi ʔoʔ, noh
泡竹 他 就 可以 助词 在 于 下面 荫 在 他 下面 荫 竹 他
dzauh tiʔ zuh tosat tiʔ tɕɣ, tosat ʔin kɯɯm moh poʔ moi. hoik khaiʔ
开始 助词 造 动物 一 种 动物 这 就 是 助词 牛 到 后
kɯɯm moh krak, saŋ… hoik khaiʔ kɯɯm moh tɕɣ pa sɔm rɯɯp siŋaiʔ
就 是 水牛 大象 到 后 就 是 种类 助词 吃 草 今天
ʔɯik. hoik koi tɕɣ pa sɔm rɯɯp, saŋ keh noh kiʔ koi tɕɣ pa
全部 已经 有 种类 助词 吃 草 想 让 他 它们 有 种类 助词
sɔm, taʔsiziɛʔ kɯɯm bauʔ zuh khauʔʔoʔ ripriam koi. hoik khaiʔ noh keh
吃 天神 就 又 创造 树木 花草 有 到 后 他 让
tosat kutɕɣ taŋ miak kah lha? khauʔ pliʔ ʔoʔ kutɕɣ naŋ. nin kiʔ
动物 各种 各自 喜欢 于 叶子 树 果子 竹 各种 也 这样 它们
kɯɯm ʔaŋ lai grhaŋ prɛʔ khaiŋ pauʔ tiʔ. zam ʔin, kutɕɣ tɕiʔ ŋe ʔɯik,
就 不 再 抢 食物 于 同伴 自己 时候 这 万物 会 说话 全部
lai ʔah kiʔ loʔ kleh loʔ lin, pian haktɛʔ ʔɯik sigoik ŋeh. taʔsiziɛʔ
相互 说 它们 话 玩 话 玩 之上 世界 全部 热闹 语气词 天神

zauʔ noh kɯɯm tauuk gauuʔrhom.ʔaŋ rhɯɯŋ tosat hoik ne kah piaŋ haktɛʔ,
看见 它 就 才 高兴 不久 动物 已经 多 于 之上 世界
preʔ ʔih kiʔ kah ne ʔuik ku ŋaiʔ.khauʔʔoʔripriam ʔom pa saŋ ʔuik
食物 吃 他们 也 多 完 每 日 各种植物 好像 助词 要 全部
grai nin. saŋ tɕoʔ noh noh, taʔsiziɛʔ kɯɯm bauʔ zuh sivai mai klaŋ
消失 这样 要 修整 他 它 天神 就 又 创造 老虎 和 老鹰
kiʔ koi.hoik khaiʔ kɯɯm moh tosat ʔih neʔ siŋai? ʔuik. hoik koi tɕɤ
它们 有 到 后 就 是 动物 吃 肉 今天 全部 已经 有 种
pa ʔih neʔ, kiʔ kɯɯm ʔih tɕɤ pa som rip.nin khauʔʔoʔripriam kɯɯm
助词 吃 肉 他们 就 吃 种 助词 食 草 这样 各种植物 就
dɯɯih hauh piaŋ haktɛʔ.piaŋ mɤŋ hoik kin mhom, kin sigoik.taʔsiziɛʔ
重新 多 之上 世界 之上 世界 已经 很 好 非常 热闹 天神
dzauuh zam ʔin dauuh moh ʔot dauuʔ rauma, dauuh moh ʔot piaŋ haktɛʔ,
开始 时候 这 不管 是 在 里 天空 不管 是 在 之上 地面
hoik noh duu moʔ, duu ʔan hoik moh niɛʔ noh ʔuik; hoik noh duu moʔ,
到 他 处 哪 处 那 已经 是 家 他 全部 到 他 处 哪
hoik koi pauʔ klɛh ŋiah noh duu ʔan. ruk daiŋ nom ʔot siʔu koi
已经 有 伴儿 玩 笑 他 处 那 真的 非常 舒服 在 温暖 有
tiʔtɛ.
真的

　　ʔaŋ rhɯɯŋ, khɯɯ moh naŋ bokzam ʔin,meʔsizoŋ zuh kaiŋ tiʔ grɤŋ.
　 不久 因为 是 也 时候 这 地神 做 事情 一件
kaiŋ ʔin taʔsiziɛʔ daiŋ sauuʔrhom kah,kɛʔ meʔmoiŋ kɯɯm dzauuh tiʔ ʔaŋ
事情 这 天神 非常 生气 于 他俩 夫妻 就 开始 助词 不
nom ʔot tauu. hoik khaiʔ,tiʔ kauuʔ kɯɯm ʔot dauuʔ romma, tiʔ kauuʔ
好 在 一起 到 后 一个 就 在 里面 天空 一个
kɯɯm ʔot poʔ dauuʔ rom tom siŋaiʔ. kaiŋ ʔin rianti? ruk moh kaiŋ
就 在 助词 里面 水 至 今天 事 这 可能 真的 是 事情
tɕauʔ kah taʔsiziɛʔ,ʔot kah ʔeʔ kɔnpui teh tiʔ moh kaiŋ mhom, khɯɯ moh
不好 于 天神 在 于 我们 人类 变 助词 是 事情 好 由于 是

zuh meʔsizoŋ ʔeʔ kɔnpui lih   tiʔ koi kah piaŋ hakteʔ.
做 地神 我们 人类 出来 助词 有 于 之上 世界

　　kaiŋ ʔin moh khɯ zuh taʔsizieʔ ku tɕy ,ŋoh hu vuva tiʔ kuɕidauuh,
　　事情 这 是 由于 做 天神   各种   他 去 流浪 助词 四处

tɔk kleh mai tɕy pa zuh tiʔ, meʔsizoŋ kɯm ʔan nɔm ʔot. koi tiʔ
老是 玩 和 东西 助词 造 自己 地神   就   不 舒服 在 有 一

ŋaiʔ, meʔsizoŋ ʔot hot rɔm, ʔɔm kah moh ŋoh kɔn teʔ mai rɔm nan,
天   地神   在 旁边 水   像 也 是 她 孩子 土 和 水 那样

ŋoh kɯm tɯi teʔ keʔ rɔm zuh ŋoh moh glauʔ ,hoik khai kɯm mian. ŋoh
她 就 拿 土 和 水 做 它 是 泥   到 后 就   捏   她

mian ŋoh tiʔ mɯ ʔɯn ŋoh piaŋ teʔ, sauu phru kah glauʔ ʔan. glauʔ ʔan
捏 它 一个 放置 它 之上 地 使 吹 于 泥 那 泥 那

tɕiʔ, kɔt, zauk tiʔ kauh to laik dauuʔ raukkhauʔ.ŋoh zauʔ zuhnin kɯm
会 活 动身 助词 起来 跑 进 里 森林   她 看 这样 就

mian ku ŋaiʔ. ŋoh hoik mian ŋoh tiʔ mɯ to tiʔ mɯ, ŋoh dʑiat pai saŋ
捏 每 天   她 已经 捏 它 一个 跑 一个 她 恰 格外 想

zauʔ kah to kiʔ tɕhuhtɕih ŋeh kuɕidauuh. pa mian meʔsizoŋ ʔin kɯm
看到 于 跑 他们 活动 语气助词 四处 助词 捏   地神 这 就

moh ʔeʔ kɔnpui. pui khɯ moh zuh tiʔ   kah teʔ mai rɔm, kiʔ kɯm ʔih
是 我们 人类 人 因为 是 做 助词 用 土 和 水 他们 就 吃

ŋeh teʔ mai rɔm. piaŋ hakteʔ koi teʔ mai rɔm kuɕidauuh, pui hoik dɯ mɔʔ
只 土 和 水 之上 世界 有 土 和 水 四处   人类 到 处 哪

sɔm dɯ mɔʔ, hoik dɯ mɔʔ kah tɕiʔ kɔt dɯ ʔan.
吃 处 哪 到 处 哪 也 会 活 处 那

　　pui ʔinkiʔ toŋ ŋeh sɔm tiʔ   liŋ ŋaiʔ liŋ sɔm. hoik sak kiʔ khaiʔ
　　人类 这些 知道 只 吃 助词 整天 整夜 已经 饱 他们 之后

kiʔ kɯm keh, tɕi keh kiʔ ku kauuʔ ku pui. tiʔ ŋaiʔ keh kiʔ tiʔ
他们 就 生 孩子 会 生 孩子 他们 每个 每 人 一 天 生 他们 助词

ra loi kauuʔ. khɯ moh nin, pui tiʔ ŋaiʔ hauh khaiŋ tiʔ ŋaiʔ, hoik kiʔ
二 三 个 由于 是 这样 人类 一 天 多 于 一 天 到 他们

duɯ moʔ. sɤim kiʔ gɔŋ pakluk, ŋauɯ kiʔ kɔŋ hit tɔm kiŋ. tɕa moh hoik
处　哪　吃 他们 山 光光　喝 他们 河 干涸 至 裂 只要 是　到

kiʔ　duɯ moʔ, hoik keh kiʔ ku tɕɤ phoŋ lauʔ ʔɯik. taʔsizieʔ zauʔ koi
他们 处 哪　已经 使 他们 各 种 破碎 损坏 全部 天神 看到 有

pui pianŋ hakteʔ, zauʔ lauʔ zuh pui pianŋ hakteʔ ku siŋaiʔ. noh tɔŋ
人类 之上 世界 看到 坏 使 人类 之上 世界 每天　他 知道

ʔaŋ tiʔ saʔ zuh pui koi, noh kɯm kɤt moh meʔsizoŋ pa zuh. taʔsizieʔ
不 自己 曾 做 人类 有 他　就　想　是 地神　的 做 天神

hu tɕhok meʔsizoŋ ʔah nin: "maiʔ lai zuh pa brai nin kiʔ koi, ʔaŋ maiʔ
去　问 地神　说 这样 你 怎么做 的 没用 这样 他们 有　不 你

zauʔ hoik lauʔ zuh kiʔ pianŋ hakteʔ. keh maiʔ kɔn keh kiʔ zuhnin,
看到 已经 损坏 使 他们 之上 世界 如果 你 还 让 他们 这样

ʔɤʔ tɯrian tiʔ plauɯ kiʔ pak ʔɯik."
我 一定会 助词 消灭 他们 干净 全部

　　　meʔsizoŋ ʔah poʔ nin: "maiʔ lɤk hoik zuh kutɕɤkutɕoŋ, ʔɤʔ tauk zuh
　　　地神　说 助词 如此 你 不也 已经 做 万物　我 才 做

tiʔ tɕɤ ŋeh. zuhkahmo? maiʔ lai saŋ plauɯʔ pa zuh ʔɤʔ, ʔaŋ plauʔ pa
一 个 仅仅 为什么 你 怎么要 消灭 的 做 我 不 消灭 的

zuh tɕautiʔʔ?"
做 自己

　　　taʔsizieʔ hoik kɤt rhom tiʔ tɔm ʔah poʔ nin: "keh ʔɤʔ pon tiʔ
　　　天神 已 想 心 自己 就 说 助词 这样 如果 我 得 助词

sauɯrhom ŋaiʔ moʔ, ʔɤʔ plauɯʔ kiʔ khomʔɯikkhomlɯin."
生气 天 哪 我 消灭 他们　　全部

　　　meʔsizoŋ ʔante thoʔ kah hauh hɯn kɔnpui. tiʔmu moh ʔaŋ noh tɔŋ
　　　地神 并不 堵 于 余 多 人类 一方面 是　不 她 知道

kah saŋ zuh tiʔ, tiʔmu moh su noh tiʔ saŋ kroʔ tiʔ quik kah zuh
于 要 做 自己 一方面 是 故意 她 助词 想　等 助词 看 于 做

taʔsizieʔ. pui ʔot siŋek hɯn siŋek, ʔot ku ŋaiʔ kah keh ku ŋaiʔ. pianŋ hakteʔ
天神 人类 在 越来 多 越来 在 每天 也 生 每天 之上 世界

kah ɲiat tiʔ phoŋ ku ŋaiʔ.taʔsizieʔ kuɯm kok kɔn tiʔ taʔsaih hoik.
也　赶快　助词　碎　每天　天神　　就　叫　孩子 自己 雷神 来

taʔsaih tɕu ŋeh loʔ taʔsizieʔ,taʔsizieʔ mhaiŋ nɔh plaɯʔ pa koi piaŋ haktɛʔ
雷神　听从 只 话　天神　　天神　　命令　他 消灭 助词 有 之上 世界

ʔuik, khɯɯ saŋ dɯih zuh taʔsizieʔ piaŋ haktɛʔ mhɔm ŋeh. taʔsaih kuɯm
全部 因为 要 重新 造　天神　之上 世界　好　助词 雷神　就

tɕau simsivaik, hmaiŋ nɔh veʔ ŋu hoik piaŋ haktɛʔ, mhaiŋ nɔh hu pbi
派遣　 燕子　　命令 它 带 火 来 之上 世界　命令 它 去 放

ŋu sidaɯih hakɛʔ.tom siŋaiʔ kuat ʔaŋ tɕu ʔeʔ plaɯʔ simsivaik,khɯɯ veʔ nɔh
火 遍及　世界　到 今天　老人 不 准 我们 杀　 燕子　　 因为 带 它

ŋu,moh kiʔ khuan ŋu.mɔʔ plaɯʔ simsivaik, niɛʔ kiʔ tɕau lha kɔn proi
火 是　它们 魂　火 谁　杀　 燕子　 家　他们 早 迟 还 烧

saʔ. zuhkahmɔʔ ʔeʔ lai ʔah "sim sauɯʔ vaik" kah, moh khɯɯ kin ʔauh
以后　　为什么 我们 怎么 叫　鸟　痛　肚子　以　是　因为 很 热

neʔ nɔh,sauɯʔ vaik ʔeʔ kah, ʔeʔ kuɯm ʔaŋ saʔ ʔih simsauɯʔvaik.
肉 它 痛 肚子 我们 于 我们 就　不　曾 食　燕子

simsauɯʔvaik veʔ ŋu hoik piaŋ haktɛʔ,sauɯ ŋu kusidaɯih. piaŋ haktɛʔ
燕子　　　 带 火 到 之上 世界　 放火 四处　 之上 世界

proi ʔuik,rhɯɯŋ nau ŋu khɯɯm tauk zuɯt.
燃烧 全部 久 很 火 就 才 熄灭

　　　taʔsizieʔ zauʔ hoik lɯiŋ ku tɕɤ ʔuik, nɔh kuɯm preʔ ŋu dauʔ
　　　天神　　看到 已经 烧焦 各种 全部　他 就 藏 火 里面

simauʔ.tom siŋaiʔ mai vhaik,keh ʔeʔ tah lon raŋ tau,ŋu tɕiʔ tɕhit
岩石 到 现在 当 暗 如果 我们 敲击 块 岩石 一起 火 会 溅

tiʔ lih. ʔeʔ kuɯm siau poʔ simauʔ pai, tɯi tiʔ siau ŋu ʔot dauʔ
助词 出来 我们 就　使用　助词 石头　火柴　取 助词 使用 火 在 里面

simauʔ. khɯɯ saŋ keh ŋu ʔot dauʔ simauʔ ʔaŋ to tiʔ lih, taʔsizieʔ kuɯm
岩石　 因为 想 让 火 在 里面 岩石 不 跑 助词 出来 天神 就

zuh siʔuiŋ koi,keh siʔuiŋ pauɯ ŋu.tom siŋaiʔ kɛʔ kɔn tɕiʔ ŋe tau. keh
造 蛇 有 让 蛇 守护 火 到 今 它们 还 会 讲话 一起 如果

mai̠ʔ	zauʔ	mhu̠ɯm	sim,	ʔaŋ	mai̠ʔ	pon	lau	ŋu	mhoŋ.	keh	ŋu	mhoŋ	noh
你	看见	窝	鸟	不	你	能	讲	火	听见	如果	火	听见	它

lau siʔuiŋ mhoŋ, siʔuiŋ kɯɯm ʔih pa ʔot dau̠ʔ mhu̠ɯm sim pa̠k ŋeh.
讲 蛇 听见 蛇 就 吃 的 在 里 窝 鸟 光光 语气词

khɯɯ moh siʔuiŋ tɕau pau ŋu, siʔuiŋ kɯɯm ʔot dau̠ʔ sinaʔ raŋ.
因为 是 蛇 者 守护 火 蛇 就 在 里面 之间 岩石

hoik koi siʔuiŋ ti̠ʔ pau ŋu, taʔsizie̠ʔ kɯɯm dɯɯih zuh ku tɕɤ khaiŋ
已 有 蛇 助词 守护 火 天神 就 又 造 各 种 除了

ko̠npui, ʔaŋ rhɯɯŋ piaŋ ha̠ktɕʔ dɯɯih koi khau̠ʔ koi ʔoʔ, koi ri̠p koi niam,
人类 不 久 之上 世界 重新 有 树 有 竹子 有 草 有 草

koi moi koi kra̠k, koi ku tɕɤ ku tɕoŋ. kutɕɤ kah tɕi̠ʔ sika̠h tau, piaŋ
有 牛 有 水牛 有 各 种 各 样 万物 也 会 通话 一起 之上

ha̠ktɕʔ dɯɯih siloh ŋeh. taʔsizie̠ʔ dɯɯih gau̠ʔrhom pha̠u, noh bauʔ ʔom sivoi
地球 重新 喧哗 语气词 天神 又 高兴 现在 他 又 像 之前

ʔin ni̠n, to̠k hu vuva ti̠ʔ ku̠sidau̠ih.
这 这样 老是 去 流浪 助词 四处

宇宙与生命的产生

我们佤族讲"洛奔达"、"洛奔西岗"指的正是司岗里故事。司岗里的故事很长很长，而且每个人讲的有很多情节还不一样，不过我们一直都各讲各的。这些不同的情节，都不会影响整个司岗里的故事，你们觉得谁讲得好你们就听谁的吧。

据说最远古最远古的时候，宇宙间其实什么都不存在。那时候既没有星星和月亮，也还没有地球和太阳，更没有人类和万物。那时候，宇宙间只是灰朦朦的一片。后来轻的东西往上飘浮，重的东西渐渐往下沉落下来，然后聚在一起。不知过了多少年多少代，轻的东西飘到顶上变成了天，重的东西聚在一起就是今天的地球，留下中间是空的，它就是我们现在生存的空间，也就是天空。这就是佤族老人讲的"别公莫依、罗依寒碟"。

其实重的东西落下来聚在一起，开始的时候也只有一粒石子那么大。但是它越聚越大，不知聚了多少年才形成了地球。地球形成了以后，不知又过了多少代它终于孕育出一个生命，这个生命是宇宙间的第一个魂灵，他就是后来主宰宇宙和创造万物的"达西爷(天神或叫上帝，后面称天神)"。

由于那时候还没有太阳和月亮，也还没有什么星星，天神诞生以后，他的四周黑得什么都看不见。开始的时候天神只是在地上爬，他爬来爬去什么都没有找到，然后他飞到天上去，他到天上到处去摸，他摸来摸去也什么都没有摸到。那时天也不很高，天神从天上到地上，又从地上到天上，他到处找呀找，他仍然什么都找不到，他大声叫也听不到什么回音。天神终于按捺不住孤独和寂寞，他就自个儿放声痛哭了起来。天神一哭就流下了眼泪，他的眼泪变成了雨落到地面上，雨落到地面上变成了水。水从高处流到低处形成了大海和湖泊，水流过的地方就是大江大河。正因为有了水，也就有了河流山川，有了湖海平原。天神仍不停地哭，所以水仍不停地流，流到低处越来越多，后来水聚在低处形成海。不知过了多少年，水和土一起也孕育出了一个生命，这个生命就是宇宙间的第二个魂灵，她就是创造人类的"咩西雍(即地神，后面称地神)"。

地神生下来以后，她也是一个同伴都没有，她也是很孤单很寂寞。地神从水里来到地上，又从地上回到水里，可她什么都没有找到。后来地神终于听到天上传来天神的哭声，地神就飞到天上去找天神。天神和地神终于可以作伴，黑暗中他们成天拥抱在一起。后来地神终于怀了天神的孩子，她就问天神想要一个什么样的孩子，天神回答说："让他能发光，让他能发热，让他能照亮整个宇宙，让我们在温热中能够看到一切。"

地神果然给天神生了一个儿子，这个儿子果然能发光发热照亮整个宇宙，他就是今天的太阳。有了太阳以后，但是就算太阳不停地运转去照亮宇宙，可它照不到的地方同样是黑夜，所以地神又一生了一个女儿去照亮太阳照不到的地方，她就是今天的月亮。月亮一个人在黑暗中很孤单很寂寞，所以地神又生了很多孩子让他们和月亮作伴，他们就是现在天上每天夜里闪闪发光的星星。这个时候天神和地神一直是一对恩爱的夫妻，他们从来没有吵闹过。再加上有那么多的孩子和他们作伴，所以他们过得一直很开心。但是时间长了，天神又开始烦躁起来，看到地球上除了山和水就什么都没有了，所以他很想做一点什么让地球热闹好看起来。

　　阳光下，天神看到地球上实在太荒凉，天神来到了地面上，他首先在一个山坡上造了一片竹林。造好了竹林，他就在竹林里乘凉。在竹林里乘凉的时候，天神造出了第一种动物，这种动物就是现在的黄牛，然后接着是水牛、大象……，最后是世间的吃草的一切动物。造好了吃草的动物，为了让它们有吃的，天神在大地上又造了各种植物，而且让各种动物爱好吃不同的草叶和果实，这样各种动物就不会因为抢一种食物而争斗了。这个时候，动植物之间都可以通话，他们每天说说笑笑，地球上果然真的热闹好看起来。天神见了心里很高兴。可是过了不久，动物一天天多起来，它们吃东西的量一天比一天大，眼看可能会把大地上的植物吃光，为了解决这个问题，天神又造了老虎和老鹰，然后是一些会吃肉的动物。有了这些会吃肉的动物，他们就专门捕杀那些吃草的动物来吃，这样才真正控制了草食动物的发展。宇宙间真的很美丽、很热闹起来。天神从此以后不管是在天上，还是来到地上，他走到哪里哪里就是他的家，他走到哪里哪里就有他的同伴和他玩耍。天神真的感到无比的幸福。可惜好景不长，因为就在这个时候，地神做了一件事情，这件事后来让天神很生气，并让他们夫妻之间开始不协调，并最终一个在天上，一个到水里去了。这件事在当时对天神来说也许真的是一件坏事，但是这件事对于我们人类来说却是任何事永远无以相比的，因为地神当时创造的正是我们第一批人类。

　　就在天神创造了人以外的世间万物的时候，由于他四处游玩，成天和他创造的东西作伴，所以地神一个人很孤单。有一天地神在水边玩耍，就像她当时是由土和水孕育出来的一样，她把水和土搅在一起，然后按她的想象捏出一种东西来。她捏好一个，放在地上吹一口气那个东西就活了起来，然后赤身裸体地跑进了树林里。她每天捏呀捏，她捏好一个跑一个，她看到他们一个个跑了就很开心。地神捏的这些东西就是我们人类，不过这些人是水和泥土捏成的，所以他们吃的就只有水和土。大地上到处都是水和土。所以他们跑到哪里就可以吃到哪里，跑到哪里就可以活到哪里。这些人成天就知道吃，吃饱了他们就生孩子，他们每个人都会生，而且一天要生下两个到三个孩子。就这样人类一天比一天多起来，他们把山一座一座地吃光，把河一条一条地喝干。他们所经过的地方一片狼藉，他们所到过的地方也就一片荒凉。不久天神终于发现大地上出了问题，他发现世界一天比一天荒凉，他一看突然发现到处都是他并不熟悉的"动物"，他认为那肯定是地神创造出来的东西。天神找到地神问她说："你怎么会创造这些没有用的东西，他们已经把世界破坏得不像样子了。你最好还是想想办法控制他们的增长，否则我就把他们从大地上消灭干净。"

地神听了对天神说："你创造了那么多的东西，我才创造这一种动物，为什么你要消灭我创造的而不消灭你创造的东西呢？"

天神想了想回答地神说："那好吧，如果有一天我生气了，我就把他们全部都一起消灭了。"地神并没有控制人类的发展，一个方面是她不知道要怎样来控制他们，再一个是她想看看天神是不是真的也忍心消灭他自己创造的世间万物。人类仍然一天比一天多起来，他们每天同样还是生两三个孩子，他们的孩子也不断地生孩子，世界上越来越不像个样子了。天神终于叫来他脾气暴燥古怪的儿子"达赛(雷神，后面称雷神)"，雷神对天神的话一直惟命是从，他叫雷神把世间的万物全部都消灭干净，他要重新创造一个更美丽更热闹的世界。雷神叫来他的使者燕子，他叫燕子把火带到大地上来，要燕子到处放火把大地上的万物全部都烧光。到现在人们仍然不能乱打燕子，因为燕子身上有火，被视为火神，谁打了燕子，以后谁住的草房肯定会遭火灾。另外为什么燕子叫"社外(意为肚子痛)"，那是因为吃了燕子肉体内火气重，就会肚子痛，所以我们祖祖辈辈从来不打燕子。燕子把火带到地球上以后，它到处放火把地球上的一切东西全部点燃，一瞬间大地上一片火海，火烧了很久很久才熄灭下来。

天神看到大地上的万物已经被火烧光，它终于把火收起来藏在岩石里面。到现在在黑夜里，两块岩石砸在一起你就会看见火星跳出来，后来我们打火就用打火石，我们就是取岩石里的火来用。为了不让火随便从岩石里跳出来烧着大地，天神又创造了蛇，他要蛇负责守护岩石里的火。到现在火与蛇是能够沟通的。如果你在山上见到一个鸟窝，你回家后千万不能在火塘边告诉你的同伴，如果你让火听到了，火就会转告给蛇，蛇就会把那个鸟窝里的鸟蛋或者小鸟都吃掉。因为蛇负责守护岩石里的火，所以蛇一般都是住在岩缝里。安置好火、造了蛇以后，天神又开始创造除了人以外的世间万物。不久，大地又重新芳草凄凄、绿树成荫、牛马成群、众生芸芸。而且万物之间同样可以通话，所以大地上又像原来一样美丽又热闹起来，天神(达西爷)又高兴了起来。他又像原来一样四处云游，四海为家了。

grɔŋ kɔn kɔi kɔnpui
情况 还 有 人类

tiʔtɕau kah zam gluuiŋ taʔsizieʔ hakteʔ, meʔsizɔŋ sɔn kɔnpui moh kɔn
其实 于 时候 焚烧 天神 世界 地神 算 人类 是 孩子
tiʔ, nɔh tɕauʔhɔm kah kɔnpui, kuum breʔ tuui sime kɔnpui ra lɔi kauu,
自己 她 可怜 于 人类 就 悄悄 拿 种子 人类 二 三 个
moʔ kiʔ dauu raŋ, thoʔ poʔ mɔiŋ dauu raŋ siŋit ŋeh. nɔh lhat kɔnpui
藏 他们 里 岩石 封 助词 口 洞 岩石 合缝 助词 她 怕 人类
pon to tiʔ. lih, hɔik thoʔ nɔh mɔiŋ dauu raŋ, nɔh kɔn keh zieʔlauu
能 跑 助词 出来 已 堵住 她 口 洞 岩石 她 还 让 耶拉尔
pauu mɔiŋ dauu raŋ. zieʔlauu sum tiʔ ʔot nieʔgo tiʔ mu, kuum pauu
守护 口 洞 岩石 耶拉尔 建造 助词 在 棚子 一个 就 守护
mɔiŋ dauu raŋ liŋ ŋaiʔ liŋ sɔm.
口 洞 岩石 整 天 整 夜

taʔsizieʔ hɔik duuih zuh ku tɕy kɔi, nɔh keh khauuʔʔoʔ ripriam ʔot tiʔ
天神 已经 重新 做 各 种 有 他 让 木本植物 草本植物 在 一
dauuh ŋe ʔaŋ tɕiʔ hu, keh tɔsat taŋ kɔi biaŋ ʔot ʔaŋ luan kusidauuh.
处 只 不 会 走 让 动物 各自 有 场所 在 不 超出 到处
taʔsizieʔ taŋ krai grɔŋ ʔot grɔŋ kɔi kiʔ. khuu moh nin, tai kuum kɔi
天神 各自 讲 道理 在 道理 有 它们 因为 是 这样 花 就 有
piaŋ hakteʔ ku ŋaiʔ, pliʔkhauuʔpliʔoʔ ku tɕau kuum kɔi sidzhuun, tɔsat kuum
之上 大地 每 天 瓜果 各 样 就 有 每时 动物 就
kɔi pa ʔih kuvɔŋ. sivai ʔih neʔ sivɔi ʔin, ʔin phau nɔh ʔaŋ lai zau
有 助词 吃 每刻 老虎 吃 肉 之前 这 这 现在 它 不 再 能
tiʔ ʔih neʔ, nɔh ʔot zuhkahmɔ kah ʔaŋ nɔm. nɔh tɔk me tiʔ bauu
助词 吃 肉 它 在 无论怎样 也 不 舒服 它 老是 希望 助词 又
ʔih neʔ, nɔh tuu daiŋ lhat naŋ, khuu keh taʔsizieʔ plaŋploh pauu hakteʔ
吃 肉 它 一定 很 怕 也 因为 让 天神 猫头鹰 守护 世界
kusidauuh, keh siŋe plauu pa lehlo kusidauuh. zam ʔaŋ kiaŋ breʔ preʔ
四处 让 鬼 杀 助词 不听话 四处 时候 那 老鼠 偷 食物

miau, miau ʔaŋ lai koi pa ʔih. taʔsizieʔ kɯm ʔah nin kah miau: "nan maiʔ
猫　猫　不再　有　的　吃　天神　就　说　这样　对　猫　　那样　你
ʔih poʔ kiaŋ khaiʔ ŋaiʔ."
吃　助词　老鼠　后　今

  zauʔ ʔih miau kiaŋ, sivai ʔaŋ lai pon kan kah saŋ ʔih tiʔ neʔ,
看到　吃　猫　老鼠　老虎　不再　能　忍受　于　想　吃　自己　肉
noh kɯm zuhtiʔ hak meʔ tçak mai meʔ poih hu riam ma mai tiʔ.
它　就　假装　约　妈妈马鹿　和　妈妈　麂子　去　除草　地　同　自己
meʔ tçak keʔ meʔ poih dvh kon tiʔ kleh kaiŋ ma, khaiʔ kɯm
妈妈　马鹿　和　妈妈　麂子　留　孩子　自己　玩耍　头　地　之后　就
lih riam mai meʔ sivai. bokzam ŋeh sinaiʔ, meʔ sivai ʔah nin kah
下　除草　同　妈妈老虎　时候　歪　太阳　妈妈　老虎　说　这样　对
meʔ tçak keʔ meʔ poih: "khoʔ ʔeʔ zuh preʔbo phau, meʔ poih maiʔ
妈妈　马鹿　和　妈妈　麂子　应该　我们　做　晚饭　现在　妈妈　麂子　你
tçau hu kin ʔeʔ nauʔ rom, meʔ tçak maiʔ tça kon zuh kaiŋ dauʔ
者　去　接　我们　喝　水　妈妈　马鹿　你　姑且　还是　做　活　里
ma ha, ʔʏʔ bk hu zuh preʔ kaiŋ ma, tɔʔ hoik preʔ khaiʔ ʔʏʔ bk zo
地　一下　我　就　去　做　饭　头　地　如　完了　饭　之后　我　就　叫
paʔ ʔiŋ som."
你　俩　回　吃

  meʔ tçak daiŋ tçuloʔ, noh tok zuh kaiŋ dauʔ ma. meʔ poih hu kin
妈妈　马鹿　很　听话　她　一直　干　劳动　里面　地　妈妈　麂子　去　接
rom, ʔiŋ hoik gʏŋ kraʔ sinjian veʔ noh dɯih zi ŋeh, tiʔtçɯ moh poʔ
水　回　到　中间　路　葫芦　带　它　又　空　助词　其实　是　助词
meʔ sivai pa hoik breʔ toh sinjian veʔ noh doh. meʔ poih hoik hu
妈妈　老虎　助词　已　偷偷　打洞　葫芦　带　它　通　妈妈　麂子　已经　去
kin rom meʔ bok moʔ neh, tça ʔaŋ pon veʔ pot rom hoik. meʔ sivai
接　水　多少　回　多少　助词　还是　没　能　带　照样　水　回来　妈妈　老虎
hoik kaiŋ ma, breʔ pauuh kon tçak keʔ kon poih, zuh preʔ kah neʔ
到　头　地　偷偷　杀　孩子　马鹿　和　孩子　麂子　做饭　用　肉

kɛʔ. hoik sin preʔ,nɔh zo mɛʔ tɕak kɛʔ mɛʔ poih sɔm. mɛʔ tɕak
它们 已经 熟饭 它 叫 妈妈 马鹿 和 妈妈 麂子 吃 妈妈 马鹿
kɛʔ mɛʔ poih hoik,kɛʔ sok kɔn tiʔ duɯ mɔʔ ʔaŋ zauʔ. kɛʔ tɕhok
和 妈妈 麂子 到 它们 寻找 孩子 自己 处 何 不看到 它俩 问
duɯ hu kɔn tiʔ kah mɛʔ sivai,mɛʔ sivai kuɯm ʔah nin:"ʔaŋtɕauʔ,
处 去 孩子 自己 于 妈妈 老虎 妈妈 老虎 就 讲 这样 没关系
hu kɛʔ muan rɔm dauɯʔ kɔn sen nuʔ."
去 它们 玩 水 里 河 下面 刚才

　　zauk kiʔ tiʔ sɔm, mɛʔ tɕak kɛʔ mɛʔ poih zauʔ gip kɔn
　　开始 它们 助词 吃饭 妈妈 马鹿 和 妈妈 麂子 看见 蹄子 孩子
tiʔ dauɯʔ rɔm rhɯɯp.kɛʔ kuɯm tɔŋ pa zuh mɛʔ sivai, ʔaŋ kɛʔ pon
自己 里面 水 汤 它俩 就 知道 助词 做 妈妈 老虎 不 它俩 能
kan tɔm khrum rɔmŋai. ʔaŋ kɛʔ pon tɕhok sidɔŋ, khuɯ lhat kɛʔ mɛʔ
忍受 就 落 眼泪 不 它俩 能 寻问 清楚 因为 害怕 它俩 妈妈
sivai bauʔ pauɯh tiʔ naŋ. mɛʔ sivai zauʔ ziam mɛʔ tɕak kɛʔ mɛʔ
老虎 又 杀 自己 也 妈妈 老虎 见 哭 妈妈 马鹿 和 妈妈
poih, tɔm tɕhok tɕuɯ khrum rɔmŋai kɛʔ. mɛʔ tɕak kɛʔ mɛʔ poih kuɯm
麂子 就 寻问 原因 落 眼泪 它俩 妈妈 马鹿 和 妈妈 麂子 就
ʔah nin:"koi lhɔʔ khauʔ dauɯʔ ŋu, muɯn ŋai zieʔ, zieʔ kuɯm khrum
说 这样 有 皮 树 里面 火 熏 眼睛 我俩 我俩 就 流
rɔmŋai kah."
眼泪 于

　　mɛʔ sivai prɯɯt ŋu zuɯt, mɛʔ tɕak kɛʔ mɛʔ poih tɕa kɔn khrum
　　妈妈 老虎 灭 火 熄 妈妈 马鹿 和 妈妈 麂子 仍然 还是 掉
rɔmŋai pɔt. mɛʔ sivai tɕhok kɛʔ mɔh dzau tiʔ. kɛʔ kuɯm ʔah nin:"ki
眼泪 照样 妈妈 老虎 问 它俩 是 由于 什么 它俩 就 说 这样 忙
saŋ nuɯm zieʔ tiʔ, ʔaŋ zieʔ lai pon kan, zieʔ kuɯm khrum rɔmŋai."
想 小便 我俩 助词 不 我俩 再 能 忍 我俩 就 落 眼泪

　　"hu paʔ nuɯm plaktɕh, ŋiat paʔ duɯih hoik mai."mɛʔ sivai ʔah
　　去 你们 小便 那边 赶快 你俩 返 回来 助词 妈妈 老虎 讲

nin.
这样

    meʔ tɕak kɛʔ meʔ poih ʔah nin:"nɯm zieʔ tiʔ dɯ kɔi kɔik
    妈妈 马鹿 和 妈妈 麂子 说 这样 小便 我俩 助词 处 有 阳光
ŋɛ."
仅

    meʔ sivai tɔm ʔah nin:"hu paʔ pɔʔ."
    妈妈 老虎 就 说 这样 去 你俩 吧

    zam ʔin siŋaiʔ de glip kah, gɔŋ daɯk ŋeh rau dɯ lhaɯŋ dɯ siŋai
    时候 这 太阳 将 落下 于 山 剩下 仅 稍儿 处 高 处 远
pa kɔn dʑhɔn kɔik.meʔ tɕak kɛʔ meʔ poih tɔm to hoik kah piaŋ gɔŋ
的 还 反射 阳光 妈妈 马鹿 和 妈妈 麂子 就 跑 到 于 之上 山
dɯ siŋai. kɛʔ kɯɯm saɯ lo ziam tiʔ ʔah nin:"taʔsizieʔ hyi, paɯh
处 远 它俩 就 使 声音 哭 自己 说 这样 天神 助词 杀
sivai kɔn zieʔ, meʔsizɔŋ hyi, ʔih sivai kɔn zieʔ."
老虎 孩子 我俩 地神 助词 吃 老虎 孩子 我俩

    zauk meʔ tɕak kɛʔ meʔ poih tiʔ ziam, planploh mhɔŋ nɔh tɔm
    开始 妈妈 马鹿 和 妈妈 麂子 助词 哭 猫头鹰 听 它 就
zo siŋe ʔah "siŋe kiʔ tɔk kaiŋ tɕak kɛʔ poih phɔŋ; siŋe kiʔ, tɔk
叫 魔鬼 说 魔鬼 它们 打 头 马鹿 和 麂子 碎 魔鬼 它们 打
kaiŋ tɕak kɛʔ poih phɔŋ…"
头 马鹿 和 麂子 碎

    meʔ tɕak kɛʔ meʔ poih mhɔŋ lo planploh, kɛʔ lhat kah kɯɯm
    妈妈 马鹿 和 妈妈 麂子 听到 话 猫头鹰 它俩 害怕 于 就
pu tiʔ to. kɛʔ to lɔi tiʔ dik mhɯɯm tɕoih. tɕoih saɯʔhɔm
飞 助词 逃跑 它俩 跑 冒失 助词 踩 窝 黑蚂蚁 黑蚂蚁 生气
kɯɯm huɯik kusidauh, kiʔ kɯɯm lɔi tiʔ huɯik kla luh. tɕoih hɯik
就 叮 四处 它们 就 冒失 助词 叮 睾丸 小田鼠 黑蚂蚁 叮
kla luh, luh ʔaŋ pɔn kan kɯɯm kraiŋ kusidauh. kiʔ tɔm lɔi tiʔ
睾丸 小田鼠 小田鼠 不 能 忍受 就 啃 四处 它们 就 冒失 助词

tat nhu bilaiŋ, nhu dut, bilaiŋ tɕot dauʔ ma ŋeʔsok. ŋeʔsok tɕhutɕhit,
弄断   藤   冬瓜   藤   断   冬瓜 掉 里面   地   芝麻   芝麻   飞散
kɯm loi tiʔ, laik dauʔ ŋai ʔiatɕɔ. ŋai ʔiatɕɔ khrap, noh kɯm pu tiʔ,
就   误 助词 进入 里面 眼睛 野鸡 眼睛 野鸡   碜   它 就   飞 助词
tum piaŋ kak ʔoʔ. kak ʔoʔ gleh, noh kɯm dɯm piaŋ bɔk saŋ. piaŋ
落到 之上 枝   竹   枝   竹   断   它   就   落到 上面   背 大象 上面
bɔk saŋ ŋeʔ, noh tɔm hu susi tiʔ, kah nieʔgo? zieʔlauʔ. nieʔgo?
背   大象 痒   它   就   去   擦   自己 于   棚子   耶拉尔   棚子
zieʔlauʔ grhup, kɯm dhɯm zieʔlauʔ zum.
耶拉尔   倒塌   就   砸   耶拉尔   死

    zieʔlauʔ zum, tɕau pau dauʔ raŋ ʔaŋ lai koi. ʔaŋ tɔŋ koi
    耶拉尔   死   者   守护 洞   岩石 不   再   有   不知道 有
meʔglaŋ, ʔan tiʔ ŋaiʔ krih hu sok tiʔ ʔih rɔmzhia, noh hoik moiŋ dauʔ
多久   那   一   天   熊   去 寻找 助词 吃 蜂蜜   它   到   口   洞
raŋ, mhoŋ loʔ silɔh pui, tɕe noh moh loʔ muma nhia, sau riaŋ
岩石 听见 声音 热闹 人类 以为 它   是   声音 吵闹   蜜蜂 用   力
tiʔ vaih lon raŋ, kɯm loi tiʔ pauh dauʔ raŋ bauh. zauʔ dauʔ raŋ
助词 扒开 块   岩石 就   误 助词 打开 洞   岩石 开   能   洞   岩石
tiʔ bauh, pui hoik nauk dauʔ raŋ ʔuik, pui ʔinkiʔ kɯm lih khain
助词 开   人类 已经 满   洞   岩石 全部 人类 这些   就   出来 自
dauʔ raŋ.
洞   岩石

    pui lih plakprai?, plaŋpɔh tutaʔ tiʔ zauʔ, lau taʔsizieʔ mhoŋ.
    人类 出来 外面   猫头鹰   马上   助词 看到   讲   天神   听见
taʔsizieʔ hu kah meʔsizoŋ ʔah nin: "pui bk ʔaŋnaŋ zum ʔuik, ʔʔ saŋ
天神   去   于   地神   说   这样 人类 怎么 尚未 死   全部   我 要
bauʔ hu plauʔ kiʔ phau."
又   去   杀死 他们 现在

    meʔsizoŋ pok noh ʔah nin: "ʔaŋ mai? tɕiʔ tiʔ plauʔ kiʔ, khɯu ʔah
    地神   答复 它   说   这样 不   你   能   助词 杀   他们   因为 说

maiʔ saŋ plauɯʔ tiʔ pa ʔot piaŋ hakteʔ ʔuik diʔ, kiʔ ʔaŋte ʔot piaŋ
你 想 消灭 自己 助词 在 之上 地面 全部 从前 他们 并不 在 上面
hakeʔ, kiʔ ʔot gruɯm hakteʔ kah dauɯʔ raŋ."
地面 他们 在 底 地面 于 洞 岩石

    taʔsizieʔ zauʔ ʔah nin, noh kuɯm ʔah nin:"saŋ dʏh maiʔ kiʔ kah
    天神 看见 说 这样 他 就 说 这样 想 留 你 他们 也
tɕiʔ, nan maiʔ ʔaŋ tɕu loʔ ʔɤʔ, ʔaŋ tɕiʔ. tɕu maiʔ loʔ ʔɤʔ, ʔɤʔ bk
行 那样 你 不 同意 话 我 不 行 同意 你 话 我 我 就
keh kiʔ koi neʔ koi nham, keh kiʔ koi piaŋ hakteʔ, ghram kiʔ zuh pa
让 他们 有 肉 有 血 让 他们 有 之上 地面 任 他们 做 的
saŋ zuh tiʔ ʔuik."
想 做 自己 全部

    meʔsizoŋ kuɯm ʔah:"keh moh nin, keh kiʔ ʔih pliʔ ʔih tauɯʔ ʔaŋ
    地神 就 说 如 是 这样 让 他们 吃 果子 吃 菜 不
lai ʔih teʔ; keh kiʔ koi neʔ koi nham; keh kiʔ tiʔ khiʔ keh tiʔ bok;
再 吃 土 让 他们 有 肉 有 血 让 他们 一 月 生 一 次
keh kiʔ koi hauk koi vhuan. dzauɯh khaiʔ ʔin, hoik keh maiʔ kiʔ koi
让 他们 慢慢 上升 慢慢 生长 开始 之后 这 已经 使 你 他们 有
neʔ nham, kiʔ kah moh naŋ kɔn maiʔ. khuɯ moh kiʔ kɔn maiʔ, maiʔ
肉 血 他们 也 是 也 孩子 你 因为 是 他们 孩子 你 你
kuɯm preʔ kiʔ muih kiʔ, go kiʔ gaik kiʔ, keh kiʔ nom ʔot siʔu
就 保护 他们 爱 他们 帮助 他们 看望 他们 让 他们 舒服 在 温暖
koi. keh maiʔ duɯih tiʔ dahrhom kah kiʔ ŋaiʔ khaiʔ, ʔaʔ tuɯ ʔom ŋu
有 让 你 反而 助词 漠视 于 他们 天 后 我俩 一定 像 火
keʔ rom nan."
与 水 那样

    hoik go meʔsizoŋ kɔnpui ʔih loʔ, taʔsizieʔ ruk ʔaŋ lai plauɯʔ kɔnpui,
    已经 帮 地神 人类 要 话 天神 真的 个 再 杀害 人类
ruk keh kiʔ keh tiʔ khiʔ tiʔ kauɯʔ, keh kiʔ koi neʔ koi nham, keh
真的 让 他们 生 一 月 一 个 让 他们 有 肉 有 血 让

kɿʔ ʔih pliʔ khauʔ tauɯʔ lhaʔ ʔaŋ lai ʔih teʔ. khom moh nin, noh kɔn
他们 吃 果 树   菜 叶 不 再 吃 土 就算 是 这样 他 还
tai   grɔŋ kah lih pui khaiŋ dauɯʔ raŋ. noh ʔah nin kah krih:"krih krih,
追究 情况 于 出 人类   自   洞   岩石 他 说 这样 对 熊   熊 熊
moh maiʔ pa pbi kɔnpui lih khaiŋ dauɯʔ raŋ, ʔaʔ saŋ zuhkahmoʔ leʔʔ?"
是   你   的 放 人类 出来 自   洞   岩石 我两 要 怎么办   助词
krih kuɯm ʔah nin:"ʔaŋ maiʔ zauʔ moh saŋ pa plauɯʔ ziɛʔlauɯʔ zum,
熊   就 说 这样 没 你 看到 是 大象 助词 杀害   耶拉尔   死
ʔʌʔ kuɯm loi tiʔ pauh kɔnpui lih."
我   就   误 助词 打开 人类 出来

　　taʔsizieʔ tɕhok tɔɯ plauɯʔ saŋ ziɛʔlauɯʔ, saŋ ʔah nin:"moh khuɯ
　　 天神   问   原因 杀害 大象 耶拉尔 大象 说 这样 是 因为
dhuɯm kakʔoʔ, piaŋ blok ʔʌʔ, ʔʌʔ kuɯm loi tiʔ keh niɛʔgoʔ, ghrup dhuɯm
 砸   竹枝 之上 背 我 我 就   误 助词 使 棚子 倒塌   砸
ziɛʔlauɯʔ zum."
 耶拉尔   死

　　taʔsizieʔ tɕhok ʔoʔ noh lai dhuɯm saŋ, ʔoʔ ʔah nin:"moh khuɯ tum
　　 天神   问   竹 它 为何 砸   大象 竹 说 这样 是 因为 落
ʔiatɕɔ piaŋ kak ʔʌʔ, ʔʌʔ kuɯm loi tiʔ dhuɯm saŋ."
野鸡 上面 枝 我   我 就   误 助词 压   大象

　　taʔsizieʔ tɕhok ʔiatɕɔ noh lai tum piaŋ kak ʔoʔ, ʔiatɕɔ ʔah nin:"moh
　　 天神   问   野鸡 它 为何 落 上面 枝 竹   野鸡 说 这样 是
khuɯ laik ŋɛʔsok dauɯʔ nai ʔʌʔ, ʔʌʔ kuɯm loi tiʔ tum kah kakʔoʔ."
因为 进入 芝麻 里面 眼睛 我 我 就   误 助词 落 于 竹枝

　　taʔsizieʔ tɕhok ŋɛʔsok noh lai tɕhit dauɯʔ ŋai ʔiatɕɔ, ŋɛʔsok ʔah nin:
　　 天神   问   芝麻 它 为何 溅   里面 眼睛 野鸡   芝麻 说 这样
"moh khuɯ tɔot bilain dauɯʔ ma ʔʌʔ, ʔʌʔ kuɯm loi tiʔ tɕhit dauɯʔ
  是   因为 落下 冬瓜 里面 地 我 我 就 误 助词 溅   里面
ŋai ʔiatɕɔ."
眼睛 野鸡

taʔsizieʔ tchok bilain noh lai tcot dauʔ ma ŋeʔsok, bilain ʔah nin:
天神　　问　冬瓜　它　为何　掉到　里面　地　芝麻　冬瓜　说　这样
"moh khɯ tat luh nhu ʔiʔ, ʔiʔ kɯm loi tiʔ tcot dauʔ ma
是　因为　弄断　小田鼠　藤　我　我　就　误助词 掉到　里面　地
ŋeʔsok."
芝麻

　　taʔsizieʔ tchok luh noh lai tat nhu bilain, luh ʔah nin: "moh
　　天神　　问　小田鼠　它　为何　弄断　藤　冬瓜　小田鼠　说　这样　是
khɯ hɯik tcoih kla ʔiʔ, ʔiʔ kɯm loi tiʔ tat nhu bilain."
因为　叮　黑蚂蚁　睾丸　我　我　就　误助词　弄断　藤子　冬瓜

　　taʔsizieʔ tchok tcoih noh lai hɯik kla luh, tcoih ʔah nin: "moh
　　天神　　问　黑蚂蚁　它　为何　叮　睾丸　小田鼠　黑蚂蚁　说　这样　是
khɯ dik meʔ tcak keʔ meʔ poih mhɯm ʔiʔ, ʔiʔ kɯm loi tiʔ hɯik
因为　踩　妈妈　马鹿　和　妈妈　麂子　窝　我　我　就　误助词　叮
kla luh."
睾丸　小田鼠

　　taʔsizieʔ tchok meʔ tcak keʔ meʔ poih keʔ lai dik mhɯm tcoih,
　　天神　　问　妈妈　马鹿　和　妈妈　麂子　它俩　为何　踩　窝　黑蚂蚁
keʔ ʔah nin: "moh khɯ ʔih sivai kon zieʔ, zieʔ kɯm loi tiʔ dik
它俩　说　这样　是　因为　吃　老虎　孩子　我俩　我俩　就　误助词　踩
mhɯm tcoih, taʔsizieʔ maiʔ pɤŋ go zieʔ tcɯʔ."
窝　黑蚂蚁　天神　你　劳驾　帮　我俩　一点

　　taʔsizieʔ tchok sivai noh lai pauh kon tcak keʔ kon poih, sivai ʔaŋ
　　天神　　问　老虎　它　为何　杀　孩子　马鹿　和　孩子　麂子　老虎　不
lai koi loʔ. taʔsizieʔ kɯm pauh sivai zum, guah meʔ tcak keʔ meʔ poih
再有话　天神　就　杀　老虎　死　分　妈妈　马鹿　和　妈妈　麂子
tcieʔ neʔ noh. meʔ tcak keʔ meʔ poih pɯih neʔ sivai ʔiŋ, loŋ dauʔ
要　肉　它　妈妈　马鹿　和　妈妈　麂子　背　肉　老虎　回去　沿　里面
ma kamuŋ, nham sivai dʑyh kah goŋ kamuŋ, goŋ kamuŋ kɯm rauh khai
地　荞麦　血　老虎　滴　于　杆　荞麦　杆　荞麦　就　红　之后

tɔm siŋaiʔ. taʔsiziʔeʔ hoik pauh sivai, sivai kɯm koin kah tɕak keʔ poih tɔm
到 现在 天神 已经 杀 老虎 老虎 就 恨 于 马鹿 和 麂子 到
siŋaiʔ, kɯm tok ʔih neʔ tɕak mai neʔ poih.
现在 就 专门 吃 肉 马鹿 和 肉 麂子

ʔeʔ mɯŋ kɔnpui sɔn sivai lauhle, ʔeʔ kɯm keh mian nɔh tiŋ khain
我们 全 人类 认为 老虎 感谢 我们 就 让 灵魂 它 大于
pauʔ, kɔn sum nɔh koi tɕɯkaɯʔ pui, keh mɔh sivai mhain ʔeʔ kɯm
伴儿 还 取名 它 有 名字 人类 如果 是 老虎 雄的 我们 就
sum kaɯʔ "ʔai sɤ", keh mɔh sivai sian ʔeʔ kɯm sum kaɯʔ "ʑeʔ sian".
取名 叫 艾社 如果 是 老虎 雌 我们 就 取名 叫 叶乡
keh sivai ʔaŋ breʔ bre ʔeʔ, ʔeʔ ʔaŋ rhɔm plaɯʔ kiʔ. keh ʔeʔ plaɯʔ
如果 老虎 不 偷 牲畜 我们 我们 不 愿 伤害 它们 如果 我们 伤害
kiʔ, mɔh kɔn tɔʔ khuan kiʔ. tɔʔ ʔeʔ khuan sivai hoik ʔɔm ʔih
它们 是 还 送 我们 魂 它们 送 我们 魂 老虎 已经 像 吃
ʔeʔ vɔ nan.
我们 节日 那样

sivai hoik dok tiŋ dʑhɔm, ʔeʔ ne nap nɔh phau, nɔh ne tiŋmɯn
老虎 已经 早就 大 脾气 我们 多 尊重 它 现在 它 更 没礼貌
ne ʔaŋ koi simu. nɔh dain tutiak kaŋkoi, kaŋkoi kɯm kɤt tiʔ saŋ zuh
更 没 有 规矩 它 很 捣乱 兔子 兔子 就 想 助词 要 制服
nɔh. koi tiʔ ŋaiʔ, kaŋkoi zuhtiʔ hak sivai hu go tiʔ tuah plɔn, ʔah poʔ
它 有 一 天 兔子 假装 约 老虎 去 帮忙 自己 割 茅草 说 助词
nɔh lok bre tiʔ zuh sivai sɔm nɔm. sivai kah me tiʔ ʔih neʔ
它 将 精心 助词 做 老虎 吃 好 老虎 也 想 助词 吃 肉
kaŋkoi, nɔh kɯm pupap tiʔ tɕu. hoik vok keʔ plɔn, zauk keʔ tiʔ
兔子 它 就 连忙 助词 同意 已经 割 它俩 茅草 动身 它俩 助词
puih plɔn ʔin, kaŋkoi breʔ saɯ ŋu kah plɔn puih sivai.
背 茅草 回去 兔子 悄悄 放 火 于 茅草 背 老虎

proi plɔn puih, sivai to kusidauh, pru khuan mai, nɔh zauʔ moi
烧 茅草 背 老虎 跑 到处 飞 魂 助词 它 看见 黄牛

tɕhok noh ʔah nin:"moi,ploŋ puuih ʔɤʔ lok tɕap,ʔɤʔ san zuhkahmoʔ
问　它　说　这样　黄牛　茅草　背　我　怎么　着火　我　要　怎么办
leʔʔ?"moi ʔah nin:"to plak blauŋ,to plak blauŋ,hoik piaŋ goŋ khaiʔ bhauŋ
啊　黄牛　说　这样　跑　方向上坡　跑　方向上坡　到　之上　山　之后　风
pon phru ŋu zuut."sivai to hu blauŋ,bhauŋ tiŋ sinek ŋu kah tiŋ sinek.
能　吹　火　熄　老虎　跑去　上坡　风　大越来　火也　大越来
zam ʔin,sivai zauʔ krak tɕhok krak:"krak,ploŋ puuih ʔɤʔ lok tɕap,ʔɤʔ
时候　这老虎　见到　水牛　问　水牛　水牛　茅草　背　我　怎么　着火　我
san zuhkahmoʔ?"krak ʔah nin:" to lih dzau, to lih dzau, sauu mai?
要　怎么办　水牛　说　这样　跑　下下坡　跑　下下坡　装　你
dauʔ rom ŋu tom tɕiʔ zuut."sivai to lih dzau,sauu tiʔ dauʔ rom,ŋu
里面　水　火　就会　熄　老虎　跑　下下坡　装　自己里面　水　火
ruk zuut.
真的　熄灭

hauuk sivai hoik proi kusidauuh, noh kuum pruuih khaiʔ tom siŋaiʔ.khuu
毛　老虎　已经　燃烧　四处　它　就　花　之后　至　今　因为
go krak sivai, sivai kuum ʔaŋ lai ʔih neʔ krak khaiʔ tom siŋaiʔ. moi
帮助　水牛　老虎　老虎　就　不再　吃肉　水牛　之后　至　今　黄牛
keʔ kaŋkoi teh sivai, sivai kuum tok ʔih kiʔ dzau tom siŋaiʔ.
和　兔子　欺骗　老虎　老虎　就　专门　吃　它们　因为　至　今

人类再生

其实天神焚烧世界的时候，地神一直把人类当成她的孩子，她可怜人类，就悄悄地把几个人种藏进一个山洞里，然后把山洞封好。为了不让人类轻易跑出来，她把山洞口封好，然后派"耶拉尔（意为休息婆)"守住洞口，耶拉尔在山洞外面搭了一个草棚，成天在草棚里休息守住洞口。

天神重新创造除了人以外的万物以后，他让植物长在一个地方不会走，让动物各自守着自己的地盘不走远。天神定下了一些秩序要各种动植物都要遵守，所以大地上随时有花开，随时有瓜果，各种动物也就随时有吃的。老虎曾经是肉食动物，这个时候它也只能吃草和瓜果，所以它心里很不舒服。它一直很想偷偷地找肉吃，但它又不敢，因为天神派猫头鹰监视着整个世界，派魔鬼负责惩治那些违背他意愿的东西。老鼠禁不住偷了猫的食物，猫儿没有了吃的东西，天神就对猫儿说："那么今后你就吃老鼠吧。"

后来老虎实在忍受不了了，为了能吃到肉，他假约麂子妈妈和马鹿妈妈带着它们的孩子到它的棉花地里去除草。麂子妈妈和马鹿妈妈就把它们的孩子留在地头上玩耍，然后就和老虎下地一起劳动。到了黄昏，老虎就对麂子妈妈和马鹿妈妈说："该做晚饭了，麂子妈妈你去背泉水我们饭后喝，马鹿妈妈你在地里继续劳动，我到地头给我们煮晚饭，一会儿我叫你们回来吃饭的时候你们再回来。"

马鹿妈妈很老实，它一直埋头在地里不停地除草。麂子妈妈去背水，走到半路它背的葫芦又空了，原来老虎悄悄地把葫芦钻通了一个洞，所以麂子妈妈来来回回背了几次水一直没有回来。而老虎来到地头，它悄悄地把小麂子和小马鹿给杀了，然后把它们给煮了。煮好了它才把麂子妈妈和马鹿妈妈叫回来吃饭。麂子妈妈和马鹿妈妈一回来，看看四周不见了它们的孩子，它们问它们的孩子哪儿去了，老虎回答说："不要急，它们到下面的小河边玩水去了。"

正吃着饭，麂子妈妈和马鹿妈妈突然发现菜里有它们孩子的小蹄子，它们明白了发生的一切，就禁不住流下泪来，但又不敢说出来，害怕老虎一生气也把它们给吃了。老虎见麂子妈妈和马鹿妈妈在流泪，就问它们为什么要流泪，麂子妈妈就回答老虎说："火塘里还有未烧完的柴在冒烟，火烟熏了我们的眼睛，所以我们才流眼泪。"老虎听了就把火给灭了，过了一会儿它发现麂子妈妈和马鹿妈妈仍然还在流眼泪，它问麂子妈妈和马鹿妈妈为什么还哭，它们就回答它说："我们小便太急，很想出去小便，所以忍不住流眼泪。"

"那么你们就到外面方便吧，快点回来。"老虎说。
麂子妈妈和马鹿妈妈就对它说："我们只能在有阳光的地方方便。"
老虎说："那么你们去吧。"

这时候太阳快要落山，只有远处一些山头上还可以见到阳光，麂子妈妈和马鹿妈妈一口气就跑到远处的山头上，然后它们才放声大哭起来说:"天神呀,老虎杀了我们年幼无知的孩子。地神呀,老虎吃了我们活泼可爱的孩子。"

麂子妈妈和马鹿妈妈一哭喊,结果被猫头鹰听见了,猫头鹰就喊:"猫头鹰说了,魔鬼呀,把麂子和马鹿的头敲碎!猫头鹰说了,魔鬼呀,把麂子和马鹿的头敲碎……"

麂子妈妈和马鹿妈妈听到猫头鹰的叫声,它们害怕得奔跑起来。慌乱中它们不注意踩了黑蚂蚁的窝,黑蚂蚁生气地到处乱叮,不小心叮了小田鼠的屁股。黑蚂蚁叮了小田鼠,小田鼠痛得到处乱咬,想不到把冬瓜藤给咬断了。冬瓜藤一断,冬瓜滚下来掉进了芝麻地里;芝麻一被打,它飞进了野鸡的眼睛里。野鸡眼睛一痛,它就飞起来落在野竹的竹枝上。竹枝支撑不住野鸡,它折断下来打在大象的背上;大象背上一痒,它就用耶拉尔的草棚擦身子,结果草棚一倒,就把耶拉尔给压死了。

耶拉尔死了以后,守住洞口的人就没有了。不知过了多久,有一天,有一只大熊到处找蜂蜜吃。走到一个地方,它听见岩缝里传出来嗡嗡的声音,它以为是蜜蜂的声音,就用力地扒开岩石,结果把山洞打开了。山洞一打开,里面已经挤满了人,那些人跟着大熊走了出来。那些人一出来很快被猫头鹰发现,猫头鹰马上向天神汇报,天神就去找地神说:"那些该死的人类为什么没有死光?我现在就要把他们杀光。"

地神回答说:"你不能杀了他们,因为你说过,你要消灭地面上的一切生灵,但他们不是在地面上,而是在山洞里。"

天神听了无话可说,他只好对地神说:"留下他们可以,除非你答应我的条件。答应了我的条件,我可以让他们有血肉之躯,让他们活下来,让他们像其他生灵一样自由自在地生活。"

地神听了回答说:"那就让他们吃瓜果草叶不再吃土吧,让他们像其他动物一样也有血有肉;那就让他们一个月只生一胎吧,让他们慢慢地发展。从今往后,既然你给了他们血肉之躯,那么他们也就是你的孩子了。既然他们也是你的孩子,你就应该保护他们,帮助他们,让他们无忧无虑地在这个大地上生活。如果你还对他们有什么偏见或者残害他们,我就和你势不两立。"

地神帮助人类求了情，天神果然不再消灭他们，天神还按地神说的那样让他们一个月生一胎，还真的让人类有了血肉之躯，让他们真的吃瓜果草叶而不再吃土了。但是人类从山洞里出来以后，为了追究责任，天神把大熊叫来对它说："大熊呀大熊，是你把人类从山洞里放了出来，你说我们该怎么办呢？"

大熊听了回答说："是大象压死了耶拉尔，我不注意才打开山洞把人类放了出来。"

天神问大象为什么要压死耶拉尔，大象回答说："是因为野竹枝掉下来打在了我身上，我背上一痒我才擦身子不小心把耶拉尔房子推倒将她压死了。"

天神问野竹枝为什么要打在大象身上，野竹回答说："是因为野鸡飞落在我的枝条上，我才掉下来打在大象身上。"

天神问野鸡为什么要飞落在野竹枝上，野鸡回答说："是因为芝麻飞进了我的眼睛里，看不清楚我才飞落在野竹枝上。"

天神问芝麻为什么要飞进野鸡的眼睛里，芝麻回答说："是因为冬瓜落进我的地里打在了我的身上，我才被甩出来飞进了野鸡的眼睛里。"

天神问冬瓜为什么要掉进芝麻地里，冬瓜回答说："是因为小田鼠咬断了我的藤子，我才掉下来掉进了芝麻地里。"

天神问小田鼠为什么要咬断冬瓜藤，小田鼠回答说："是因为黑蚂蚁叮了我的屁股，我忍不住疼痛才咬断了冬瓜藤。"

天神问黑蚂蚁为什么要叮小田鼠的屁股，黑蚂蚁回答说："是麂子和马鹿奔跑的时候踩了我的房子，所以我们跑出来不小心才叮了小田鼠。"

天神问麂子妈妈和马鹿妈妈为什么要踩黑蚂蚁的窝，麂子妈妈和马鹿妈妈回答说："是老虎吃了我们的孩子，我们跑的时候才不小心踩了黑蚂蚁的房子。请天神一定为我们作主。"

天神问老虎为什么要吃小麂子和小马鹿，老虎没有话可说，所以天神就把老虎给杀了，并把老虎肉分给麂子妈妈和马鹿妈妈。麂子妈妈和马鹿妈妈背走老虎肉的时候，路过一片荞地，老虎的血滴下来沾到荞杆上，所以荞杆到今天还是红的。天神杀了老虎，老虎的后代非常忌恨麂子和马鹿，所以它们更喜欢捕杀麂子和马鹿。不过我们人类还是非常感谢老虎的恩德，我们就把它的魂灵排在一切动物的魂灵之首，并给它取了人的名字。如果是雄虎我们就叫它"艾社"，如果是雌虎我们就叫它"叶乡"。如果老虎不偷走我们的牲畜，我们一般是不会伤害它的，如果我们非得杀了老虎，我们就得给它送魂超度。送虎魂的仪式就像过节一样隆重。

老虎本来就胆大妄为，加上得到人类的尊重和放纵，所以它更加狂傲起来，甚至到处胡作非为。小兔子经常被老虎欺负，为了想治一治老虎，小兔子想了一个办法。有一天小兔子就约老虎上山割草，说是回到家以后一定要好好地招待一番老虎。老虎本来一直想吃小兔子，所以它很高兴地答应了。割好草，当它们背着草回家的时候，小兔子在背后悄悄地在老虎背的草上点了火。老虎背的草一着火它就到处跑。遇到黄牛，它就问黄牛说："黄牛呀，我背的草着火了，你说我该怎么办？"

黄牛见了回答说："往山上跑，往山上跑，跑到山上风会把火吹熄的。"

老虎听了就往山上跑，结果越往山上跑风就越大，风越大火就越旺。这时候它见到水牛就问水牛说："水牛呀，我背的草着火了，你说我该怎么办呀？"

水牛听了就回答说："往山下跑，往山下跑，跳进水里火就会熄的。"

老虎听了又往山下跑，然后跳进水里火真的熄灭了。由于老虎的身子到处被火烧伤，所以老虎从那以后到今天身子是花的。由于水牛帮了老虎，老虎也就不再吃水牛肉了，但由于黄牛和小兔子骗了老虎，所以老虎到今天也就特别爱吃黄牛和兔子的肉。

kɤt pui kah dauʔ sigaŋ
转世 人类 于 里 司岗

hoik koi neʔ nham mɤŋ kɔnpui, tiʔ khiʔ keh tiʔ kauʔ. nin ʔɔm
已经 有 肉 血 全 人类 一 月 生 一 个 这样 像
pa saŋ mhom ŋeh, khom nan ʔaŋ moh, khɯ piʔɔm taʔsizieʔ kaiŋ tiʔ
助词 将要 好 助词 即使 那样 不 是 因为 忘记 天神 事情 一
grɔŋ. lutkhaiŋ moh saih pa tuih sivai pa tui, taʔsizieʔ ʔaŋnaŋ tɔŋ tiʔ
件 除了 是 雷 助词 击 老虎 助词 拿 天神 尚未 知道 助词
keh ku tɕʌ tɕiʔ sauʔ tɕiʔ zum. nin kɔnpui ʔot siŋek kah bauʔ hun
让 各 种 会 生病 会 死 这样 人类 在 越来 也 又 多
siŋek. zam dzauih kiʔ ʔih ŋeh pliʔ khauʔ tauʔ lhaʔ, pliʔ khauʔ tauʔ
越来 时候 开始 他们 吃 仅 果 树 菜 叶 果 树 菜
lhaʔ ʔaŋ lai kup kiʔ ʔih, kiʔ kɯm kɔh tiʔ ʔih lhoʔ khauʔ. khauʔ ʔaŋ lai
叶 不 再 够 他们 吃 他们 就 剥 助词 吃 皮 树 树 不 再
koi lhoʔ, zum kah. nin piaŋ hakteʔ hoik dɯih lauʔ ʔuik.
有 皮 死 于 这样 上 世界 已经 重新 坏 全部
zauʔ lauʔ praiʔ, taʔsizieʔ kɯm hu ʔah nin kah meʔsizɔŋ: "kɔn
见到 损坏 大地 天神 就 去 说 这样 于 地神 孩子
ʔaʔ ʔot siŋek hun siŋek, hoik keh kiʔ praiʔ lauʔ ʔuik. ʔin, ʔaŋ sɔn
我俩 在 越来 多 越来 已经 使 他们 天地 损坏 全部 这 不 算
moh maiʔ pa lut, moh ʔɤʔ pa ʔaŋnaŋ mhom zuh. maiʔ kɤt zauʔ, ku tɕʌ
是 你 的 错 是 我 助词 尚未 好 做 你 想 看看 各 种
koi keh kah kho tiʔ koi zum. ʔaŋ moh nin, kiʔ ʔot siŋek hun siŋek,
有 生 也 应该 助词 有 死 不 是 这样 它们 在 越来 多 越来
ʔaŋ lai tɕiʔ ʔot tau. keh kiʔ hun saʔ, lhat ʔaʔ ʔaŋ lai pon preʔ
不 再 能 在 一起 让 他们 多 以后 怕 我俩 不 再 能 保护
kiʔ saʔ." meʔsizɔŋ ŋut mai ʔah tiʔ nin: "piaŋ mɤŋ moh maiʔ pa
他们 以后 地神 以冷眼看 和 说 自己 这样 之上 世界 是 你 的
tɕiʔ ku tɕʌ, keh maiʔ saŋ zuh tiʔ, ʔɤʔ kah ʔaŋ pon keh. nan
会 各 种 如果 你 想 做 什么 我 也 不 能 阻拦 那样

saŋ zuh maiʔ tiʔ maiʔ tɕaŋ zuh, moh ʔaŋ maiʔ pon plauuʔ kɔnpui ʔuik,
想 做   你   什么 你   就   做   是 不   你   可以   残害   人类   全部
ʔaŋ maiʔ pon keh kiʔ zauʔ pa saik, saŋ zuh maiʔ kah mɔʔ khaiʔ maiʔ
不   你   可以 使 他们 碰到 的 苦难 想 做   你   于   谁   之后   你
tɕaŋ zuh. siŋaiʔ kɔnpui kah moh kɔn maiʔ, maiʔ kho taŋ toŋ kah saŋ
就   做   现在   人类   也 是   孩子 你   你   应该 自己 知道 于 想
zuh tiʔ."
做   自己

　　　taʔsizieʔ bauʔ kʌt r̥ʰɔm tiʔ, nɔh kuum ʔah saŋ loh tiʔ sime ku tɕɤ
　　　天神   又   想   心 自己 他   就   说 想 更换 自己 种子 各种
ku zɔŋ. taʔsizieʔ kʌt nɔh ku ŋaiʔ, kʌt nɔh bauʔ kʌt, hoik r̥ʰuŋ nau, nɔh
各样   天神   思考 它   每 天   想 它   又   想 已经 长久 极 他
kuum koi r̥ʰɔmkʌt tiʔ mu. r̥ʰɔmkʌt nɔh moh keh kutɕɤ koi keh koi
就   有   想法   一个 想法   他 是   使   万物 有   生 有
zum, keh kiʔ tɕiʔ lailoh tiʔ. khɯɯ saŋ ʔaŋ nɔh keh meʔsizɔŋ tɕhauʔ
死   使   他们 可以 交换 助词   因为   想   不 他   让   地神   太
tiʔ sauuʔr̥ʰɔm, nɔh tom kʌt tiʔ saŋ dʌh sime pui, keh pui krup
助词 生气   他 就 想 助词 将 留 种子 人类 让 人们 敬拜
pui ʔin saʔ, zi lɔʔ nɔh ku kauuʔ. nin nɔh kah saŋ keh pui ʔin preʔ
人   这 以后 相信 话 他   每个   这样 他 也 想 使 人 这 保护
kɔnpui, plauuʔ pui ʔaŋ ghiat loʔ.
人类   惩治   人   不 听话

　　　hoik kʌt taʔsizieʔ r̥ʰɔm tiʔ mhɔm, nɔh kuum pauh rom kbɔŋ rɔmma
　　　已经 想   天神   心 自己 好   他   就   打开 水 河   天
khuum mʌŋ. tiʔvut ŋeh lheʔ ʔɔm rom kbɔŋ nin. rom vhuan kusidauuh,
淹没   世界   一会儿 仅   雨   像   水   河   这样 水   涨   四处
hakteʔ qlip dauuʔ rom siŋek. kutɕɤ to voi rom, kiʔ to dzau to
大地   沉没 里面   水 渐渐地   万物 逃跑 前面 水 它们 跑 下坡 跑
blauŋ dɯih dik pauʔ tiʔ zum tiʔblah. kiʔ mɔʔ koʔ tiʔ dɯmɔʔ, rom
上坡   反而 踩 伙伴 自己 死 一些   它们 藏 尽管 助词 何处   水

kah pon hoik taŋ, khuɯn kiʔ zum. pui to hauk blauŋ, rɔm vhuan hot
也 可以 到 那儿 淹没 它们 死 人类 跑上 上坡 水 涨 跟着
kiʔ. keh rɔm pon muɯi gɔŋtɕauŋ simeʔ, kiʔ zum, pon muɯi ŋɔŋ buŋ
他们 如果 水 着 界线 踝   男人 他们 死 着 界线 膝盖 女人
kiʔ kuɯm tauk zum. kutɕɤ tiʔblah, keh rɔm tɕa hoik pon kiʔ phat zum.
她们 就 才 死   万物 一些   如果 水 只要 已经 着 它们 就 死
taʔsizieʔ saŋ dɤh pui mhɔm rhɔm tiʔ kauɯʔ, khuɯ saŋ keh nɔh pui ʔin moh
天神   想 留 人 好 心 一个   因为 想 使 他 人 这 是
tɕau preʔ khrɔm kɔnpui saʔ. nɔh kuɯm teh tiʔ moh rauk tiʔ mɯ ʔot
者 保护 集中 人类 以后 他 就 变 助词 是 蟾蜍 一只 在
dauɯʔ grɤŋ kraʔ, saŋ gaik nɔh kah koi pui preʔ tiʔ. kutɕɤ hu hot
里面 中间 路 想 看 他 于 有 人 爱护 自己 万物 去 旁边
rauk ʔaŋ doh gaik nɔh. hoik taŋ to kutɕɤ, ʔaŋ kiʔ lai rian pauʔ
蟾蜍 不 绝不 看 它 已经 各自 跑 万物 不 它们 再 小心 伙伴
tiʔ, hoik pru khuan kiʔ mai to tiʔ. tiʔblah hoik dik kɔʔ pian blok
自己 已经 飞 魂 它们 当 跑 自己 一些 已经 踩 还 上面 背
rauk, ʔaŋ tɕauʔrhɔm kah rauk.
蟾蜍 不 同情   于 蟾蜍

　　hoik rhuɯn, koi taʔkuat tiʔ kauɯʔ to tiʔ hoik. taʔkuat ʔin lhauŋ ŋe,
已经 长久 有 老人 一个 跑 助词 到 老人 这 高大 助词
kauɯʔhak kah mhɔm ŋe. nɔh zauʔ ʔot rauk dauɯʔ kraʔ tiʔ mɯ, loi kutɕɤ
体格 也 好 助词 他 看到 在 蟾蜍 里 路 一只 误 万物
tiʔ. dik. nɔh kuɯm kauk, nɔh tɕauʔrhɔm kah rauk kuɯm sɯt rauk ʔuɯn
助词 踩 他 就 停下 他 同情 于 蟾蜍 就 拾 蟾蜍 留
nɔh pian raŋ hot kraʔ. taʔkuat tauk saŋ hu, rauk ʔah "ʔauk ..." nin dɯih
它 让 岩石 旁 路 老人 才 想 去 蟾蜍 说 象声词 这样 又
lih dauɯʔ kraʔ, taʔkuat lhat pui dik nɔh, kuɯm dɯih bauʔ tiʔ. ʔuɯn nɔh
下 里 路 老人 怕 人 踩 它 就 又 再 助词 留 它
pian raŋ hot kraʔ. moh taʔkuat saŋ hu, rauk tɕa dɯih lih poʔ
之上 岩石 旁边 路 是 老人 想 走 蟾蜍 还是 又 下 助词

dauʔ kraʔ ʔah "ʔauk…" nan. taʔkuat lhat pui dik nɔh zum tɕa dɯih
里   路   说   象声词   那样 老人 担心 人 踩 它 死 还是 又
ʔɯm nɔh prauk kraʔ, kɯm ʔah nin kah nɔh:"rauk, rauk, rɔm khɯm
留   它 旁边   路   就   说 这样 于 它 蟾蜍 蟾蜍 水 淹没
mɯŋ hoik hoik, ʔaŋ maiʔ zauʔ to kutɕɤ ʔuik laihʔ po maiʔ lai ʔot dauʔ
世界 已经 到   不   你 看到 跑 万物   全部 吗 别 你 再 在 里
kraʔ, keh pui dik maiʔ khaiʔ, maiʔ saŋ zuhkahmoʔʔ"
路   如果 人 踩 你   呆会儿 你 要   怎么办

　　taʔkuat ʔin kauʔ "moik", hoik ʔah nɔh loʔ mai rauk khre tiʔ saŋ
　　老人   这   名叫 姆依吉 已经 说 他 话 同 蟾蜍 准备 助词 要
hu. rauk kɯm teh tiʔ moh taʔkuat tiʔ kauʔ ʔah nin kah moik:
走   蟾蜍 就 变化 助词 是 老人 一 个   说 这样 对 姆依吉
"moik, moik, rɔm khɯm mɯŋ hoik hoik, maiʔ to kɔʔ dɯmɔʔ kah
 姆依吉 姆依吉 水   淹没 世界 已经 来   你 跑 即使 哪里   也
ʔan lai koi tɕɤ. tɕa moh koi gɔŋ meʔglhauŋ meʔglhauŋ, rɔm kah kɔn
不 再 有 意义 只要 是 有 山   多高   多高   水   也 还
saŋ koi meʔglhauŋ."moik zauh kah, nɔh dauʔ kah tɕiʔ ne rauk mai
将 有 多高   姆依吉 惊奇 于   他 奇怪 于 会 说话 蟾蜍 与
teh tiʔ moh pui.nɔh kɯm ʔah poʔ nin: "taʔ, ʔaŋ ʔɤʔ tɔŋ moh
变成 助词 是 人 他   就   说 助词 这样 老大爷 不 我 知道 是
maiʔ moʔ,ʔɤʔ kah ʔaŋ tɔŋ kah saŋ zuh tiʔ kah loʔ maiʔ nuʔ."
你   谁 我 也 不 知道 于 将 要 做 自己 于 话 你 刚才

　　taʔ ʔin moh taʔsizieʔ, nɔh ʔah nin kah moik:"kutɕɤ saŋ zum
　　老人家 这 是 天神   他 说 这样 于 姆依吉   万物 将要 死
ʔuik, ʔɤʔ saŋ dɯih zuh kutɕɤ koi. ʔaŋ ʔɤʔ rhɔm keh meʔsizɔŋ
全部 我 将 重新 造 万物   有   不 我 愿 让 地神
sauʔhɔm,ʔɤʔ kɯm saŋ sok pui tɕau tɕau tiʔ tiʔ kauʔ. zuh ʔɤʔ nin
伤心   我   就   想 找 人 者 使唤 自己 一 个   做 我 这样
naiʔ, moh khɯ saŋ sok ʔɤʔ pui mhɔm rhɔm tiʔ kauʔ. khɯ moh
今天 是 因为 想 找 我 人   好心   一 个   因为 是

maiʔ pui mhɔm rhɔm, maiʔ pon kan kah ʔɔ kiʔ saʔ. kraʔ kɔi voi
你 人 好 心   你 能 忍受 于 无知 他们 往后 路 有 前面
maiʔ phau tiʔ grɔŋ, maiʔ tɕa nhiat lo? ʔɤʔ, lɔʔ ʔɤʔ ʔaŋ lut. nin saʔ maiʔ
你 现在 一 条   你 只要 听 话 我 话 我 不 错 这样 往后 你
kuɯm tɕiʔ preʔ khrɔm kɔnpui. khaiʔ preʔ khrɔm maiʔ kiʔ, maiʔ kɔn saŋ
就   可以 保护   集中 人类 之后 保护 集中 你   他们 你 还要
pauɯ kiʔ. pui mhɔm maiʔ keh zauʔ pa lauh, pui ʔaŋ mhɔm maiʔ keh
监督   他们 人类 好 你 使 看到 的 善 人类 不 好 你 使
zauʔ pa tɕauʔ. maiʔ hu zuh krau phau tiʔ mu.keh krau siŋit ŋɛ,
看到 的 恶   你 去 做 木仓 现在 一个 使 木仓 严实 助词
keh mɔiŋ krau pauh tiʔ plak piaŋ, sinaʔ phia keh rɔm ʔaŋ lɔi pon
使   口 木仓 开 助词 方向 上 之间 木板 使 水 不 再 能
laik kah. hɔik zuh maiʔ krau, maiʔ kuɯm tuɯi mɔimɛʔ pruɯih ʔɔt mai tiʔ,
进入 于 完了 做 你 木仓 你   就   拿 母牛 花的 在 同 自己
sauɯ preʔ tɔm nauk krau, nuɯp krau siŋit ŋɛ. zam hɔik rɔm krau tuɯ
装 食物 至 满 木仓 封 木仓 严实 助词 时候 来 水 木仓 一定
laŋhɤh. zam ʔin maiʔ pɔlai lhat, kah pɔlai pauh krau. hɔik tɔm ʔaŋ
摇荡   时候 这 你 不要 害怕 也 不要 打开 木仓 到 至 不
krau lai tɕhuh, maiʔ kuɯm tauɯk pauh krau. zam ʔan ʔaŋ titti? lai kɔi
木仓 再 摇动   你   就   才   打开 木仓 时候 那 没 什么 再 有
piaŋ mɤŋ, maiʔ kuɯm pauh tiʔ ʔih mɔi. hɔik pauh maiʔ mɔi maiʔ
让 世界 你   就   宰杀 助词 吃 牛 完 宰杀 你 牛 你
kuɯm gaik pa kɔi dauʔ vaik nɔh, dauɯh mɔh kɔʔ tiʔ, maiʔ kuɯm
就   看 的 有 里面 肚子 它   不管 是 即使 什么 你 就
sauɯ dauʔ tɛʔ. khuɯ mɔh pa tɔʔ ʔɤʔ mɛʔsizɔŋ tɕiɛʔ. kɔi tɕaɯ ʔin, nɔh
装入   里 土 因为   是 助词 送 我   地神   要 有 东西 这 她
kuɯm ʔaŋ lai tɕauʔ kah ʔɤʔ saʔ. saŋ zuh maiʔ kah mɔʔ saʔ, ʔɤʔ bk
就   不 再 生气 于 我 以后 要 做 你 于 谁 以后 我 将
kɔi lau maiʔ mhɔŋ. hɔt lɔʔ ʔɤʔ, lɔʔ ʔɤʔ ʔaŋ lut."
慢慢 讲 你 听   照 话 我   话 我 不 错

ta?kuat hoik lau lo? grai khai?, moik kuɯm tauk toŋ kah moh ŋoh
老人　完　讲话　消失　之后　姆依吉　就　才　知道　于是　他
ta?sizie?.ŋoh kuɯm ?aŋ lai to kusidauih; ŋoh kuɯm zuh krau piaŋ goŋ ti?
天神　　他　就　不再　跑　到处　　他　就　做　木仓　上面　山　一
mu .hoik zuh moik krau, ŋoh kuɯm ve? moime? pruɯih ti? mu laik
个　已 做　姆依吉木仓　他　就　　带　母牛　花的 一 个　进入
dauɯ? krau, sauɯ pre? mai bre? dauɯ? krau tom ne, kuɯm top krau khai?
里面　木仓　装　食物　和　稻草　里面　木仓　至 多　就　盖 木仓　之后
siŋit ŋe. moik ke? moi laik dauɯ? krau, ?aŋ rhuɯŋ, rom ruk hoik
严实　助词 姆依吉 和　牛　进入　里面　木仓　不久　水 果然 到
phat taih krau hu.
接着　卷　木仓　走

moik ?ot dauɯ? krau, hakte? tok zuɯŋzian ti?, ?aŋ ŋoh lai toŋ
姆依吉 在　里面　木仓　世界　一直　摇荡　助词 不 他 再 知道
ponŋai? ponsom, ŋoh kuɯm ?aŋ lai toŋ hoik koi me?ŋai?. zauk krau ti?
白天　　黑夜　他　就　不再　知道　已 有 多少天　开始 木仓 助词
?aŋ lai tɕhuh, moik kro? ŋoh rhuɯŋ zau. ŋoh toŋ moh hoik duɯih
不 再　动荡　姆依吉 等候 它 久　很　他　知道　是　已经　退
rom, ŋoh kuɯm tauk lih khain dauɯ? krau. zauk moik ti? lih, ?aŋ
水　他　就　才　出来 自　里面　木仓　开始 姆依吉 助词 出来 不
ŋoh lai toŋ pa zau? ti?, piaŋ hakte? hoik moh glau? ?uik, ?aŋ ŋoh
他 再　知道 的 看到　自己　上面　世界　已经　是　污泥 全部 不 他
lai zau? pa kbt ti? tɕɣ ko?. moik tuk moime? lih, ŋoh hot lo?
再 看到 的 活　一　种　即使　姆依吉 牵　母牛　出来 他 依照 话
ta?sizie? pauh moime? .hoik pauh moime?, moik koi pa ?ih phau, ŋoh
天神　　宰杀　母牛　已 宰杀　母牛　姆依吉 有 的 吃 现在 他
gaik dauɯ? vaik moi, ŋoh kuɯm zau? sime siŋian ti? mu. moik
查看　里面　肚子 牛　他　就　看见　种子　葫芦　一 粒 姆依吉
kuɯm hot lo? ta?sizie? sauɯ sime siŋian dauɯ? te?.
就　依照 话 天神　　装　种子　葫芦　里面　土

taʔsiziɛʔ zauʔ hoik khɯɯm rɔm mɯŋ, nɔh kɯɯm tauuk thɔʔ rɔm
天神　看到　已经　淹没　水　世界　他　就　才　堵住　水
kɔŋ rɔmma.ʔaŋ rhɯɯŋ,hoik zauʔ nɔh hit rɔm,nɔh kɯɯm mhain lak hu
河　天　不　久　已经　看到　他　干　水　他　就　叫　乌鸦　去
gaik piaŋ haktɛʔ. lak hu ʔaŋ lai dɯih.taʔsiziɛʔ bauʔ mhain klaŋ
看看　上面　世界　乌鸦　去　不　再　返回　天神　又　叫　老鹰
hu, klaŋ hu kah ʔaŋ lai dɯih. hoik khaiʔ taʔsiziɛʔ kɯɯm mhain
去　老鹰　去　也　不　再　返回　到　后　天神　就　叫
simsivaik hu, simsivaik hu loi naiʔ dɯih hoik tiʔ ʔah nin:"piaŋ haktɛʔ
燕子　去　燕子　去　三　天　返回　到　助词　说　这样　之上　大地
hoik moh riaŋ kutɕɤ kuɕidauuh,lak kɛʔ klaŋ tɔk ʔih. moh koi gɔŋ tiʔ
已经　是　尸体　万物　四处　乌鸦　和　老鹰　专门　吃　是　有　山　一
mu, piaŋ gɔŋ koi krau kah tiʔ mu, koi taʔkuat tiʔ kauuʔ rɔm tan,
座　之上　山　有　木仓　于　一个　有　老人　一个　坐　那里
ʔaŋ zuh tittiʔ."taʔsiziɛʔ mhɔŋ nɔh ŋuuh kain tiʔ mai ʔah tiʔ nin:
不　做　什么　天神　听到　它　点头　自己　和　说　自己这样
"kutɕɤ saŋ dɯih tɕɔʔ tiʔ, saŋ dɯih thai tiʔ. pui zauʔ maiʔ ʔaŋ
　万物　想　重新　修理　助词　想　重新　改变　助词　人　看到　你　那
moh moik, nɔh saŋ moh tɕau preʔ kɔnpui saʔ. bre ʔih lak kɛʔ klaŋ
是　姆依吉　他　将要　是　者　保护　人类　以后　既然　吃　乌鸦　和　老鹰
neʔ pa zum, nan keh kɛʔ ʔih khaiʔ ŋaiʔ liŋdzuiliŋphan. mai saŋ ʔih
肉　的　死　那样　让　它俩　吃　之后　今天　一生一世　你　想　吃
tiʔ ʔih, saŋ hu dɯmɔʔ kah tɕiʔ tiʔ hu." simsivaik ʔaŋ rhɔm ʔot
什么　吃　想　去　哪里　也　可以　助词　去　燕子　不　愿　在
dauʔ rauma, nɔh kɯɯm pu hoik piaŋ tɛʔ. nɔh ʔaŋ ʔih preʔ kuat
里　天空　它　就　飞　到　之上　地面　它　不　吃　食物　冷
preʔ khrɯɯŋ, ʔih ŋe kɔŋ ʔim ŋe. taʔsiziɛʔ keh simsivaik pon pu liŋ
食物　脏　吃　仅　虫　生　仅　天神　让　燕子　能　飞　整
ŋaiʔ, moh khɯɯ me nɔh simsivaik dɯih piaŋ rauma tiʔ ŋaiʔ saʔ.
天　是　因为　希望　他　燕子　返回　之上　天空　一　天　以后

moik sauɯ sok siŋian dauɯʔ teʔ, ŋoh lih kin rɔm tɕauŋ gɔŋ ku ŋaiʔ,
姆依吉 装 籽 葫芦 里面 土 他 下 接水 脚 山 每天
sauɯ ŋoh piaŋ. zam ʔin khauʔ ʔɔmipriam duɯih glauh ʔuik, siŋian kah
装   它 之上 时候 这   植物   重新 生长   全部   葫芦   也
kuah naŋ. siŋian kin phai glauh, loi ŋaiʔ ŋoh kuah, loi ŋaiʔ ŋoh tai,
长   也   葫芦   很   快   生长   三   天   它   长   三   天   它   开花
bauʔ koi loi ŋaiʔ ŋoh pliʔ. siŋian kuah koi ŋeh ra nhu, keʔ kuah tiʔ
再   有   三   天   它   结果 葫芦   生长 有   仅   二 藤   它们 生长 助词
hu plak tɕauŋ ma lauŋ mai plak tɕauŋ ma seh. pa hu plak tɕauŋ ma
去 方向 脚   地   上方 和   方向 脚   地 下方 助词 去 方向 脚   地
lauŋ tɕiʔ pliʔ ʔaŋ tɕiʔ tai,   pa hu plak tɕauŋ ma seh tɕiʔ tai ʔaŋ
上方 会   结果 不   会   开花 助词 走 方向 脚   地 下方 会   开花 不
tɕiʔ pliʔ. zam kuah mai pliʔ, ŋoh daiŋ phai; zam kauɯʔ pliʔ khaiʔ, ŋoh
会   结果 时候 生长 和   结果 它   很   快   时候 成熟   果   之后 它
daiŋ nhim. koi loi num, ŋoh tauɯk koi pon siŋian tiʔte ŋeh, koi liah
非常 慢   有   三   年   它   才   有   有 一般大 葫芦   真正 仅   有 六
num ŋoh kuɯm koi pon moi, koi dim num ŋoh kuɯm koi pon
年   它   就   有   有 一般大 牛   有   九   年   它   就   有   有 一般大
gɔŋ tiʔ mu.
山   一   座

koik koi dim num, koi tiʔ ŋaiʔ moik ŋauɯʔ tɕhaʔ nɔŋ, ŋoh zauh kah
已经 有   九   年   有   一   天   姆依吉 喝   茶   独自   他   吃   惊于
mhoŋ tiʔ loʔ lau pui loʔ. zam dzauɯh ŋoh tɕe ŋoh moh loʔ
听见   自己 声音 讲 人 话   时候 开始   他   认 它   是   声音
bhauɯŋ, ŋoh bre tiʔ ghiat, ŋoh mhoŋ moh loʔ pui tiʔte ʔah nin: "haktɕʔ
风   他   仔细 助词 听   他   听见   是   声音 人   真正 说 这样 世界
ʔin pheʔ sighɔp zuhnin, me ʔʌʔ tiʔ ʔot kah haktɕʔ veh ŋeh tit." ʔan
这   那么 拥挤   这样   希望 我 助词 在   丁   世界   宽大 助词 助词 那
tiʔ kauɯʔ kuɯm ʔah nin: "sighɔp kɔʔ ʔaŋtɕau?, keh pʏn tɕa riaŋ ŋe, keh
一   个   就   说   这样 拥挤   即使 没关系   假使 只需 只要 明亮 仅   让

ʔeʔ tɕa tɕiʔ zauʔ ku tɕɣ ku tɕoŋ."moik hot plak kauh loʔ, nɔh
我们 仅仅 可以 看到 各 种 各 样 姆依吉 沿着 方向 来自 声音 他
mɯŋ tiʔ sok, hoik hot siŋian, nɔh ghiat nɔh, loʔ pui ʔankiʔ kauh
专门 助词 找 到 旁边 葫芦 他 听 它 声音 人 那些 来自
khaiŋ dauʔ siŋian. moik kuh siŋian tɕhok nɔh ʔah nin："kɯɯm moh mɔʔ
于 里面 葫芦 姆依吉 敲 葫芦 问 它 说 这样 究竟 是
pa lau loʔ tin ?" zauk moik tiʔ tɕhok, loʔ pui ʔankiʔ dɯɯih zian ŋe.
助词 讲话 这里 开始 姆依吉 助词 问 声音 人 那些 又 安静 助词
    koi loi pon naiʔ, mɔh hoik ponsɔm, kiʔ tɕa ŋe poʔ. keh
    有 三 四 天 是 到 晚上 他们 还是 讲话 助词 如果
moik tɕhok, kiʔ tɕa dɯɯih zian ŋeh. hoik khaiʔ, moik kɣt nɔh mɔh
姆依吉 问 他们 还是 重新 安静 助词 到 后 姆依吉 想 它 是
pui pa koi dauʔ siŋian. nɔh saŋ pauh siŋian, nɔh ʔaŋ toŋ kah saŋ
人类 助词 有 里面 葫芦 他 想 打开 葫芦 他 不 知道 于 要
pauh tiʔ nɔh. luǀyʔ nɔh kah saŋ zuh tiʔ, koi tiʔ ŋaiʔ, braiŋ pu
打开 自己 它 为难 他 于 想 做 自己 有 一 天 预兆 鸟 飞
tiʔ hoik ʔah "phiŋ piam..." nin, khaiʔ dɯɯih pu. moik mhoŋ nɔh
助词 来 说 象声词 芦竹 这样 之后 重新 飞走 姆依吉 听 它
kɯɯm tɯi lhaʔ piam susi kaiŋ siŋian kah. moik zuhluŋ susi, tiʔ ŋaiʔ
就 取 叶 芦竹 锯 头 葫芦 用 姆依吉 努力 锯 一 天
nɔh pon susi nɔh tɕɯɯiʔ, hoik tɔm koi lhaʔ siau nɔh pon ŋoŋ, nɔh
他 可以 锯 它 一点 到 至 有 叶 用 他 有··般大 山 他
kɯɯm tauk pon susi kaiŋ siŋian dut.
就 才 可以 锯 头 葫芦 断

葫芦里孕育新的人类

人类有了血肉之躯以后，他们一个月就只生 胎。这样听起来好像好了起来，其实并不是这样，因为天神当时就忘记了一件很重要的事情。除了被雷打被老虎咬死，天神竟然让人类只会生不会死，结果人还是一天比一天多了起来。开始他们只是吃瓜果树叶，后来瓜果树叶不够吃了，他们就开始吃树皮树根。树一旦吃了皮和根，它就会慢慢地死去，就这样地球上又开始一片荒凉。看到大地上一天比一天枯黄起来，天神终于忍不住去找地神对地神说：

"我们的孩子(人类)一天比一天多了起来，他们把大地践踏得不像个样子了。当然，这件事不能够完全怪你，是我一时大意没有把事情安排好。你想想，万物应该有生有死，有了生死万物才能够和睦地相处在一起。否则他们就会一天比一天多起来，那样我们也就没有办法关心他们了。"

地神听了不高兴地说："宇宙间你是万能的，如果你想做什么也没有谁能够阻止你，你爱怎么做就怎么做吧。只是你不能残害人类，不能让人类受任何苦难，其他的你自己看着去办吧。再说人类也算是你的孩子，我相信你会为他们安排好的。"

天神想了又想，他终于下定决心要重新更换天地之间的物种，他想让万物有生也有死，他想让每一个生灵都有机会享受生命的快乐。天神天天在想，想了又想，不知想了多久，他终于想出了一套办法来。他的办法就是，让万物都有生老病死的规律，让它们都遵循着一定的秩序。为了不让地神太生气，天神也有意留下人种来，但他为了让未来人个个都敬畏这个人，个个都服从他的安排，他要让这个人负责保护人类，并惩治那些不遵守秩序和违背他意愿的人。

天神想好了一切该怎么处理以后，他终于放开天河来淹没整个世界，一瞬间世界上到处大雨倾盆，水到处满了起来，并渐渐把大地淹没起来。所有的生灵跑来跑去都想找一个避水的地方，它们相互践踏就已经死了不少，但是最终它们还是被波浪卷走，然后死在洪水中了。人们都想找一个高处躲避洪水，但是洪水只见涨不见退下来，洪水只要淹到男人的脚踝骨男人就死了，要淹到女人的膝盖骨女人才会死去。包括一切生灵，只要洪水一旦赶上它们，它们就会马上死去。天神有意想留下一个心地善良的人来，他想让他以后成为人类的保护神和管理者，所以他有意变成一只很大的癞蛤蟆站在上山的路中央，他要看看会不会有人在只顾逃命的时候把它救起来。其他人路过的时候只会从癞蛤蟆的身边走过，他们只顾逃命根本不会想到别的,甚至有人不顾一切地往前跑,他们踩在癞蛤蟆身上也不去关心它一下。不知过了多久,终于有一位老人跑来了。这位老人身材高大,红光满面,见到有一只癞蛤蟆在路中间被人践踏,他停了下来,他爱怜地用双手捡起癞蛤蟆把它放在路边的岩石上。老人放好癞蛤蟆正准备离开,癞蛤蟆"呱、呱、呱"地叫了三声又跳到路中间来,老人担心它被人们踩死,他又用双手把它捡起来放在路边的岩石上。老人放好癞蛤蟆又准备离开,癞蛤蟆又"呱、呱、呱"地叫了三声跳到路中间来,老人又双手捡起癞蛤蟆把它放在路边的岩石上,然后他 对癞蛤蟆说:"绕克(癞蛤蟆)呀绕克,洪水正在淹没着世界,你不见人人都正在逃命吗?你就不要跳到路上来了,否则他们会活活地把你踩死的。"

老人的名字叫"姆依吉(佤族现在仍供奉的保护神)",他对癞蛤蟆说完话正准备离开,癞蛤蟆突然变成一位童颜鹤发的老人站在姆依吉面前对姆依吉说:"姆依吉呀姆依吉,洪水将淹没整个世界,你再跑也是没有用的,只要有生灵跑到的地方,洪水都将会淹到那个地方。"

姆依吉开始感到很惊奇,他想不到一只癞蛤蟆怎么突然会变成一个人,但是他还是开口问老人说:"老人家,我不知道你是谁,我不知道怎么样才能够相信你刚才说的那些话?"

老人本来就是天神变的,但他还是对姆依吉说:"一切生灵都将会死去,一切生命都将会重新由我创造。为了让地神不要生气,我准备留下一个人以后做我的帮手。今天我这么做是特意来帮助你的,因为你是一个心地善良的人。下一代人类需要有良心的人来保护,只有良心的人才可能忍受得住他们的无知。现在你只有一条出路,你就照我说的去做吧,照着我说的话去做不会错,你将来就会成为人类的保护神。在保护人类的时候,你还要对他们进行监督。对慈善的人你一定要让他们有个好的报应,对邪恶的人你一定要让他们自食其果。你现在赶紧去做一个木仓,木仓一定要四四方方,而且木仓要向上开口,木板之间一定要做得严严实实。等木仓做好以后,你就把一头花母牛牵进木仓里和你在一起,然后再装上一些你的食物和牛的草料,再把木仓封得严严实实。当洪水到来的时候,木仓就会飘在洪水里摇荡不定,这时候你也不必惊慌,但千万也不要打开木仓。要一直等到木仓停下来不动的时候,你再把木仓打开。那时候世界上将一无所有,你就把母牛杀了来充饥。杀牛的时候你一定要首先看它的肚子里有什么东西,不管有什么东西你一定要把它埋进泥土里,因为那个东西是我送给你们母亲地神的宝贝,有了那个东西她才会原谅我这一次的所作所为。以后该怎么做我会想办法告诉你的,你照着我说的去做就可以了,你一定要千万千万记住我说的话。"

老人说完突然间就不见了,姆依吉终于相信他就是天神,所以姆依吉不再像别人一样到处乱跑,他真的就照天神说的一样在一个山头上去造一个木仓。木仓造好了以后,姆依吉就牵来一头花母牛牵进木仓里,他还带上很多食物和草料,然后把木仓封得好好的。姆依吉和母牛刚进木仓不久,洪水果然涨到山顶把木仓卷走了。

姆依吉在木仓里,他感到整个世界一直在不停地摇荡,但由于已经分不清白天黑夜,他根本不知道自己漂荡了多少天多少夜。木仓终于停下来不动了,姆依吉又等了很久,他确认木仓真的停了下来,他才敢打开木仓走了出来。姆依吉一走出来,他根本不相信他看到的一切,大地上到处都是污泥,他根本看不到一点生命的痕迹。姆依吉把母牛牵了出来,他照着天神说的把母牛杀了。杀了母牛,姆依吉终于有了吃的。他破开牛的肚子一看,里面除了一粒葫芦籽就什么都没有了。姆依吉照着天神说的把葫芦籽埋进了泥土里。

天神看到大水已经淹没了整个世界,他终于把天河水收了回去。不久,他看到水渐渐退走了,他就叫乌鸦去看一看世间万物到底怎么样了。乌鸦去了很久,但它一去就一直没有回来,天神又叫老鹰去看大地上是不是还有生命,想不到老鹰也是一去不复返。最后天神又叫燕子去看一看大地上有些什么,燕子去了三天回来对天神说:"大地上到处是一切生灵的尸体,乌鸦和老鹰正在那里吃腐烂的肉呢。只有一座山顶上,那里有一个木仓,有一位老人坐在木仓上正在发呆。"

天神听了点了点头对燕子说:"一切都将重新开始,一切都将有所改变。你见到的那个人叫姆依吉,他将成为人类的保护神。既然乌鸦和老鹰喜欢吃腐烂的尸体，那就让它们永远去吃别人吃剩的东西吧，而你想吃什么就吃什么，你想飞到哪儿就飞到哪儿吧。"

燕子不愿意留在天上，所以它飞来到了地球上。燕子不喜欢吃别人吃剩的东西，它就喜欢吃那些还飞舞着的新鲜的小虫子。天神让燕子一天飞行可以不停下来，那是因为天神希望燕子有一天能够飞回到天上去和他在一起。

说到姆侬吉把葫芦籽埋进了泥土里，他每天都要到山脚下打水给它浇水。就像其他植物的种籽一样重新生长出来，葫芦籽果然生了根发了芽。不过姆侬吉种的葫芦比其他的植物长得快，才三天它就长了出来，过了三天它就开了花，又过了三天它就结了果。奇怪的是葫芦长出来只有两根藤，一根朝北一根朝南，朝北的只结了一个果但不会开花，朝南的只开了一朵花不会结果。葫芦长出来开花结果时间很快，但是结了果以后却又长得很慢，过了三年它长得只有一般葫芦大，过了六年它长得有牛那么大，到了第九年它才长得有一座小山那么大。

九年过去了，有一天夜里姆侬吉正在木仓里一个人喝茶，他突然听到外面传来人的说话声。他开始还不敢相信，他又听了听，他终于听清有人在说："这个世界那么小，如果能有一个宽大的世界该多好。"另外一个人说："世界小一点也不怕，只要能有光明，我们每个人都可以看清对方该多好。"姆侬吉寻着声音传来的方向找去，他找啊找，找到了葫芦旁边，他听了听，终于相信那些声音正是从葫芦里传出来的。姆侬吉敲了敲葫芦大声问："里面是谁在说话呀？"姆侬吉一问，葫芦里就再也一点声音都没有了。

但是几天过去，一到夜晚，葫芦里又传来人的说话声，可是姆侬吉一问，他们就不再说话了。最后姆侬吉终于肯定葫芦里有人，所以他很想把葫芦打开，但是他一直不知道打开葫芦的办法。正在姆侬吉焦急的时候，有一天飞来一只小米雀，它"巴伊阿（芦苇）、巴伊阿（芦苇）"地叫了几声又飞走了。姆侬吉就摘来芦苇叶开始锯葫芦的头。

姆侬吉锯呀锯，他一天只锯了一点点，一直到他用的芦苇叶堆得有一座山那么高，他才终于把葫芦头锯了下来。

lih　　pui　khaiŋ　dauʔ　sigaŋ
出来　人类　自　　洞　　司岗

　　moik　susi　kaiŋ　siŋian, loi　tiʔ　tat　sidaʔ　pui. zam　ʔan, pui　koi
　姆依吉　锯　　头　　葫芦　误　助词　弄断　尾巴　人类　时候　那　人类　有
sidaʔ　naŋ, moik　loi　tiʔ　tat　phau, pui　ʔaŋ　lai　koi　sidaʔ　khaiʔ　tom
尾巴　也　姆依吉　误　助词　弄断　现在　人类　不再　有　尾巴　之后　到
siŋaiʔ. moik　kon　loi　tiʔ　tat　kaiŋ　sido, koik　tom　siŋaiʔ, kaiŋ　sido
现在　姆依吉　还　误　助词　截　头　蚂蚱　到　至　现在　头　蚂蚱
kuum　tip　khaiʔ. khuu　loi　moik　tiʔ　kroʔ　pui　mai　sido, pa　ʔot　dauʔ
就　　扁　之后　因为　误　姆依吉　助词　误伤　人类　和　蚂蚱　助词　在　里面
siŋian lhat　lih　dzau. moik　kuum　ʔah　nin:"koi　pui　dauʔ　laihʔ　lih　peʔ
葫芦　害怕　出来　由于　姆依吉　就　　说　这样　有　人　里面　吗　出来　你们
lih　peʔ, hoik　pauh　ʔyʔ　siŋian. moh　pauh　ʔyʔ　peʔ　lih　hyi."
出来　你们　已经　打开　我　葫芦　是　打开　我　你们　出来　助词
　　moik　zo　kiʔ　meʔ　bok　moʔ　ŋeh, koi　simeʔ　tiʔ　kauuʔ　kuum
　姆依吉　叫　他们　多少　次　多少　语气词　有　男人　一　个　　就
tauuk　pok　loʔ　noh　ʔah　nin:"moʔ　pa　ne　plakpraiʔʔ hoik　nom　ʔot
才　　答复　话　他　说　这样　谁　助词　讲话　外面　已经　舒服　在
ziʔ　tin, zuhkahmoʔ　mai　lai　kok　ziʔ　lih?"
我们　这里　为什么　你　怎么　叫　我们　出去
　　moik　hoik　rhuuŋ　ʔaŋ　lai　zauʔ　tiʔ　lau　loʔ　mai　pui, mhoŋ　loʔ
　姆依吉　已经　很久　不再　得　助词　讲话　与　人　听到　声音
pui　phau, noh　kuum　gauuʔ　mai　ʔah　tiʔ　nin:" kauuʔ　ʔyʔ　moik, siŋian
人　此时　他　就　高兴　和　说　自己　这样　名叫　我　姆依吉　葫芦
ʔin　moh　pa　sum　ʔyʔ. ʔin　phau　ʔyʔ　hoik　pauh　noh, lih　peʔ　lih
这　是　的　种植　我　这　现在　我　已经　打开　它　出来　你们　出来
peʔ. dauʔ　siŋian　vhaik　ŋe, plakpraiʔ　rlaŋ　ŋe; dauʔ　siŋian　kuat　ŋe,
你们　里面　葫芦　黑暗　助词　外面　明亮　助词　里面　葫芦　冷　助词
plakpraiʔ　siʔu　ŋe; dauʔ　siŋian　tchau ʔ　tiʔ　sighop, plakpraiʔ　kin　veh　kin
外面　　温暖　助词　里面　葫芦　太　助词　拥挤　　外面　很　宽　很

tiŋ, saŋ hu peʔ duɯŋɔʔ peʔ hu duʔan, saŋ ʔih peʔ patiʔ peʔ kah
大 想 去 你们 哪里 你们 去 那里 想 吃 你们 什么 你们 也
zauʔ tiʔ ʔih patiʔ. kuɯm mhoŋ peʔ noh laih? lih peʔ lih peʔ!"
可以 助词 吃 什么 是否 听到 你们 它 吗 出来 你们 出来 你们

　　pui ʔot dauʔ siŋian ʔah:" moik moik, kuɯm moh loʔ mai?
　　人 在 里面 葫芦 说 姆依吉 姆依吉 是否 是 话 你
tiʔte?"
真的

　　moik mhoŋ noh tom ʔah:" moh taʔsizieʔ pa zuh ʔeʔ, moh meʔsizoŋ
　　姆依吉 听到 它 就 说 是 天神 的 做 我们 是 地神
pa ʔɯi ʔeʔ. ʔɤʔ moh tɕau tɕau taʔsizieʔ, ʔaŋ peʔ siau khi."
的 养 我们 我 是 者 使唤 天神 不 你们 用 担心

　　sime ʔtiʔ kauɯʔ dʑauuh tiʔ lih, zauʔ kin veh hakteʔ, tom ʔah
　　男人 一个 开始 助词 出来 看到 很 宽 世界 说 说
"vah" nin, lih poʔ khaiʔ. hoik khaiʔ pui ʔin, ʔeʔ kuɯm ʔah "ʔai
哇 这样 出来 助词 之后 到 来 人 这 我们 就 叫 艾
vaʔ" kah, noh kuɯm moh taʔ ʔeʔ parauk mai pagoi.
佤 于 他 就 是 祖先 我们 巴饶克 和 巴格卫

　　pa lih khaiʔ zauʔ mhoŋ hakteʔ, noh kuɯm ʔah "vɤh" nin ka
　　的 出来 之后 看到 好 世界 他 就 说 嗡 这样 之前
lih tiʔ khaiŋ dauɯʔ siŋian, noh kuɯm kauɯʔ "ni vɤŋ", noh kuɯm moh
出来 自己 自 里面 葫芦 他 就 叫 尼文 他 就 是
taʔ mianvu siŋaiʔ.
祖先 彝族 今天

　　pui lih bok loi zauʔ riaŋ piaŋ hakteʔ, noh kuɯm ʔah "tauɯ" nin,
　　人 出来 次 三 看到 明亮 上面 世界 他 就 说 嘚 这样
hoik khaiʔ kuɯm lih, pui ʔin kuɯm kauɯʔ "sam tai", noh kuɯm moh
到 后 就 出来 人 这 就 叫 萨姆傣 他 就 是
taʔ siam siŋaiʔ.
祖先 傣族 今天

第二章 司岗里传说 57

　　pa　lih　bok　pon　zauʔ　sigoik　ŋe　piaŋ　hakteʔ, noh　kuum　ʔah
　　助词 出来 次　四　看到　热闹　助词 之上　世界　他　就　说
"kian" nin, hoik khaiʔ noh kuum taiŋ　tiʔ, pui ʔin kuum kauʔ "sai
歌唉　这样　到　后　他　就　跳　助词 出来 人　这　就　叫　赛
khe", noh kuum moh taʔ hoʔ siŋaiʔ.
克诶 他 就 是 祖先 汉族 今天

　　pa　lih　bok　phuan kuum moh "ŋauʔ mian", noh kuum moh　taʔ
　　助词 出来 次　五　就 是　俄　缅　他　就 是 祖先
mian siŋaiʔ. hoik khaiʔ kuum moh "tɕiat khan", khaiʔ tai　tiʔ hoik kah tɕɣ
拉祜族 今天 到 后来 就 是 杰 康 之后 寻踪 助词 到 于 种
pui koi kah piaŋ hakteʔ ʔuik ...
人 有 于 之上 世界 全部

　　pui meʔdiŋ moʔ neh lih khaiŋ dauʔ siŋjian, moh kiʔ　taʔsizieʔ pui
　　人 多少 多少 助词 出来 自 里面 葫芦 是 他们 祖先 人
ku tɕɣ piaŋ hakteʔ ŋaiʔ ʔuik. pui, khai lih khaiŋ dauʔ siŋjian, taŋ sok
各 种 之上 世界 现今 全部 人 之后 出来 自 里 葫芦 各自 寻找
tiʔ koi pauʔ, hu ʔot duu ʔah taʔsizieʔ. pa lih khaiŋ dauʔ siŋjian ʔaŋ
助词 有 伴儿 去 在 处 说 天神 的 出自 里 葫芦 不
moh pui noŋ, tosat kutɕɯ siŋaiʔ kah moh naŋ pa lih khaiŋ dauʔ siŋjian.
是 人 单独 动物 各种 今天 也 是 也 的 出自 里 葫芦
zam dzauuh, kiʔ tɕa lailiŋ hot siŋjian ʔaŋ toŋ duu saŋ hu tiʔ, hoik
时候 开始 它们 只是 来往 旁 葫芦 不 知道 处 要 去 助词 到
khaiʔ, tiʔ som neh taʔsizieʔ hu tɤʔ kiʔ duu saŋ kho kiʔ tiʔ ʔot.
后 一 晚上 仅 天神 去 送 它们 处 想 应该 它们 助词 在

　　bok ʔin taʔsizieʔ bre tiʔ tɕoʔ groŋ buun, noh keh kutɕɣ koi kɔt
　　次 这 天神 认真 助词 修改 情况 法则 他 使 万物 有 生
koi zum. noh krai kutɕɣ mhoŋ, mhaiŋ kiʔ bre　tiʔ hot loʔ noh, moʔ
有 死 他 告诉 万物 听见 叫 他们 认真 助词 遵从 话 他 谁
ʔaŋ hot, noh saŋ plauuʔ ʔan. khaiʔ ʔin, tɕa moh tɕɣ pa tɕiʔ koi
不 遵从 他 要 惩罚 那 之后 这 只要 是 种类 助词 会 有

kɔn, kiʔ kah tɕiʔ zum naŋ. lɔk khauʔ kuum saŋ tai laimoʔ, tɔsat kuum
孩子 它们 也 会 死   也   如 树   究竟 要 开花 何时   野兽 究竟

saŋ keh laimoʔ, ʔinkiʔ taʔsizieʔ hoik zuh nɔh mhɔm ŋe. taʔsizieʔ ʔah
要 生 何时   这些   天神   已经 规定 它 好 助词 天神 说

nin kah pui:" keh peʔ koi kɔn tiʔ num tiʔ kauʔ, du ne peʔ
这样 于 人类 如果 你们 有 孩子 一 年 一 个 处 多 你们

kbt sisip num; keh peʔ koi kɔn ra num tiʔ kauʔ, ʔɤʔ keh peʔ
活 四十 年 如果 你们 有 孩子 二 年 一 个   我 让 你们

pon kbt petsip num, bauʔ kɔn hauh kɔʔ. ʔin peʔ tɕaŋ taŋ lauk."
能 活 八十 年 也许 还 多   甚至 这 你们 就 各自 挑选

ʔeʔ pui lauk " ra num tiʔ geh", ʔeʔ kuum pon koi pet kau
我们 人类 选择   二 年 一 胎   我们 就 可以 有 八 九

sip num. hoik kah sivai, taʔsizieʔ breʔ ʔah nin kah nɔh:" loʔ ʔɤʔ
十 岁   到 于 老虎   天神   悄悄 说 这样 于 它 话 我

maiʔ bre tiʔ preʔ, maiʔ tiʔ num keh kau geh. saŋ ʔih maiʔ tiʔ
你 好好 助词 记 你 一 年 生 十 胎   想 吃 你 什么

maiʔ ʔih tiʔ, nin dzu maiʔ koi ŋe kau phuan ʔaŋ lai luan. ʔih maiʔ
你 吃 什么 这样 寿命 你 有 仅仅 十 五   不 再 超 吃 你

tiʔ maiʔ gaik mhɔm, zauʔ maiʔ ne tiʔ, maiʔ ne ʔih tiʔ. po lai keh
什么 你 看 好   看到 你 多 什么 你 多 吃 什么 别 再 让

kiʔ hauk vhuan khaiŋ pauʔ, po lai keh kiʔ bauʔ lauʔ zuh hakteʔ."
它们 上   涨   比   伙伴 别 再 让 它们 又 破坏 使 世界

tiʔtɕuu moh mhaiŋ taʔsizieʔ sivai zuhluŋ ʔih kɔnpui, keh kɔnpui ʔaŋ
其实 是 叫   天神   老虎 努力 吃 人类   让 人类 不

pon hun. ʔinphau, sivai ʔiŋ, nɔh lhat tiʔ pi loʔ taʔsizieʔ, nɔh kuum
能 多   现在 老虎 回 它 担心 助词 忘记 话 天神   它 就

tɔk ʔah " tiʔ num kau geh, tiʔ num kau geh..." nin dauʔ kraʔ. hoik
一直 说   一 年 十 胎   一 年 十 胎   这样 里 路 到

khaiʔ, nɔh loi tiʔ krɔʔ dik sidaʔ kuut dauʔ mhuum bŋ kraʔ, zauh
后   它 误 助词 误 踩 尾巴 鹌鹑 里   窝   沿 路 惊

kah ʔah kuut "plu" nin kah pu tiʔ. zauh sivai phau, noh duɯih pi
于 响 鹌鹑 嘆鲁 这样 于 飞 助词 惊 老虎 此时 它 于是 忘记
loʔ ʔah tiʔ nuʔ. noh kuɯm tɕhok kuut: "kuut kuut, kuɯm mhoŋ maiʔ
话 说 自己 刚才 它 就 问 鹌鹑 鹌鹑 鹌鹑 是否 听到 你
loʔ ʔah ɤʔ nuʔ laih？"
话 讲 我 刚才 吗

　　kuut kuɯm ʔah nin: "mhoŋ, maiʔ tok tiʔ ʔah nin nuʔ: kau num
　　鹌鹑 就 说 这样 听到 你 一直 助词 说 这样 刚才 十 年
tiʔ geh, kau num tiʔ geh."
一 胎 十 年 一 胎

　　sivai mhoŋ noh kuɯm ʔah: "kau num tiʔ geh, kau num tiʔ geh"
　　老虎 听到 它 就 说 十 年 一 胎 十 年 一 胎
hu. sivai kuɯm keh kau num tiʔ geh khaiʔ tom siŋaiʔ. sivai dik sidaʔ
走 老虎 就 生 十 年 一 胎 之后 到 今天 老虎 踩 尾巴
kuut gruɯik, kuut kuɯm ʔaŋ lai koi sidaʔ khaiʔ tom siŋaiʔ.
鹌鹑 脱落 鹌鹑 就 不再 有 尾巴 之后 到 现在

　　taʔsiziɛʔ zauʔ keh sivai kau num tiʔ geh, noh tɕhok sivai: "ɤʔ
　　天神 见 生 老虎 十 年 一 胎 他 问 老虎 我
mhaiŋ maiʔ keh tiʔ num kau geh, maiʔ lai keh kau num tiʔ geh？"
叫 你 生 一 年 十 胎 你 怎么 生 十 年 一 胎

　　sivai krai groŋ dik tiʔ sidaʔ kuut. taʔsiziɛʔ kuɯm mhaiŋ kuut hoik,
　　老虎 讲 情况 踩 自己 尾巴 鹌鹑 天神 就 叫 鹌鹑 来
ʔah nin kah noh: "moh maiʔ pa mhaiŋ ɤʔ ʔah 'sivai kau num tiʔ
说 这样 对 它 是 你 的 说 我 说 老虎 十 年 一
geh'？"
胎

　　kuut ʔah nin: "moh noh pa taŋ ʔah."
　　鹌鹑 说 这样 是 它 助词 自己 说

　　taʔsiziɛʔ muɯthom kuɯm geʔ kuut, kleh gian plak khaiʔ noh. kuut
　　天神 生气 就 抓住 鹌鹑 撅断 趾 方向 后 它 鹌鹑

ʔaŋ lai koi gian plak khaiʔ, nɔh kuɯm ʔaŋ tɕiʔ tuɯm kah khauʔ tɔm
不 再 有 趾 方向 后 它 就 不会 停留 在 树 到

siŋaiʔ.ʔin moh taʔsizieʔ pa zuh. taʔsizieʔ duɯih tɕauʔrhom kah sivai, nɔh
今天 这 是 天神 的 做 天神 反而 可怜 于 老虎 他

kuɯm keh sivai keh ra num tiʔ geh.
就 让 老虎 生 两 年 一 胎

    taʔsizieʔ krai tɕɣ ʔih ku tɕɣ ʔuik, nɔh ʔaŋ krai pui mai krih
    天神 告诉 东西 吃 各 种 全部 它 没 告诉 人类 和 熊

mhoŋ. pui hu tɕhok taʔsizieʔ kah tɕɣ saŋ ʔih tiʔ, taʔsizieʔ lhat
听到 人 去 询问 天神 于 东西 要 吃 自己 天神 害怕

meʔsizoŋ tɕauʔ, nɔh kuɯm ʔah nin kah pui:"saŋ ʔih peʔ tiʔ peʔ
地神 生气 他 就 说 这样 对 人类 想 吃 你们 什么 你们

ʔih."khaiʔ taʔsizieʔ ʔah nin kah pui:"tɔʔ zauʔ peʔ ʔih kutɕɣ tiʔ peʔ
吃 后来 天神 说 这样 对 人类 若 见到 你们 吃 万物 什么 你们

ʔih naŋ tiʔ."ʔeʔ pui tɔm ʔih tauɯʔ lhaʔ pliʔ khauʔ, kah ʔih naŋ
吃 也 什么 我们 人类 就 吃 菜 叶 果子 树 也 吃 也

neʔmon.
肉类

    krih hu tɕhok tɕɣ ʔih tiʔ, taʔsizieʔ kuɯm ʔah:"maiʔ pa ploi
    熊 去 问 东西 吃 自己 天神 就 说 你 的 释放

pui lih diʔ, ʔih pui tiʔ maiʔ tɕaŋ ʔih tiʔ."taʔsizieʔ mhaiŋ krih ʔih
人类 出来 以前 吃 人 什么 你 就 吃 什么 天神 叫 熊 吃

tɕɣ pa ʔih pui, krih kuɯm ʔih ku tɕɣ ʔom ʔeʔ pui nin tɔm siŋaiʔ.
东西 的 吃 人类 熊 就 吃 各 种 像 我们 人类 这样 到 今天

hoik khaiʔ, taʔsizieʔ kuɯm guah tɕɣ siau ku tɕɣ ku tɕoŋ, khuɯ koi
到 后 天神 就 分 东西 用 各 种 各 样 因为 有

krauɯŋ siau, ku tɕɣ kuɯm tauk tɕiʔ kdot.nɔh tɔʔ sim koi pruik, keh pa
东西 使用 各 种 就 才 能 活 他 给 鸟类 有 翅膀 让 的

hu pian tɣʔ tiʔblah koi ŋhim bom rhaŋ, keh siʔuin kiʔ koi tɕai.
走 之上 大地 一些 有 爪 锋利 牙 让 蛇 它们 有 毒液

blak hoik koi rhaŋ bom ʔom kiaŋ naŋ, nɔh mɔʔ nɔh kɯɯm bauʔ
蝙蝠 已经 有 牙 锋利 像 老鼠 那样 他 藏 它 就 又
zauʔ tiʔ koi pruik.taʔsizieʔ tɔŋ nɔh khaiʔ, nɔh kɯɯm keh blak ʔiŋ mai
能 助词 有 翅膀 天神 知道 它 后来 他 就 让 蝙蝠 回 当
vhaik,kɔn keh kiʔ ʔit blak, keh kiʔ dɯih ʔaiŋ nɯɯm tiʔ. blak
黑暗 还 让 它们 睡 倒着 让 它们 反而 解大便 解小便 自己 蝙蝠
kɯɯm siʔoiŋhaik khaiʔ tɔm siŋaiʔ.
就 尿臊气 之后 到 今天
taʔsizieʔ tɕe tiʔ saŋ keh pui tɕɤ ŋhɯt ku tɕɤ, saŋ keh nɔh
天神 认为 助词 想 让 人类 能 嗅 各 种 想 让 他
pui mhɔŋ siʔoi kutɕɤ dɯmoʔ.soʔ hoik koi ŋhim bom mai rɯŋ,nɔh breʔ
人类 嗅到 味道 万物 何处 狗 已经 有 爪 锋利 和 角 它 偷
tɕɤ tɕieʔ pui—tɕiʔ ŋhɯt siʔoi ku tɕɤ.hoik kah pui phau, taʔsizieʔ ʔaŋ
东西 的 人类 能 嗅 味道 各 种 到 于 人类 现在 天神 不
lai zauʔ dɯ ʔot.hoik khaiʔ nɔh tɔŋ kah mɔh sɔʔ pa breʔ, nɔh kɯɯm
再见 处 在 到 后 他 知道 于 是 狗 的 偷 他 就
keh sɔʔ go ʔeʔ pui khaiʔ lhauh liŋ dzau, moh soʔeʔ pui.dzauh
让 狗 帮助 我们 人类 之后 整 整 寿命 是 奴隶 人类 开始
khaiʔ ʔin soʔ kɯɯm ʔot mai ʔeʔ, go ʔeʔ pauu zieʔ pauu zauŋ, go ʔeʔ
之后 这 狗 就 在 与 我们 帮 我们 看守 屋子 看守 村寨 帮 我们
hɯ vuh. nin soʔ kɯɯm ʔaŋ tik ʔeʔ.
去 狩猎 这样 狗 就 不 离开 我们
khɔm moh nin, meʔsizɔŋ kɔn ʔaŋ gauʔ, nɔh sauʔrhom kah ʔaŋ
即使 是 这样 地神 还 不 高兴 她 生气 于 不
taʔsizieʔ tɔʔ pa siau kɔnpui.meʔsizɔŋ ʔaŋ te koi tittiʔ, nɔh kɯɯm breʔ
天神 给 的 用 人类 地神 没 哪 有 什么 她 就 悄悄
lau kɔnpui mhɔŋ kah saŋ zuh ʔeʔ kah kutɕɯ.ʔeʔ kɯɯm lhak khaiŋ
告诉 人类 听见 于 想 做 我们 干 万物 我们 就 聪明 比
kutɕɤ, ʔeʔ kɯɯm koi rhomlhak.koi rhomlhak ʔeʔ phau, ʔeʔ kɯɯm tɕiʔ
万物 我们 就 有 智慧 有 智慧 我们 现在 我们 就 能

peʔ kutɕy, ʔeʔ kuɯm toŋ tiʔ gauu pa tɕiʔ ku tɕy.bk zuh ʔeʔ krau
战胜 万物 我们 就 知道 助词 学习 的 会 各 种 像 做 我们 仓库
moh gauu ʔeʔ noh mai muɯik; zuh ʔeʔ ruup moh gauu ʔeʔ noh mai
是 学习 我们 它 跟 蚂蚁 做我们网 是 学 我们 它 跟
gruɯih. ʔeʔ gauu tiʔ loi rom mai khet, gauu tiʔ klehlin mai sim. koi
蜘蛛 我们 学 助词 游 水 跟 青蛙 学 助词 歌舞 跟 鸟儿 有
rhomlhak ʔeʔ phau, ʔeʔ ʔaŋ lai khi kah groŋ saŋ ʔot tiʔ.
智慧 我们 现在 我们 不 再 担心 于 情况 要 在 自己

　　pa ʔɔm ʔeʔ pui nin kah kɔn koi, kiʔ ʔaŋ koi tɕy siau,
　　的 像 我们 人类 这样 也 还 有 它们 没 有 东西 用
viakdzhok kah moh nin.viakdzhok ʔiak nhim,noh me tiʔ koi tɕai,
辣辣虫 也 是 这样 辣辣虫 小 慢 它 希望 助词 有 毒液
tɕai hoik ʔuik guah tiʔ, noh tauuk hoik.zauʔ hoik ʔuik tɕai,noh ziam
毒液 已经 完 分 助词 它 才 到 看 已经 完 毒液 它 哭
luleh tiʔ piaŋ lha sauu kiʔ tɕai piaŋ. tɕai kon koi piaŋ lhaʔ,
翻滚 助词 之上 叶子 放置 它们 毒液 之上 毒液 还 有 之上 叶子
tɕai noh kuɯm koi kah rau hauuk noh ŋeh. keh ʔeʔ phet noh, noh
毒液 它 就 有 于 尖 毛 它 仅 如果 我们 触摸 它 它
huɯik ʔeʔ, keh ʔeʔ sauu riaŋ mian noh, noh ʔaŋ lai tɕiʔ huɯik.
叮 我们 如 我们 用 力 捏 它 它 不 再 会 叮

　　pa lha khaiŋ pauʔ moh hoi keʔ luʔ. ʔaŋ keʔ lai koi tɕy siau,
　　的 迟 比 伙伴 是 螺蛳 和 蜗牛 不 它俩 再 有 东西 用
keʔ ziam tiʔ mhaiŋ kah taʔsizieʔ. taʔsizieʔ ʔaŋ lai toŋ kah saŋ zuh tiʔ,
它俩 哭 助词 要 于 天神　天神 不 再 知道 于 想 做 自己
noh kuɯm zuh keʔ ʔih ɲieʔ kah simauʔ.tɕauʔrhom ʔeʔ kah hoi keʔ
他 就 做 它俩 要 房子 用 石头 可怜 我们 于 螺蛳 和
luʔ, keʔ ʔaŋ koi tɕau pa siau,keʔ lhat kutɕy ʔih tiʔ dik tiʔ, keʔ
蜗牛 它俩 不 有 东西 的 用 它俩 怕 万物 吃 自己 踩 自己 它俩
hu duɯŋoʔ tom kok zieʔ tiʔ hu tan.
去 哪里 就 背 房子 自己 去 那里

第二章 司岗里传说 63

kah ghoik, tɕɣ pa lhauŋ pa vau, tɯ kɔn moh ʔeʔ pui, khɯ koi
于 最后 种 的 高 的 强 一定 还 是 我们 人类 因为 有
rhɔmlhak ʔeʔ, ʔeʔ tɕiʔ zuh ku tɕɣ ku tɕɔŋ.
智慧 我们 我们 会 创造 各 种 各 样

tɕa moh pa siau ku tɕɣ moh taʔsiẓieʔ pa tɔʔ ʔuik. koi tiʔ ŋaiʔ,
只要 是 的 用 各 种 是 天神 的 给 全部 有 一 天
meʔsiẓɔŋ su tiʔ hak taʔsiẓieʔ hu gaik piaŋ hakteʔ, mhaiŋ taʔsiẓieʔ bauʔ
地神 有意 助词 邀请 天神 去 看看 之上 世界 叫 天神 再
tɔʔ kutɕɣ tiʔblah tɕieʔ tɕɣ pa siau.taʔsiẓieʔ kɣt rhɔm tiʔ, tɕu nɔh.
给 万物 一些 要 东西 的 用 天神 思 心 自己 同意 它
meʔsiẓɔŋ kɯm kɔk kutɕɣ hoik ʔuik. toṣat kauh khaiŋ kuplakkuvaŋ hoik.
地神 就 叫 万物 来 全部 动物 来自于 四面八方 来
pui dẓauh tiʔ hu mhaiŋ taʔsisieʔ bauʔ tɔʔ tɕieʔ tiʔ.taʔsiẓieʔ ʔah
人类 首先 助词 去 要 天神 又 给 的 自己 天神 说
nin:" ʔaŋ ʔɣʔ lai veʔ peʔ tɕieʔ tittiʔ, ʔɣʔ lɔk keh peʔ tɕiʔ sikah, tɕiʔ
这样 不 我 再 带 你们 要 什么 我 就 让 你们 能 说话 会
sɯm ma, tɕiʔ zuh preʔ, tɕiʔ tɔʔ siŋe." meʔsiẓɔŋ tɕhok nɔh:"kɯm ʔaŋ
种 地 会 做饭 会 送鬼 地神 问 他 就 不
lai koi laih ?"taʔsiẓieʔ ʔah nin :"ʔinkiʔ hoik kup, pa kɔn tɔʔ ʔɣʔ hoik
再 有 吗 天神 说 这样 这些 已经 够 的 还 给 我 已经
ʔɯn ʔɣʔ nɔh piaŋ kaiŋ kiʔ. keh kiʔ taŋ hu tɯi hu sok."pui pupi
置 我 它 之上 头 他们 让 他们 各自 去 取 去 找 人类 摸
piaŋ kaiŋ tiʔ, ʔaŋte zauʔ, vaik zauʔ tiʔ tɕairhɔm me tiʔ sɔm, pui
之上 头 自己 并不 见到 肚子 开始 助词 饿 希望 助词 吃饭 人类
kɯm tɔŋ khaiʔ bauʔ moh bauʔ tɔʔ taʔsiẓieʔ ʔeʔ koi rhɔmkɣt koi depdɔŋ.
就 知道 原来 又 是 又 给 天神 我们 有 思维 有 头脑

khaiʔ taʔsisieʔ kɯm tauk bauʔ guah ku tɕɣ tɕieʔ tɕu pa siau. saih
之后 天神 就 才 义 分 各 种 要 东西 的 用 雷神
tɕhok tɕieʔ tiʔ, taʔsiẓieʔ ʔah nin: "maiʔ tɕau simah." lɔʔ saih kɯm reʔ
问 的 自己 天神 说 这样 你 者 吵架 声音 雷神 就 更

tiŋ.
大

　　　simtingauh tauk hoik tɕhok tɕieʔ tiʔ ʔah:"bauʔ tɔʔ ʔɣʔ tɕieʔ tɕɣ
　　　犀鸟　　才　到　问　的 自己 说 再 给 我 要 东西
paʔaŋ ʔɣʔ naŋ koi."taʔsizieʔ ʔah nin:"ʔaŋ lai koi, ʔɣʔ hoik tɔʔ maiʔ
的 没 我 尚 有　天神　说 这样 不 再 有 我 已经 给 你
koi gauh diŋ, hoik kup."simtingauh ʔah nin:"ʔɣʔ saŋ zuh tiʔ kah poʔ?"
有　嗲　大　已经 够　犀鸟　说 这样 我 要 做 什么 用 助词
taʔsizieʔ ʔah:"zauʔ maiʔ tiʔ ʔih ku tɕɣ kah saʔ."
天神　说　能　你 助词 吃 各种 用 以后

　　　klaŋ ʔah nin:"bauʔ tɔʔ ʔɣʔ tɕieʔ tɕɯɯiʔ."taʔsizieʔ ʔah:"ʔɣʔ hoik
　　　老鹰　说 这样 再 给 我 要 一点　天神　说 我 已经
tɔʔ maiʔ koi pruik tiŋ."
给 你 有 翅膀 大

　　　krih ʔah nin:"ʔaŋ zauʔ tɕieʔ ʔɣʔ poʔ?"taʔsisieʔ ʔah:"ʔaŋ lai
　　　熊　说 这样 不 看见 的 我 助词　天神　说 不 再
koi, ʔɣʔ hoik tɔʔ maiʔ koi hak pu."krih ʔah:"ʔɣʔ saŋ zuh tiʔ kah?"
有 我 已经 给 你 有 皮 厚 熊 说 我 要 做 什么 用
taʔsizieʔ ʔah:"keh maiʔ ʔit dauʔ khauʔ, maiʔ mɔm kaiŋ tiʔ dauʔ. kɔn
天神　说 若 你 睡 洞 树 你 包 头 自己 里面 还
koi, pa kɔn tɔʔ ʔɣʔ ʔot dauʔ vaik maiʔ."
有 的 还 给 我 在 里面 肚子 你

　　　taʔsizieʔ ʔah nin kah krak:"krak, maiʔ hauk tiŋ, ʔaŋ titiʔ lai koi,
　　　天神　说 这样 对 水牛　水牛 你 上 这里 没 什么 再 有
ʔɣʔ hoik tɔʔ maiʔ tɕieʔ ruŋ." krak ʔah:"saŋ zuh ʔɣʔ tiʔ kah?"
我 已经 给 你 要 角 水牛 说 要 做 我 什么 用
taʔsizieʔ ʔah:"khaiʔ pauh pui maiʔ saʔ, saŋ krup kiʔ kaiŋ maiʔ."
天神　说 后 宰杀 人类 你 将来 要 祭拜 他们 头 你

　　　moi ʔah nin:"tɕieʔ ʔɣʔ mɔh tiʔ?"taʔsizieʔ ʔah:"keh maiʔ koi
　　　黄牛 说 这样 的 我 是 什么 天神 说 让 你 有

khuan."moi tɕhok noh:"ʔɤʔ saŋ zuh tiʔ kah?"taʔsisieʔ ʔah:"pauuh
毛旋　黄牛　问　他　我　要　做　什么用　　天神　说　宰杀
maiʔ plak daŋŋupraiʔ,krup maiʔ plak daŋŋumian."
你　方向 主火塘　　供　你　方向　鬼火塘

　　taʔsizieʔ toi tiʔ ʔah:"bruŋ, maiʔ hauk tin, maiʔ moh pa bruk.
　　天神　接 助词 说　马　你　上来 这里　你　是 的 骑
"b maiʔ hauk tin, maiʔ moh pa taŋ, moh ʔaŋ maiʔ lai kha tiʔ
骡子 你　上来 这里　你　是　的 驮　是 不 你　再 痛苦 助词
keh.
生

　　"tɕak maiʔ hauk tin, ʔɤʔ tɔʔ maiʔ koi ruŋ kukak,tɕhiʔ tiʔ zuh
　　马鹿 你　上来 这里 我 给 你 有 角 分叉 能 助词 做
sidah kah saʔ.
药　用　以后

　　"poih maiʔ hauk tin, keh maiʔ tiŋ loʔ. kauuʔ maiʔ ʔiak, neʔ maiʔ
　　麂子 你 上来 这里 让 你 大 声音 身体 你 小 肉 你
nɔm, pui tɔŋ duu ʔot maiʔ kah tauh loʔ maiʔ dauuʔ nɔŋ saʔ."
好吃 人类 知道 处在 你 于 响 声音 你 里面 森林 以后

　　"lik maiʔ hauk tin, ʔaŋ tittiʔ lai koi, tɔʔ ghinsoŋ kah maiʔ.
　　猪　你 上来 这里 没 什么 再 有 给 苦胆 于 你
pauuh pui maiʔ ʔih neʔ maiʔ,kɔn saŋ tɕhok pui praiʔ kah saʔ.
宰杀 人类 你 吃 肉 你 还 要 问 人类 天象 用 以后

　　"raukhauʔ maiʔ hauk tin, tɔʔ tɕhuu kah maiʔ, keh maiʔ ʔot hot
　　猴子　你　上来 这里 送 袋子 于 你 让 你 在 旁边
ma, brɛʔ toma pui ne. kɔn keh maiʔ koi li blah.
地　偷 农作物 人类 多　还 让 你 有 道理 一些

　　"sɔʔla maiʔ hauk tin, tɔʔ maiʔ koi ŋhaŋ lauh.
　　狼　你 上来 这里 给 你 有 牙齿 好

　　"plaŋphh maiʔ hauk tin, keh maiʔ tiŋ ŋai, pomraiʔ tɕiʔ zauʔ,
　　猫头鹰 你 上来 这里 让 你 大 眼睛 白天 能 看见

ponsom kah tɕiʔ zauʔ.keh maiʔ geʔ pa breʔ.
晚上   也 能 看见 让 你 抓 的 偷

"sivai maiʔ hauk tin, tɔʔ maiʔ tɕoŋ rhaŋ.
 老虎 你 上来 这里 送   你 牢固 牙齿

"brain maiʔ hauk tin, keh maiʔ ne hot kraʔ.
 预兆鸟 你 上来 这里 让 你 说 话 旁 路

"pauk maiʔ hauk tin, tɔʔ tian maiʔ kraʔ, keh maiʔ keh pui
 绿嘴地鹃 你 上来 这里 若 跨 你   路 让 你   使 人类

toŋ kah mhom kraʔ hu tiʔ."
知道 于 吉   路 去 自己

taʔsiziəʔ bauʔ guah zuhnin, loi ŋai? loi som kuɯm tauk hoik.pui
  天神   重新 修改 这样   三 天   三 夜   就   才 完 人类

hoik sivoi, ʔiŋ naŋ sivoi, kuɯm ʔiŋ gauu tiʔ, sum ŋhoʔ, zuh preʔ.
 到 前面 回去 也 前面   就   回去 学习 助词 种 稻谷 做饭

hoik som phau, pui kuɯm tauk doh rhom kah piʔom tɕhok tiʔ taʔsiziəʔ
 已经 吃饭 现在 人   就   才   通   心   于 忘记   问 自己 天神

kuɯm saŋ som tiʔ tiʔ ŋai? meʔ breʔ. ʔeʔ tom moi kah, mhaiŋ ŋoh
究竟 要 吃饭 自己 一 天 多少 餐 我们 嘱咐 黄牛 于 叫   它

breʔ tiʔ preʔ, polai doh pi.
好好 助词 记住 别 绝不 忘记

moi tɕhok taʔsiziəʔ,taʔsiziəʔ ʔah nin:" pui daiŋ neh, kon saŋ ʔih
 黄牛 问   天神   天神 说 这样 人类 很 懒 还 要 吃

ŋe pa nom.keh kiʔ som loi ŋai? tiʔ breʔ."moi lhat tiʔ pi, tok
 仅 的 好 让 他们 吃 三 天 一 餐   黄牛 担心 助词 忘记 一直

ʔah"loi ŋai? tiʔ bre, loi ŋai? tiʔ bre…" nin khom ʔiŋ tiʔ.
说 三 天   一 餐 三 天 一 餐   这样 边 回去 自己

gruɯn kraʔ, simʔuɯppit zauk tiʔ ʔah "ʔuɯppit"nin. moi zauh kah,
 中间   路   布谷鸟   开始 助词 说   布谷 这样 黄牛 吓 于

pi pa ʔah tiʔ kuɯm moh loi ŋai? tiʔ bre, kuɯm moh tiʔ ŋai? loi
忘记 的 说 自己 究竟 是 三 天 一 餐 究竟 是 一 天 三

bre. nɔh ʔaŋ tɔŋ du saŋ tɕhɔk tiʔ nɔh, kuum tɕhɔk pɔʔ simʔuppit
餐 它 不 知道 处 要   问 自己 它   就   问 助词 布谷鸟
ʔah:"pa ʔah ʔɤʔ nuʔ, kuum moh loi ŋaiʔ tiʔ bre, kuum moh tiʔ ŋaiʔ loi
说 的 说 我 刚才 究竟 是 三 天 一 餐 还 是 一 天 三
bre?" simʔuppit ʔah nin:"tuu moh tiʔ pa ʔot sivoi, loi kuum ʔot
餐   布谷鸟 说 这样 一定 是 一 助词 在 前面 三 就 在
khaiʔ. kaiŋ zie nin maiʔ pɤŋ ʔaŋ tɔŋ?" moi kuum ʔah "moh lɛʔ!",
后   事 简单 这样 你 怎么 不 知道 黄牛 就 说 是 啊
ʔah pɔʔ "tiʔ ŋaiʔ loi bre" hu.
说 助词 一 天 三 餐 走

　moi ʔin lau pui mhɔŋ, ʔeʔ pui kuum sɔm khaiʔ tiʔ ŋaiʔ loi
　黄牛 回去 告诉 人类 听见 我们 人类 就 吃饭 之后 一 天 三
bre. taʔsizieʔ tɔŋ nɔh phau, tɕhɔk moi kah:" kuum moh maiʔ pa mhain
餐 天神 知道 它 现在 问 黄牛 于 是否 是 你 助词 叫
kiʔ kɔnpui sɔm tiʔ ŋaiʔ loi bre laih?" moi kuum ʔah: "moh, moh
他们 人类 吃饭 一 天 三 餐 吗 黄牛 就 说 是 是
ʔɤʔ tɕau lau kiʔ mhɔŋ 'tiʔ ŋaiʔ loi bre'." taʔsizieʔ kuum ʔah:"pui
我 者 告诉 他们 听见 一 天 三 餐 天神 就 说 人类
tiʔ ŋaiʔ loi bre ʔaŋ tau kup kah. bre moh maiʔ pa ʔah, maiʔ tɕaŋ
一 天 三 餐 不 肯定 不 够 于 既然 是 你 的 说 你 就
go kiʔ thai ma phɤ kauuŋ, kiʔ kuum tauk tɕiʔ kup."
帮助 他们 犁 地 耙 田 他们 就 才 会 够
　khaiʔ ʔin, ʔeʔ pui kuum thai phɤ kah moi tɔm siŋaiʔ.
　之后 这 我们 人类 就 犁 耙 用 黄牛 到 今天

第三批人类从葫芦里再生

　　姆依古锯下葫芦头的时候，不小心锯下了人类的尾巴。据说在这个以前我们一直也像其他动物一样有尾巴，结果姆依吉这一锯就把我们人类的尾巴锯掉了，从此我们再也没有尾巴了。同时他还锯伤了蚂蚱的头，所以蚂蚱的头到今天是扁的。由于姆依吉锯伤了人和蚂蚱，葫芦里的生灵就一个都不敢出来，姆依吉就对葫芦口喊："里面有人吗？你们出来吧，我把葫芦口打开，是专门放你们出来的。"

姆依吉喊了几遍，里面才有一个男人回答他说："外面说话的人你是谁？我们在里面过得很好，你为什么要我们出去呢？"

姆依吉已经很久没有可以说话的同伴了，听到有人回他的话，他禁不住高兴地回答说："我的名字叫姆依吉，孕育你们的葫芦是我种出来的。我已经把葫芦口打开，你们就出来吧。葫芦里一片黑暗，而外面是一片光亮。葫芦里寒冷难耐，而外面太阳可以送来温暖。葫芦里你们只能挤在一起，而外面很大很大，而且你想去哪儿就去哪儿，你想吃什么就有什么。你们听清楚了没有？你们赶快出来吧！"

葫芦里又有人说："姆依吉呀姆依吉，你要我们怎么样才能相信你呢？"

姆依吉听了就回答："我们都是天神创造的，我们都是地神的孩子。而且我是天神派来专门保护你们的，你们就放心地出来吧！"

终于有一个男人首先从葫芦口探出头来，看到外面的世界很精彩很宽广，他禁不住"佤(佤语宽敞的意思，也与汉语的叹词"哇"同音)"地叫了一声，然后他从葫芦里跳了出来。后来这个人就叫"艾佤"，他就是我们巴饶克人和巴格卫人的祖先。

第二个男人把头从葫芦里探出来，看到外面的世界很宽广，他禁不住"文(佤语也是宽敞的意思，也是叹词)"地叫了一声，然后从葫芦里跳了出来。后来这个人就叫"尼文"，据说他就是彝族、白族等民族的祖先。

第三个男人把头从葫芦里探出来，看到外面的世界很明亮，他禁不住"傣(佤语中花的意思，也是叹词)"地叫了一声，然后从葫芦里跳了出来。后来这个人就叫"萨姆傣"，据说他就是傣族等民族的祖先。

第四个男人把头从葫芦里探出来，看到外面的世界七彩斑斓，他禁不住"克耶尼(佤语中"好"的意思)"地叫了一声，然后从葫芦里跳了出来。后来这个人就叫"赛克耶"，据说他就是汉人的祖先。后来第五个据说是"俄缅"，据说是拉祜族等民族的祖先。第六个是"马尼"，据说是缅甸缅族等民族的祖先。第七个是"杰康"，据说是景颇族等民族的祖先……

后面还有很多人从葫芦里跳出来，他们分别是世界各民族的祖先。最后出来的那些人分别选择跟随前面出来的人，他们各自到天神指定的地方去居住，就这样这些民族才发展了起来。其实从葫芦里出来的不仅仅是人类，据说也还有很多的动物，它们也是从葫芦里出来的。开始的时候，一切生灵从葫芦里出来只知道在葫芦旁边转，最后是天神在一夜之间把他们都送到他们该居住的地方去。

这一次天神想创造一个有秩序的世界，他首先定下了各种动植物生息的规律，并认真地先后给它们都作了交待，然后要求它们必须遵从而不能违背，否则就会受到天神的惩处。所以从那以后，不管是动物还是植物，它们都有自己的寿数。什么时候开花结果，什么时候生儿育女，这一切都已经被天神定得好好的。天神对人类说："如果你们一年生一胎，你们最多只能活四十年；如果你们两年生一胎，我可以让你们活到八十岁，甚至更多，你们自己选择吧。"

我们人类选择了两年生一胎的规律，所以我们可以活到八九十岁。轮到老虎的时候，天神悄悄把它领到一边去对它说："我的话你一定要牢记在心，你一年必须生十胎，而且你想吃什么就吃什么，但是你的寿命只有十五年。你吃的东西你一定要看好，你认为什么最多就多吃什么，千万不能让它们发展得太快，不能让世界又被它们破坏。"

其实天神是有意暗示老虎多吃人类，让老虎控制人类的增长。但是，老虎回来的时候，它害怕自己把天神说的话给忘记了，它就一路地念着："一年十胎，一年十胎……"老虎边念边走，不小心一脚踩着了正在下蛋的鹌鹑的尾巴，鹌鹑"呼噜"地一声飞起来，结果把老虎吓了一跳。老虎吓了一跳，它一下子就忘记了自己刚刚说了些什么，它就去找鹌鹑问鹌鹑说："鹌鹑呀鹌鹑，你刚才听到我说了些什么吗？"

鹌鹑回答老虎说："听到了，你一路上不是一直在念着'十年一胎、十年一胎'吗？"

老虎听了，又"十年一胎、十年一胎"地念着走了，所以后来老虎十年才能生一胎。老虎踩落了鹌鹑的尾巴，鹌鹑到今天也就没有尾巴了。

天神后来知道老虎十年才生一胎,他把老虎叫来生气地问它说:"我要你一年生十胎,你为什么十年才生一胎呢?"

老虎把它踩了鹌鹑的尾巴的事告诉天神,天神听了又把鹌鹑叫来,他问鹌鹑说:"是你对老虎说,我叫它十年生一胎吗?"

鹌鹑回答说:"这是它自己说的。"

天神听了生气地把鹌鹑抓起来,他把鹌鹑的后脚趾卸了下来,鹌鹑从此也就没有后脚趾了,所以它再也不能落到树上去,这正是天神对它的惩处。天神同情老虎,他就让老虎也像人一样两年才生一胎。

天神还告诉各种动物它们必须吃一些什么,唯独没有告诉人类和熊要吃一些什么。人类去问天神我们该吃一些什么的时候,天神害怕地神不高兴,所以天神就悄悄地告诉人类说:"你们爱吃什么就吃什么吧。"

天神对人类这么说,我们看见别的动物吃什么我们就吃什么,所以人类可以吃蔬菜瓜果,也可以吃肉类。熊去问天神它们该吃什么,天神就对熊说:"当初是你把人类放出来的,你们也像人类一样爱吃什么就吃什么吧。"

天神要熊像人类一样爱吃什么就吃什么,所以熊成了杂食性动物。接着天神就给各种动物分授本领,有了本领它们才能够生存。他给飞禽分了翅膀,给走兽分了利爪或角,给蛇蝎分了毒液。

蝙蝠像老鼠一样分得了利牙,结果它把利牙藏起来又去骗来一双翅膀,后来天神知道了,他就让蝙蝠只能在夜间出来觅食,而且还罚它们倒着睡觉,让它们自己在自己身上大小便,所以蝙蝠的身上永远有一股尿臭味。天神本来想把灵敏的嗅觉留给人类,他想让人类随时都可以找到他们想要吃的东西,谁知道狗分得了角和利爪,结果又悄悄地把天神留给人类的本领——灵敏的嗅觉偷走了。

轮到人类的时候,天神到处找灵敏的嗅觉没有找到,最后他知道是狗把人类的本领偷走了,他就叫狗永远帮助人类,当人类的奴隶。从那以后狗也就永远和我们在一起,帮我们守家守寨子,带我们进山去搜捕猎物。就这样,狗也就成为我们人类最好的朋友。但是这样地神认为还不够，她认为天神有意不把本领分给人类，但是地神那里根本没有什么本领，所以她悄悄地把对付各种本领的办法教给人类，它就是现在我们人类才拥有的东西，那就是智慧。

人类有了思想有了智慧，我们就可以想出对付一切本领的办法，甚至我们还学来一些本领变成我们自己的本领了。比如我们向蚂蚁学会了储存食物，向蜘蛛学会了织网打鱼下扣子；向青蛙学会了游泳，向鸟儿学会了唱歌跳舞。有了思想和智慧，我们同样可以得到一切我们想得到的东西。

和我们人类同样遭遇的还有一种动物，它当时几乎也分不到什么本领，它就是我们现在说的青叮子。青叮子个子太小，走路也实在太慢了，它很想分到毒液，但是别的动物已经把毒液分完了，它才慢慢地赶来。看看毒液已经分完，青叮子伤心地在它们放毒液的叶子上哭滚，没想到叶子上还遗留着一些毒液没有干，所以青叮子的毒就在它的毛尖上，我们一旦轻轻地触着它的毛尖它才会叮人，一旦突然去按它，它也就不会叮人了。真正来得最晚的、分不到本领的是螺蛳和蜗牛，它们来的时候就什么本领都没有了。

它们哭着向天神哀求，天神实在没有办法，所以用石头给它们做房子。真可怜螺蛳和蜗牛，它们什么本领也没有，为了不让别的动物把它们吃掉或踩死，它们也只有走到哪儿就把房子背到哪儿去。最后，实际上本领最高、最强的，还是我们人类。因为有了智慧，我们还会创造出来没有过的东西。

天下万物所有的本领都是天神安排的。有一天，地神专门去请天神下到世间，要天神再分配给人和一些动物本领。天神同意，地神专门召集了一次规模庞大的地球会议。人和动物从四面八方赶来。首先人去求天神，请他分配给人类还缺少的东西。天神说："我不得带给你们什么，我就让你们会说话、会种地、会煮饭吃、会送鬼。"地神问："没有了吗？"天神说："这些已经足够的了，剩下的我已经放在人的头顶上了，让他们自己去找吧。"人摸摸自己的头，什么也没有。但突然想起了肚子饿了要煮饭吃，后来人们才知道，天神给了人类最宝贵的东西，就是思维能力。后来天神对各种动物的本领作了一一分配，雷神问天神给他什么，天神说："你作吵架的。"

后来雷声特别大。犀鸟缓缓走过去说:"请天神给我我还缺少的东西。"天神说:"也没有什么可给你的,我给你个大嘴。"犀鸟问:"我要那个做什么?"天神说:"那个东西可以帮你找食物。"老鹰走过去说:"请天神给我我还缺少的东西。"天神说:"我给你一双翅膀。"老熊走过去说:"求天神给我我还缺少的东西。"天神说:"我没有什么可给你的,我给你做个皮。"熊问:"我要皮做什么?"天神说:"让你住在墙里(树洞)里,你把头放在皮里面。还有,我给的东西在你肚里。"完了天神说:"水牛你上来,我没有什么可给你的,我给你角。"水牛问:"我要那个做什么?"天神回答:"把你宰了以后供你的头"。黄牛说:"请天神给我我还缺少的东西"。天神说:"我给你头旋。"黄牛问:"我要那个做什么?"天神说:"在主火塘方向宰你,在鬼火塘方向供你。"

后来天神又说:"马,你上来,你专门供人骑。骡子你上来,你是很能驮东西的,但你没有儿女。马鹿你上来,我把角放在你头上。以后可以作药。麂子你上来,我给你声音,你的身子小,以后还可以在树林里听见你的叫声,你的肉好吃,让猎人找着你。猪你上来,我没有什么给你的,给你苦胆,杀了你吃你的肉,人类用你的苦胆占卜天象。猴子你上来,我给你袋子,你拿去放在田地的周围,你偷来的玉米放在袋里,还给你一些道理(后来猴子比其他动物稍微聪明,但偷来的玉米丢在后面,认为自己已经装进袋子了)。花狼你上来,给你牙齿。猫头鹰你上来,给你大眼睛,不但白天能看见,而且晚上还能看得见。让你看老鼠晚上是否偷东西。老虎你上来,我给你牙齿,还给你好毛皮,还给你骨头药,人类可以买你的皮和骨头。小话鸟上来,你管人出行好坏的预兆,在行人路上叫或在行人前后叫,让行人明白前程是否有凶吉。长尾巴鸟,你横垮道路飞行,让行人出行天天吉利。鸡你上来,我给你声音,早晨叫醒睡觉的人,给你股骨,给人类占卦卜象,能知凶吉,你身上鬼多,人类通过杀你,看你的股骨、血、舌、头都可以看见好鬼坏鬼……"

天神在这次会上一个一个对自然界里的各种动物进行本领分配,分了三天三夜还没有分完。人类是头一个又分配到本领的,因此,先回去,到家里开始学种田、煮饭。吃好饭以后,摸摸头,突然才想起，应该问天神，我们一天要吃几餐饭。人们叫黄牛去问天神，并嘱咐牛天神说的话不能忘记，要一五一十地带回来。老黄牛去问天神，天神回答："人类好吃懒做，而且尽是想吃好的，就让他们吃三日一餐吧。"老黄牛生怕忘记天神的话，它边走边集中精力地诵着"三日一餐、三日一餐"。老黄牛正走着，布谷鸟"布谷"地叫了一声，结果把老黄牛吓得魂飞魄散，再也想不起天神是说三日一餐，还是一日三餐。看看周围没有问处，只好追布谷鸟问："刚才我是说'三日一餐'，还是'一日三餐'？"布谷鸟说："肯定是'一'在前'三'在后，这是简单的道理嘛！"老黄牛说："对！一日三餐。"回去转告给人类后，从此人类就一日三餐。天神知道以后，问老黄牛："是你说一日三餐吗？"老黄牛说："对，是我转告他们一日三餐。"天神说："人类一日三餐一定吃不饱，既然是你这么说，那只有你帮他们耕地，他们才会养活自己。"从此以后，人类就一直用老黄牛耕田犁地。

silaih tiŋ piaŋ mɤŋ tiʔ bok
比赛 大 之上 世界 一 次

    lih kutçɤ khaiŋ dauʔ siŋian ʔuik, ʔeʔ kɯm ʔah "sigaŋ kɤt sigaŋ
出来 万物 从 里面 葫芦 全部 我们 就 说 司岗 转世 司岗
lih" kah. taŋ koi tçɤ pa siau ʔeʔ phau, ʔeʔ kɯm gauʔ rhom, nom
出来 于 各自 有 东西 的 用 我们 现在 我们 就 高兴 心 好
ʔot siʔu koi tauu. taʔsiziεʔ zauʔ noh gauʔ kah naŋ.
在 温暖 生活 一起 天神 见到 它 高兴 于 也
    ʔaŋ rhuuŋ, khɯ ʔot ʔeʔ tauu, khɯ koi tçɤ pa tiŋ tçɤ pa
不 久 因为 在 我们 一起 因为 有 种类 的 大 种类 的
ʔiak, tçɤ pa ne pa siau tçɤ pa zom pa siau, koi tosat tiʔ blah tuui
小 种类 的 多 的 用 种类 的 少 的 用 有 动物 一 些 拿
tiʔ tiŋ tçiŋhauu. khaiʔ kiʔ lalai khoi kah pauʔ tiʔ, teh pauʔ tiʔ; pa
助词 大 蛮横 之后 它们 相互 嫉妒 于 伴儿 自己 欺骗 伴儿 自己 的
tiŋ tok pa ʔiak, pa lhak teh pa phum.rhuuŋ khaiʔ, pa tiŋ ʔih pa
大 打 的 小 的 聪明 欺骗 的 笨 久 后 的 大 吃 的
ʔiak, pa lhak ʔih pa phum. sidauuh, ʔeʔ kɯm pruprat ʔaŋ lai hoik hu
小 的 聪明 吃 的 笨 最后 我们 就 分散 不 再 来 去
kah pauʔ tiʔ.
于 伙伴 自己
    ʔinkiʔ bauʔ moh taʔsiziεʔ pa zuh neh. zam dzauuh noh keh plaŋploh
这些 也许 是 天神 的 做 助词 时候 开始 他 让 猫头鹰
moh tçau pauu piaŋ kakteʔ, khaiʔ ʔaŋ lai koi tçɤ. siŋaiʔ, noh ʔaŋ siau
是 者 守护 之上 世界 现在 不 再 有 意义 今天 他 不 用
keh pui pauu, dwih ghram kah zuh kutçɤ, kutçɤ teh tiʔ nhim hauk
让 人 守护 反而 放纵 于 做 万物 万物 变 助词 慢 上
nhim vhuan kah.
慢 长 于
    kah dzauuh diʔ, kutçɤ koi bokzam khrom tiʔ tauu. zam khrom kiʔ
于 开始 过去 万物 有 时间 集中 助词 一起 时 集中 它们

第二章 司岗里传说 75

ti?, ki? silaih ti? klau, gaik mɔ? pa rɛ? mhom lo?; ki? silaih
助词 它们 比赛 助词 唱歌 看看 谁 助词 更 好 声音 它们 比赛
ti? kleh, gaik mɔ? pa rɛ? graŋ; ki? silaih kɔ? sibe? ti?, riaŋ ti?
助词 跳舞 看看 谁 助词 更 优美 它们 比赛 还 衣服 自己 力气 自己
ki?; hoik kin sigoik ŋe. ne moh sim, ki? ti? num khrom ti? phuan
甚至 已经 很 热闹 助词 特别 是 鸟类 它们 一 年 集中 助词 五
liah bok kɔ?. khu rɛ? tɕi? kleh tɕi? lin ki?.
六 次 甚至 因为 更 会 玩 会 玩 它们

    toik daiŋ mhom sibe?, nɔh ʔaŋ te tɕi? kleh tɕi? klau. nɔh ʔot
绿鸠 很 漂亮 衣服 它 不 哪 会 跳舞 会 唱歌 它 在
sinek khruprhom kah, khu ʔaŋ pui te doh mauŋ simi nɔh. nɔh kɤt
越 伤心 于 因为 不 人类 哪 绝 不 仰望 观看 它 它 想
rhom ti?, nɔh kum hu sok ti? brɛ? tɕie? pui. pui toŋ kah daiŋ
心 自己 它 就 去 找 助词 偷 的 别人 大家 知道 于 很
mhom pauŋ bui biauŋ, tɔ? klehlin pui, ki? tok hot kleh mai lo?
好 吹 竹鼠 芦笙 若 玩乐 大家 它们 一直 跟随 玩 与 声音
biauŋ nɔh, toik kin ghoiŋ kah.
芦笙 它 绿鸠 很 羡慕 于

    koi ti? ŋai?, nɔh kum brɛ? biauŋ bui tɔ. bui ʔaŋ lai zau? biauŋ
有 一 天 它 就 偷 芦笙 竹鼠 跑 竹鼠 不 再 见 芦笙
ti?, hoik ziam kah sau?rhom kah. nɔh ziam mai sok ti? nɔh
自己 已经 哭 于 伤心 于 它 哭 边 寻找 自己 它
kusidauih, sok duŋmɔ? ʔaŋ zau?. nɔh kauŋ kɔ? tɛ? sok grum tɛ?, kah
四处 找 何处 不 见 它 挖 即使 土 寻找 底下 土 也
kɔn ʔaŋ zau?. tɕhau? ti? rhuŋ ziam phau, ŋai ʔuah kah, ŋai bui
还 不 见 到 太 助词 久 哭 现在 眼睛 肿 于 眼睛 竹鼠
kum ʔiak khai? tɔm siŋai?.
就 小 后 至 今天

    zam ʔan, so? kah koi ruŋ. bk lo? plakvoi, taʔsiziɛ? tɔ? kutɕuu koi
时候 那 狗 也 有 角 像 话 前面 天神 给 万物 有

tɕɣ siau ʔuik.nɔh tɔʔ sɔʔ kɔi ɲhim lɔm mai ruŋ. sɔʔ peʔ sɔn ʔeʔ
东西 用 全部 他 给 狗 有 爪 锋利 和 角 狗 胜 运气 我们
pui, sɔʔ kɔi ruŋ mhɔm naŋ phau, mai mɔh nɔh pauʔgrɔm ʔeʔ pui,
人类 狗 有 角 好 也 现在 和 是 它 朋友 我们 人类
nɔh tɔk zuhrau tiʔ kusidauh.nin phau, sɔʔ kɔi pauʔmuut tiʔ kauʔ,nɔh
它 一直 炫耀 自己 四处 这样 现在 狗 有 朋友 一个 它
kuɯm mɔh peʔ.peʔ ghɔiŋ kah ruŋ sɔʔ, saŋ zuh tɔm pon breʔ tiʔ
就 是 羊羊 羡慕 于 角 狗 想 做 至 能 偷 自己
nɔh.
它

ʔan tiʔ ŋaiʔ, nɔh hɔik tiʔ sɔk sɔʔ ʔah nin:"pauʔke, ʔɣʔ ruk bʋh
那 一 天 它 到 助词 找 狗 说 这样 大哥 我 真的 丑
zuhnin,khɔm kɔn ʔɔn, lɔk ʔuik ʔɔm kuat nin. ponsaʔ ʔɣʔ saŋ hu kleh,
如此 即使 还 年轻 如 真 像 老人 这样 明天 我 要 去 玩
me ʔɣʔ tiʔ sivat ʔɔm mai nin pe tiʔ bɔk ŋe. ʔaŋ maiʔ pʉŋ tɔʔ
希望 我 自己 风光 像 你 这样 只 一 回 仅 不 你 劳驾 给
ʔɣʔ vai lɔkkaiŋ tiʔ laih? ʔɣʔ lɔk duɯih tɔʔ ponsaʔ, ʔɣʔ lɔk breʔ tiʔ
我 借 头饰 自己 吗 我 就 返回 送 明天 我 会 好好 助词
nap maiʔ kah khaiʔŋaiʔ."
尊敬 你 于 今后

sɔʔ ruk tɔʔ peʔ vai lɔkkaiŋ tiʔ. peʔ veʔ nɔh hu kleh, pui
狗 果然 给 羊 借 头饰 自己 羊 带 它 去 玩 大家
ruk mhaiŋ nɔh sivat ŋe. peʔ hɔik ʔaŋ lai duɯih tɔʔ lɔkkaiŋ kah sɔʔ,
果然 说 它 风光 助词 羊 回 不 再 退 给 头饰 于 狗
tɕup sɔʔ keʔ tɕup peʔ kuɯm kɔiŋ kah pauʔ tiʔ dzau tɔm siŋaiʔ. keh
类 狗 和 类 羊 就 仇视 于 伙伴 自己 由于 到 今天 如果
sɔʔ zauʔ peʔ mɔh saŋ kiat nɔh zum. peʔ ʔaŋ lai pon kan, nɔh kuɯm
狗 见到 羊 是 要 咬 它 死 羊 不 再 能 忍受 他 就
mhaiŋ pui go tiʔ, kuɯm ʔah"keh sɔʔ ʔaŋ lai duɯih tuɯi lɔkkaiŋ
请 人类 帮 自己 就 说 如果 狗 不 再 又 拿 头饰

tiʔ,   peʔ mhaiŋ ʔɤʔ zuh tiʔ   ʔɤʔ kah tɕu.".
自己 你们 叫   我 做 什么 我 也 同意
　　pui ɡo peʔ ʔah loʔ, soʔ moh soʔlɛʔ ʔeʔ pui nan,ŋoh ʔaŋ tɕu
　　人类 帮 羊 说 话 狗 是 奴隶 我们 人类 那样 它 不 同意
ʔaŋ tɕiʔ. soʔ kɯɯm ʔaŋ lai koi ruŋ khaiʔ tɔm siŋaiʔ. peʔ koi ruŋ
不 行 狗 就 不 再 有 角 之后 到 今天 羊 有 角
kɔʔ, kiʔ daiŋ ʔondʐhom, saŋ zuh pui kah moʔ kah ŋoh, ŋoh kah tɕu.
即使 它们 很 温和   想 做 人类 于 谁 于 它 它 也 同意
　　zam ʔan, lak kɛʔ tɔi ʔɔm pauʔ tiʔ, paiŋ sibɛʔ. kɛʔ moh
　　时候 那 乌鸦 和 白鹇 像 伴儿 自己 白 衣服 它们 是
pauʔɡrɔm, ʔot tau sɔm tau kuɲaiʔ. koi tiʔ bok, kɛʔ saŋ hu kləh,
朋友 在 一起 吃饭 一起 每天 有一次 它俩 想 去 玩
kɛʔ mhaiŋ sibɛʔ. tiʔ paiŋ,ʔaŋ zɔm tiʔ zauʔ.kɛʔ saŋ bre tiʔ, kɛʔ
它俩 认为 衣服 自己 白 不 好 助词看 它俩 想 打扮 自己 它俩
kɯɯm tɯi rɔm mɤk, kraiʔ tiʔ kah.
就 取 水 墨 涂 自己 用
　　lak daiŋ mhɔm rhɔm, mhaiŋ tiʔ ran bre tɔi sivoi. lak rɯɯik
　　乌鸦 很 好   心   说 助词 先 打扮 白鹇 前面 乌鸦 拔
hauk tɕautiʔ, tiʔ ɡoŋ, bre poʔ tɔi. lak bre tiʔ khua tɔi tiʔ rhoi
羽毛 自己 一 支 打扮 助词 白鹇 乌鸦 精心 助词 画 白鹇 一 道
tiʔ rhoi ŋe, rhɯɯŋ nau, hoik khaiʔ, tɔi ruk ɡraŋ ŋe. tɕɔ tɔi bre
一 道 仅 久 很 完 后 白鹇 真的 漂亮 助词 轮到 白鹇 打扮
lak, tɔi zauʔ mhɔm tiʔ phau, lhat lak dɯɯih mhɔm khaiŋ tiʔ, ʔot
乌鸦 白鹇 见到 好看 自己 现在 害怕 乌鸦 反而 好看 比 自己 在
plakkhaiʔ. lak, zauk tiʔ klup sidzauʔ rɔm mɤk piaŋ lak. nin, tɔi
后面 乌鸦 动身 助词 倒 突然 水 墨 之上 乌鸦 这样 白鹇
kɯɯm prɯɯih luŋ paiŋ, lak kɯɯm luŋ khomdzauŋ, pe toŋai, paiŋ kah ʔaŋ
就 花 黑 白 乌鸦 就 黑 全身 连 眼珠 白 也 不
lai koi taŋ dzau.
再 有 因为 由于

dzauh khaiʔ ʔin, keh lak zauʔ tɔi kɯm tɔk tɔi. tɔi lhat
开始 之后 这 如果 乌鸦 看到 白鹇 就 打 白鹇 白鹇 害怕
moʔ tiʔ dauʔ nɔŋ tiŋ ʔaŋ lai pon lih tɔm ŋaiʔ.
躲 自己 里面 森林 大 不 再 能 出来 至 今

simʔɯppit veʔ kɔn tiʔ hu kleh, nɔh kuih ʔɯppit veʔ kɔn tiʔ
布谷鸟 带 孩子 自己 去 玩 它 煮 糯米饭 带 孩子 自己
plai. khɯ kukram, nɔh kɯm dvh nieʔ simpethi, ʔah "keh kɔn ʔɤʔ
点补 因为 麻烦 它 就 留 家 八色鸫 说 如果 孩子 我
tɕairhom khaiʔ, ʔɤʔ lɔk dɯih hoik tiʔ tɯi.". simpethi mhoŋ bhoŋ ʔɯppit,
饿 等一下 我 就 返回 来 助词 拿 八色鸫 闻到 香 糯米饭
breʔ tiʔ tɕhɤ tiʔ gum, zauʔ nɔm phau, bauʔ sɔm nɔh tiʔ gum, tiʔvut
偷偷 助词 尝 一 口 见 好吃 现在 又 吃 它 一 口 一会儿
ŋe ʔɯp ʔuik.
仅 饭 完

ʔaŋ rhɯŋ, simʔɯppit dɯih hoik tiʔ sɔk, simpethi ʔah "hoik hi, hoik
不久 布谷鸟 返到 助词 找 八色鸫 说 已经 霉 已经
hi…" ŋan. tauk mɔh tiʔ plak ŋaiʔ ŋe, ʔɯp tauk kuih tiʔ ʔeh tɕi
霉 那样 才 是 一半 天 仅 饭 才 煮 助词 不久前 会
hi zuhkahmɔʔ, simʔɯppit kɯm tɔk simpethi. simpethi lhat lau grɔŋ tɕɤ.
霉 怎么 布谷鸟 就 打 八色鸫 八色鸫 害怕 说 情况 原因
khaiʔ ʔan, simʔɯppit kɯm tɔm dauʔ mhɯm simpethi, nɔh ʔaŋ lai zuh
之后 那 布谷鸟 就 下蛋 里面 窝 八色鸫 它 不 再 做
mhɯm tiʔ, simpethi mɔh tɕau preʔ kɔn nɔh.
窝 自己 八色鸫 是 者 养护 孩子 它

zam ʔan, kutɕɤ daiŋ koiŋ kah sivai, khɯ zauʔ nɔh tiŋ riaŋ tiʔ
时候 那 万物 很 讨厌 于 老虎 因为 见 它 大 力气 自己
map tiʔ muan pau tiʔ, bokblah kiʔ kah dɯih pokbiʔ tiʔ kah nɔh.
欺负 助词 玩 伙伴 自己 有时 它们 也 反而 报复 自己 对 它
koi tiʔ ŋaiʔ, sivai lih khaiŋ gɔŋ kah tɕairhom. nɔh zauʔ hoi dauʔ
有 一 天 老虎 出来 自 山 因为 饿 它 看见 螺蛳 里面

kɔŋ hu ʔuik nhim ŋe, nɔh kɯm ʔah nin:" hoi, hoi, tɕauʔrhom ʔʌʔ kah
河　去　真　缓慢　助词　它　就　　说　这样　螺蛳　螺蛳　可怜　我　对
maiʔ tit. rɔŋ mɔh khɯ ʔaŋ maiʔ koi tittiʔ, maiʔ kɯm kɔk nieʔ tiʔ
你　助词　就是　是　因为　没　你　有　什么　你　就　背　房子　自己
hu kusidauh."
去　四处

　　hoi mhɔŋ nɔh ʔah nin:"ʔʌʔ ʔaŋ koi kɔʔ tittiʔ, kɯm tɕu maiʔ
　　螺蛳　听到　它　说　这样　我　没　有　即使　什么　是否　同意　你
ʔaʔ silaih zauʔ ʔ."
我俩　比赛　看看

　　sivai ʔaŋ sɔn hoi mɔh tittiʔ, ŋiah ʔah nin:"koi maiʔ patiʔʔ maiʔ
　　老虎　不　算　螺蛳　是　什么　笑　说　这样　有　你　什么　你
gah mhaiŋ ʔaʔ zuh silaih ?"
怎么　叫　我俩　做　比赛

　　hoi ʔah:" bre ŋiah maiʔ kah nhim ʔʌʔ, nan ʔaʔ zuh silaih to.
　　螺蛳　说　既然　笑　你　于　慢　我　那样　我俩　做　比赛　跑
hoik lha praiʔ ŋaiʔ, maiʔ hoik pɔnŋɔp tɕau pɔnsaʔ, ʔaʔ dzauh tin
已经　晚　天　今天　你　来　早晨　早　明天　我俩　开始　这里
pɔnsaʔ, mɔʔ hoik toih kɔŋ voi ʔeʔ kɯm sɔn peʔ."
明天　谁　到　源头　河　前　我们　就　算　胜利

　　hoik hu sivai, hoi ʔot dauʔ kɔŋ ʔuik tɔm loʔ kah pauʔ tiʔ.
　　已经　去　老虎　螺蛳　在　里面　河　全部　嘱咐　于　伙伴　自己
kiʔ siŋih pauʔ tiʔ kah grɔŋ saŋ zuh tiʔ.
它们　商量　伙伴　自己　于　情况　要　做　自己

　　ŋaiʔ khaiʔ pɔnŋɔp sivai hoik. sivai mɔh tɕau pau loʔ, hoik pau nɔh
　　天　之后　早晨　老虎　来　老虎　是　者　报　话　已经　报　它
loʔ nɔh sauurian to tɕieʔ tiʔ. hoik to sivai tiʔvut, nɔh zo hoi, hoi ʔot
话　它　用力　跑　的　自己　已经　跑　老虎　一会儿　它　喊　螺蛳　螺蛳　在
voi nɔh ʔah "hah" nin. sivai tɕe mɔh phai hoi khaiŋ tiʔ, nɔh
前面　它　说　象声词　这样　老虎　以为　是　快　螺蛳　比　自己　它

zuhluŋ tiʔ to. bauʔ to tiʔvut, sivai bauʔ zo hoi, hoi ʔot sivoi
拼命 助词 跑 又 跑 一会儿 老虎 又 喊 螺蛳 螺蛳 在 前面
nɔh pok nɔh ʔah "hah" nin. meʔ bok zo sivai, meʔ bok pok hoi
它 回答 它 说 象声词 这样 多少 次 喊 老虎 多少 次 回答 螺蛳
nɔh. zuhnin, sivai hoik to tɔm zumʔim tiʔ, nɔh tɕa ʔaŋ krup pot
它 这样 老虎 已经 跑 至 狞死 自己 它 还是 没 赶上 照样
hoi. hoik tɔm dʑih ghin nɔh, nɔh kɯm tauik tɕu tiʔ goih.
螺蛳 到 至 泄 胆 它 它 就 才 同意 助词 输

  tiʔtɕau hoi ʔaŋ te to, mɔh hoi ʔot dauʔ klɔŋ ʔuik pa lailoh tiʔ
  其实 螺蛳 没 哪 跑 是 螺蛳 在 里面 河 全部 助词 轮流 助词
pok lɔʔ sivai, zuh nɔh glup.
回答 话 老虎 使 它 输

  sivai goih phau, dauʔrhom ʔaŋ te nɔm. nɔh tɕa bɔŋ kraʔ nin,
  老虎 输 现在 心里 不 哪 舒服 它 姑且 沿 路 这样
zauʔ poʔ siʔoih, nɔh saŋ sokgrɯih tiʔ kah siʔoih, ʔah nin kah siʔoih:
看到 助词 螃蟹 它 想 滋事 自己 于 螃蟹 说 这样 对 螃蟹
"maiʔ pa ʔiak nin, tɕiʔ zuh maiʔ patiʔʔ kɯm tɕu maiʔ tiʔ zuh silaih
你 助词 小 这样 会 做 你 什么 是否 愿意 你 助词 做 比赛
mai ʔŋʔʔ"
同 我

  siʔoih kɯm ʔah: "silaih tiʔ poʔʔ"
  螃蟹 就 说 比赛 什么 助词

  sivai zauʔ tiŋ rɔm klɔŋ, nɔh kvt siʔoih ʔaŋ pon tian, nɔh kɯm
  老虎 看到 大 水 河 它 想 螃蟹 不 能 渡过 它 就
ʔah nin: "tɕauʔrhom ŋʔ kah maiʔ, bre mɔh maiʔ tɕv pa ʔot dauʔ
说 这样 可怜 我 对 你 既然 是 你 种类 的 在 里面
rɔm, ʔaʔ zuh silaih tian klɔŋ poʔ, gaik mɔʔ hoik toi klɔŋ sivoi."
水 我俩 做 比赛 渡河 助词 看看 谁 到 对面 河 前面

  siʔoih zauʔ ʔah nan ʔah nin: "ŋʔ kah ʔaŋ keh maiʔ lauʔ, ŋʔ bok
  螃蟹 见 说 那样 说 这样 我 也 不 让 你 吃亏 我 就

keh maiʔ raŋ tiaŋ sivoi tiʔ, ʔɤʔ kah ʔaŋ glup."
让 你 先 渡 前面 自己 我 也 不 输

sivai zauʔ tiŋ loʔ siʔɔih, nɔh kɤt nɔh ghram nɔh. bok ʔin mɔh siʔɔih
老虎 看到 大 话 螃蟹 它 想 它 算了 它 次 这 是 螃蟹
tɕau pau loʔ, hoik pau nɔh nɔh, nɔh tutaʔ kiap sidaʔ sivai. sivai mhoŋ
者 报 话 已 报 它 它 它 马上 夹 尾巴 老虎 老虎 听到
loʔ. zuhluŋ tiaŋ rɔm, hoik tɔi kbɔŋ, nɔh gaiʔ tiʔ dzhak dauʔ kbɔŋ
声音 用力 渡 水 到 对面 河 它 转身 助词 看 里面 河
ʔaŋ zauʔ siʔɔih, kɯm ʔah nin:"siʔɔih, siʔɔih, hoik ʔɤʔ voi maiʔ." tauk
没 见 螃蟹 就 说 这样 螃蟹 螃蟹 到 我 前 你 刚刚
hoik loʔ. sivai, siʔɔih hoik hauk piaŋ kaiŋ nɔh ʔah:"ʔɤʔ dok hoik voi
完 话 老虎 螃蟹 已经 上 之上 头 它 说 我 早就 到 前面
maiʔ ʔeh."
你 不久 前

sivai zauʔ zuhnin, nɔh mɯtrhɔm, kɯm zauk tɕauŋ tiʔ sauu dik kah
老虎 见到 这样 它 生气 就 抬起 脚 自己 做 踩 于
siʔɔih. siʔɔih kɯm tip tɔm siŋaiʔ, khaiʔtɕauŋ sivai kah kɔn koi pot piaŋ blok
螃蟹 螃蟹 就 扁 到 今天 脚印 老虎 也 还 有 照样 之上 背
nɔh.
它

ʔeʔ kɔnpui po lai zuh tiʔ hɔt kah zuh sivai, lai taŋ koi duu
我们 人类 别 再 使 自己 跟 于 做 老虎 互相 各 有 处
peʔ ʔeʔ pauʔ tiʔ ku kauu. tɕa mɔh pui dahrhɔm kah pauʔ tiʔ, pui
胜 我们 伙伴 自己 每个 只要 是 人 瞧不起 于 伙伴 自己 别人
kah dahrhɔm kah nɔh naŋ.
也 瞧不起 于 他 也

taʔsiziɛʔ kɔn krai tɕɤ pa ʔih kutɕɤ ʼuik, koi plak ne nɔh ʔaŋ krai
天神 还 告诉 东西 的 吃 万物 全部 有 万物 多 他 没 告诉
duu koi, zuh riaŋ kah mɔʔ. kutɕɤ taŋ hu sok tɕiɛʔ tiʔ, rhɯŋ kaiʔ
处 有 做 样子 于 谁 万物 各自 去 寻找 的 自己 久 以后

kiʔ koi zauʔ nɔh ʔuik. kutɕy zauʔ tɕieʔ tiʔ phau, kah ʔeʔ kɔnpui, kɔn
它们 慢慢 见到 它 全部 万物 见 的 自己 现在 于 我们人类 还
mɔh kuut keʔ tɔi pa lauh, khuu mɔh kuut pa zauʔ koi, tɔi pa
是 鹌鹑 和 白鹇 的 好 因为 是 鹌鹑 助词 找到 小米 白鹇 助词
zauʔ nhoʔ.
找到 稻谷

  sim ku tɕy pu dauʔ rɔmma buan pian teʔ, ʔaŋ pon zauʔ meʔdiŋ
  鸟 各 种 飞 里面 天上 眺望 之上 大地 不能 看见 多少
tiʔ, kuum ʔaŋ tɕhiʔ zauʔ koi keʔ nhoʔ. tɔi lhat kah lak dzau klup tiʔ
什么 就 不 能 看见 小米 和 稻谷 白鹇 怕 于 乌鸦 由于 倒 自己
rɔmmyk kah nɔh diʔ, tɔk mɔʔ tiʔ dauʔ nɔŋ. zam hu nɔh nauʔ rɔm
墨水 于 它 以前 一直 藏 自己 里面 森林 时候 去 它 饮 水
dauʔ thok kuum zauʔ pɔʔ nhoʔ. kuut ʔaŋ koi gian plakkhaiʔ, ʔaŋ tɕhiʔ
里面 沼泽地 就 看到 助词 稻谷 鹌鹑 没有 趾 后面 不 能
tum kah kakkhauʔ tɔk lailiŋ dauʔ rip kusidauuh, kuum zauʔ pɔʔ koi.
落 于 树枝 一直 来回 里面 草 四处 就 见到 助词 小米
ʔeʔ pa sɔm gauʔ, saŋ lauhle ʔeʔ tɔi , ʔeʔ kuum keh miaŋ nɔh
我们 助词吃 米 要 感激 我们 白鹇 我们 就 让 灵魂 它
ʔot khaiʔ miaŋ sivai.khaiʔ ʔaŋ, pui ʔaŋnan pon sivai mai tɔi ʔaŋ pon
在 之后 灵魂 老虎 之后 那 人 尚未 猎到 老虎 和 白鹇 不 能
pak hauuk tɔi kah mhok tiʔ. khɔm nan, mɔʔ pak, khɔm ʔaŋ tiʔ naŋ
戴 羽毛 白鹇 于 帽子 自己 即使 那样 谁 戴 即使 不 自己 尚
pon sivai keʔ tɔi, kah tɕiʔ.ʔah ʔeʔ ʔaŋ maiʔ pon zuh, mɔh lhat ʔeʔ
猎得 老虎 和 白鹇 也 行 说 我们 不 你 能 做 是 怕 我们
khuan maiʔ ʔaŋ peʔ miaŋ kiʔ, pon tiah kiʔ maiʔ.
灵魂 你 不 胜 灵魂 它们 可以 撞 它们 你
  hoik zauʔ ʔeʔ sime ku tɕy, kutɕy hot loʔ ʔah taʔsizieʔ kuum guah.
  已经 找到 我们 种子 各种 万物 照 话 说 天神 就 分
tɕa mɔh miak mɔʔ kah tiʔ, tuui tiʔ tɕieʔ sime tɕy tiʔ. hoik guah
只要 是 喜欢吃 谁 于 什么 拿 助词 要 种子 种类 什么 完 分

ʔeʔ sime, ʔeʔ kuɯm taŋ preʔ.hoik bokzam ʔeʔ kuɯm taŋ sum taŋ
我们 种子 我们 就 各自 保管 到 时节 我们 就 各自 种植 各自
ʔih.
吃

ʔeʔ pui tɯi sime nhoʔ,ʔɯɯpgauʔ nɔm tiʔ sɔm, ʔeʔ loi tiʔ
我们 人类 拿 种子 稻谷 米饭 好 助词 吃 我们 误 助词
ʔih pak ne. hoik bokzam van, sime nhoʔ ʔaŋ lai koi, ʔeʔ kuɯm hu
吃 光光 助词 到 时候 育苗 种子 稻谷 不 再 有 我们 就 去
sok tiʔ zauk kah kiaŋ. kiaŋ ʔah poʔ nin:"sime tɕieʔ ziʔ kah ʔaŋ
寻找 助词 借 向 老鼠 老鼠 说 助词 这样 种子 的 我们 也 不
lai ne. keh ziʔ tɔʔ peʔ zauk, ziʔ saŋ sum tiʔʔ? ʔeʔ saŋ zuh
再 多 如果 我们 给 你们 借 我们 将要 种植 什么 我们 将要 做
poʔ kah mɔʔʔ?"
助词 于 谁

pui mhoŋ nɔh ʔah nin kah kiaŋ:"ʔaŋ ziʔ lai koi sime, keh peʔ
人类 听到 它 说 这样 对 老鼠 没 我们 再 有 种子 如果 你们
tɕau, peʔ tɔʔ ziʔ zauk ʔuik, khaiʔ, peʔ ʔaŋ siau lai zuh tittiʔ, ziʔ lok
同意 你们 给 我们 借 全部 之后 你们 不 用 再 做 什么 我们 就
moh tɕau sum.hauh nhoʔ saʔ, peʔ hoik ŋeh tiʔ ʔih mai ziʔ."
是 者 种植 多 稻谷 以后 你们 到 仅 助词 吃 跟 我们

kiaŋ mhoŋ nɔh gauʔ kah, kiʔ kuɯm tɔʔ sime nhoʔ tiʔ kah ʔeʔ
老鼠 听到 它 高兴 为此 它们 就 给 种子 稻谷 自己 于 我们
ʔuik. kauʔ nhoʔ phau,kiaŋ kuɯm ʔiŋ mai ʔeʔ kah zauŋ, ʔot mai ʔeʔ
全部 熟 稻谷 现在 老鼠 就 回来 与 我们 于 村寨 在 同 我们
dauʔ nieʔ,ʔih preʔ mai ʔeʔ.
里 家 吃 食物 同 我们

kiaŋ ʔot mai ʔeʔ, ʔeʔ kho tiʔ tɔʔ preʔ son tɕieʔ kiʔ. ʔeʔ ʔaŋ
老鼠 在 与 我们 我们 应该 助词 给 食物 份 的 它们 我们 没
te zuh nin, kiaŋ kuɯm tɕau, mhain kɔnpui tɕuʔ krauuŋvaik.kiaŋ hun siŋek
哪 做 这样 老鼠 就 发火 说 人类 臭 肠子 老鼠 多 越来

ʔeʔ pui ʔaŋ lai pon kan, tɔm plauʔ kiʔ. plauʔ ʔeʔ kiʔ ŋek, kiʔ nɛ
我们 人类 不 再 能 忍受 就　杀 它们 杀 我们 它们 越 它们 更

sauurianŋ tiʔ keh ŋek, keh kɔn tiʔ   plauʔ naŋ ʔeʔ. ʔeʔ pui kah ʔaŋ zɔi
使劲 助词 生 越 让 孩子 自己　杀　也　我们 我们 人类 也 不 让

zɔn tiʔ. ʔeʔ kiaŋ kum koiŋ kah pauʔ tiʔ, plauʔ pauʔ tiʔ tɔm
退 助词 我们 老鼠 就　仇恨　于 伴儿 自己　杀害 伙伴 自己 到

siŋaiʔ.
今天

　　　lau ʔeʔ kah nap ʔeʔ sivai, keh miaŋ ŋoh tiŋ khaiŋ pauʔ, kɔn sum
　　　讲述 我们 于 尊重 我们 老虎 让 灵魂 它 大 于 同伴 还 取名

kiʔ kauʔ tɕuukauʔ pui "ʔai sɤ" hoʔtɕɤʔ "zeʔ siaŋ", tiʔ mu moh khuu
它们 名叫　名字 人类 艾社　或者　叶 乡　一 个 是 因为

suu ŋoh tiʔ tɔɔŋ. khuu moh nin, sivai tɔm tiŋ tɕinhauu, zuhrau tiʔ, ʔaŋ
的确 它 助词 强 由于 是 这样 老虎 就 大 蛮横 炫耀 自己 不

lai ʔun titti dauʔ ŋai tiʔ. tɕɤ pa ʔiak lhat kah ŋoh ʔuik, bokblah,
再 放 什么 里 眼睛 自己 种类 助词 小 害怕 于 它 全部 有时

kiʔ kah pon teh ŋoh, ŋoh kum saŋ hu sok tiʔ gauu tiʔ mai miau.
它们 也 能 骗 它 它 就 想 去 找 助词 教 自己 跟 猫

　　　ran krai kah silaih sivai keʔ simploŋ diŋkian tiʔ. kauh khaiʔ ʔaŋ sivai
　　　先 说 于 比赛 老虎 和 茅草鸟 多重 自己 自从 之后 不 老虎

peʔ siʔɔih, sivai kin sauuŕhom kah, kɔn tɕauʔ kah.
胜 螃蟹 老虎 很 伤心　于 还 发火 于

　　　sivai bŋ sibauuk tiʔ mu hoik dauʔ ma ploŋ, pruu mhum simploŋ.
　　　老虎 沿 桥 一 个 到 里 地 茅草 惊动 窝 茅草鸟

simploŋ tɕauʔ kah ʔah nin: "ʔaŋ maiʔ koi ŋai laih? tɕiʔ pruu nieʔ
茅草鸟 发火 于 说 这样 没 你 有 眼睛 吗 会 惊动 房子

ʔɤʔ?"
我

　　　sivai dauʔ kah, ʔah nin: " simploŋ, maiʔ pa koi diŋ ŋeh, tɕiʔ koi
　　　老虎 奇怪 于 说 这样 茅草鸟 你 的 有 这么点儿 仅 会 有

ɲieʔ duɯmoʔʔ pe ʔot maiʔ gruɯm lha khauʔ tiʔ plah ŋe hoik kup. po
房子   哪里   只   在   你   之下   叶子 树   一   片   仅 已经 足够 别
hauh loʔ!"
多话

 simploŋ kuɯm ʔah:"ʔaẓeh, kuɯm tɕe maiʔ tiʔ koi meʔdiŋʔʔaŋ maiʔ
 茅草鸟   就   说   唉 究竟   以为 你   自己 有 多大   不 你
toŋ tiʔ ʔaŋɲaŋ kian khaiŋ ʔɣʔ, ʔaʔ silaih tiʔ do sibaɯk teh, gaik moʔ
知 自己 尚未   重   比   我我俩 比 助词 沿   桥 那边   看看 谁
pon keh ẓuẓiaŋ khaiʔ."
能 使 摇晃   一会儿

 sivai ʔah nin:" ʔaŋ maiʔ koi li tiʔ peʔ."
 老虎 说 这样   没   你   有 道理 助词 胜

 sim tiʔblah mai kian mhoŋ loʔ keʔ hoik tiʔ gaik. sivai sauɯ tɕieʔ
 鸟   一些   和 老鼠 听到 话 它俩 来 助词 观看 老虎 做   的
tiʔ. sivoi, noh sauɯriaŋ tah tɕauŋ tiʔ piaŋ sibaɯk, loʔ luah ruk sidhah
自己 前   它 用力   踩   脚   自己 之上 桥   声音 响 果然有分量
ŋe. khom nan, sibaɯk ʔaŋ te ẓaŋŋhyi. hoik kah simploŋ, noh hu koi
助词 即使 那样 桥   没   哪 摇动   轮到 于   茅草鸟   它 走 慢慢
ŋe, tɕaŋtɕot tɕaŋtɕot tiʔ hu, keh sidaʔ tiʔ ẓuɯp ẓuɯp tiʔ, kon ʔah
助词 并脚跳 并脚跳   助词 走 让 尾巴 自己 扇   扇   助词 还 说
"tiktik tiktik..." nin mai, ʔom pa moh loʔ saŋ pot sibaɯk nan. sim
象声词 象声词   这样 和 好像 的 是   声音 要 断 桥   那样 鸟
ʔanki ẓuhtiʔ ʔah "koi koi, pot sibaɯk khaiʔ..." nin. sivai tɕe moh goih
那些 假装   说   慢慢   断   桥   一会儿 这样 老虎 以为 是 输
tiʔ, pupap tiʔ to.
自己 急忙 助词 跑

 kauh khaiŋ tan, sivai ne ʔaŋ nomrhom. khaiʔ noh ẓauʔ muan miau
 从   白   那里 老虎 更   不 舒服   之后 它 见   玩   猫
kiaŋ, nhop noh duɯih pbi noh. noh tom zo miau ʔah:"ʔeh, pauʔʔaik, sibeʔ
老鼠 捉   它   又   放   它   就 就 喊 猫   说   喂   兄弟   衣服

ʔaʔ pruih ʔɔm pauʔ, maiʔ gah tɕiʔ tuui kian khain ʔɤʔ leʔ?"
我两 花 一样 伴儿 你 为何 会 拿 老鼠 比 我 呢

    miau ʔah nin:"hauh pa tɕiʔ ʔɤʔ, ʔaŋ moh ʔin nɔŋ. saŋ zuh ʔɤʔ
       猫 说 这样 多 的 会 我 不 是 这 单独 想 做 我
tiʔ pon zuh tiʔ, ʔot kɔʔ duŋɔʔ kah tɕiʔ."
什么 可以 做 什么 在 即使 何处 也 可以

    sivai ʔah:"saŋ gauu ʔɤʔ tiʔ mai maiʔ, tɕuu maiʔ ŋoh laih?"
       老虎 说 想 教 我 自己 跟 你 同意 你 它 吗

    miau kuum ʔah:"tɕiʔ! ʔɤʔ lɔk ran gauu maiʔ moʔ tiʔ, pe plɔŋ tiʔ
       猫 就 说 可以 我 就 先 教 你 藏 自己 只 茅草 一
plah ne tɕiʔ moʔ tiʔ kah."
片 仅 能 藏 自己 于

    miau zuh ŋoh sivoi, kruut tiʔ dauuʔ plɔŋ. keh ʔe ʔaŋ bre tiʔ
       猫 做 它 前面 塞 自己 里面 茅草 如果 我们 不 仔细 助词
gaik, ruk nu tiʔ zauʔ. sivai tɕhɤ tɕieʔ tiʔ, pui tiʔ kauuʔ tɕɔ tiʔ bɔŋ
看 真的 难 助词 见到 老虎 试 的 自己 人 一 个 正好 助词 沿
kraʔ, hu hot sivai, ʔaŋ bre tiʔ gaik hot kraʔ ʔaŋ zauʔ sivai. sivai
路 去 旁边 老虎 没 仔细 助词 看 旁边 路 不 看到 老虎 老虎
tɕe moh hoik tɕiʔ tiʔ ŋoh, kin gauuʔ kah. khaiʔ ʔin, ŋoh kɔn gauu ŋoh
以为 是 已经 会 自己 它 很 高兴 于 之后 这 它 还 学 它
meʔdiŋ moʔ neh. kah ghoik, ŋoh tɕhɔk miau:"kɔn koi laih?"
多少 谁 助词 于 最后 它 问 猫 还 有 吗

    miau pok ŋoh ʔah nin:"ʔaŋ lai koi."
       猫 回答 它 说 这样 不 再 有

    sivai ʔah:"moh ʔinkiʔ neh laih? ʔɤʔ hoik tɕiʔ ŋoh phau. pa tɕiʔ maiʔ
       老虎 说 是 这些 仅 吗 我 已经 会 它 现在 的 会 你
ʔɤʔ hoik tɕiʔ ŋoh, pa tɕiʔ ʔɤʔ maiʔ ʔaŋ tɕiʔ, nin maiʔ ʔaŋ lai krup ʔɤʔ
我 已经 会 它 的 会 我 你 不 会 这样 你 不 再 赶上 我
phau. ʔɤʔ hoik kin tɕairhom tit, ʔɤʔ tɕuun ʔih maiʔ khain." hoik ʔah sivai
现在 我 已经 很 饿 助词 我 干脆 吃 你 吧 完 说 老虎

nin zauk ti? phuih kah miau. miau hauk khau?, sivai sok miau, sok plak
这样 动身 助词 扑 向 猫 猫 爬上 树 老虎 找 猫 找 方向
?in, sok plak ?an ?aŋ zau?. sivai tauk zauk kaiŋ ti?, miau ?ot kah khau?,
这 找 方向 那 不 见 老虎 才 抬 头 自己 猫 在 于 树
tcit romnum kah sivai mai ?ah ti? nin: "tcairhom mai?, nau? romnum
挤 尿 向 老虎 和 说 自己 这样 饿 你 喝 尿
kah." romnum miau ruk dziat dzo dau? moiŋ sivai sen.
于 尿 猫 真的 正好 滴 里面 嘴 老虎 下边

sivai bau? glup, hu khom tcairhom ti?. tom siŋai? pui mhaiŋ moh
老虎 又 输 走 即使 饿 自己 至今 人 说 是
miau pa gau sivai, moh ?aŋ ngh gau sivai kah hauk khau? ŋe, khu
猫 助词 教 老虎 是 没 它 学 老虎 于 爬 树 仅 因为
kon dyh ngh ti? taŋ rian ti? kah.
还 留 下 它 助词 自己 防 自己 于

sivai ?in hoik dau? non, zau? ?ih raukhau? sido, ngh side? po?
老虎 回到 里 森林 见到 吃 猴子 蚂蚱 它 教育 助词
raukhau? ?ah nin: "pe? po lai map pa ?iak khaiŋ ti?, tce pe? ki?
猴子 说 这样 你们 别 再 欺负 的 小 比 自己 以为 你们 它们
?aŋ tci? pokbi? ti? laih? ?y? moh hoik ne zau? ?y? ngh."
不 会 报仇 自己 吗 我 是 已经 多 见到 我 它

raukhau? ?ah nin: "sido koi diŋ ŋe, ?aŋ ki? pon pok. keh ki?
猴子 说 这样 蚂蚱 有 这么点儿 仅 不 它们 能 报 假如 它们
pon pok ko?, ki? tau pon keh zi? zuhkahmo? ti?."
能 报 即使 它们 才不 能 使 我们 怎么样 什么

sivai tom duih pok ?ah nin: "ta?sizie? hoik zuh ngh mhom ?uik,
老虎 说 又 回答 说 这样 天神 已经 做 它 好 全部
keh ?y? ?aŋ tcairhom ?aŋ ?y? pon ?ih."
假如 我 不 饿 不 我 可以 吃

me? sido ti? mu mhoŋ lo? raukhau? dzha? ngh. raukhau? ?aŋ nhiat
母 蚂蚱 一 只 听到 话 猴子 骂 它 猴子 没 听

khin tiʔ nhup kɔn sido tiʔ mu thɯŋ nɔh dauʔ moiŋ tiʔ.meʔ sido
偏要 助词 抓住 孩子 蚂蚱 一 只 扔 它 里 嘴 自己 母 蚂蚱
kuɯm mhaiŋ tiʔ saŋ hak pauʔ tiʔ ghriam nɔh.raukhauʔ tɔm ʔah:"tɕiʔ
就 说 自己 要 邀请 伙伴 自己 收拾 它 猴子 就 说 行
tɕiʔ tɕiʔ, ʔɣʔ lɔk krɔʔ peʔ, ne hoik ne koi ʔɣʔ ʔih. ponsaʔ ʔɣʔ kah
行 行 我 就 等 你们 多 来 多 有 我 吃 明天 我 也
hak kah pauʔ tiʔ hoik tiʔ ʔih mai tiʔ."
邀请 也 伙伴 自己 来 助词 吃 与 自己

meʔ sido ʔiŋ, nɔh hak pauʔmieʔ pauʔzauŋ tiʔ hoik ʔuik. kiʔ tauɯh
母 蚂蚱 回去 它 邀约 亲戚 同乡 自己 来 全部 它们 春
makram mɔk ŋe, ven nɔh mai gian tɕauŋ tiʔ. ŋaiʔ khaiʔ,raukhauʔ hoik
辣椒 细 助词绑 它 与 趾 脚 自己 天 之后 猴子 到
grɔik ŋe, veʔ kiʔ khauʔ ku kauʔ,hoik ʔɔm pui saŋ hɯ zuhnaiŋ
络绎不绝 助词 带 它们 树棒 每 个 已经 像 人 要 去 打仗
nan.
那样

zauʔ kiʔ pauʔ tiʔ phau,raukhauʔ bleh sido ʔah" pa koi diŋ
见到 它们 伙伴 自己 现在 猴子 蔑视 蚂蚱 说 的 有 这么点儿
ŋe,krɔh ruk pɔn hoik.".zauk khauʔ sauɯ nɔh sen. sido zauk tiʔ pu
仅 还 真的 敢 来 抬 木棒 使 它 下面 蚂蚱 动身 助词 飞
khɔm phuŋ,kah mɔk makram, tiat nɔh laik dauʔ ŋai raukhauʔ.raukhauʔ
包括 群 松 粉 辣椒 弹 它 进入 里面 眼睛 猴子 猴子
hɯn zauʔ tuɯik pauʔ tiʔ ŋai tiʔ, sido hoik pɯm tiʔ mai kaiŋ kiʔ,
多 见 揉 伙伴 自己 眼睛 自己 蚂蚱 已经 堆 自己 与 头 它们
kiʔ kuɯm hauk pɔʔ khɔmʔuik,tɕe tiʔ saŋ pɔn tɔk sido. sido puŋpraŋ
它们 就 上 助词 全部 以为 自己 要 能 打 蚂蚱 蚂蚱 散开
ŋe, tiat mɔk makram kusidauɯh, laik dauʔ ŋai raukhauʔ. raukhauʔ tiʔblah
助词 弹 粉 辣椒 四处 进入 里面 眼睛 猴子 猴子 一些
luleh tiʔ pian tɛʔ kah sauɯ ŋai tiʔ. raukhauʔ tiʔblah tɕa sauɯ khauʔ
翻滚 自己 之上 地面 因为 痛 眼睛 自己 猴子 一些 姑且 使 木棒

kuʃidauih, duuih kroʔ kɔʔ pauʔ tiʔ, pauʔ kiʔ zuuu dzau plakne.
四处　反而　误伤 甚至 伙伴 自己 伙伴 它们 死 由于　多数

raukhauʔ tɕhauʔ ne tuuik ŋai tiʔ kah praiʔ, ŋaibauh kiʔ kuum rauh
猴子　　过于 多 揉 眼睛 自己 于 辣　　脸面 它们 就　红

khaiʔ tom siŋaiʔ.
之后 到 今天

炫耀本领的一次盛会

　　万物重新从葫芦里出来以后，特别是万物各自都有本领以后，我们很开心，很幸福地生活在一起。天神看到了也很开心。但是不久，在我们一起生活的过程中，由于我们体形上有大有小，本领也有高有低，所以有一些动物就开始不那么老实本分起来。它们要么相互妒忌，要么相互诈骗；要么以大欺小，以强欺弱，结果往往是大的吃小的，强的吃弱的，最后就相互不再往来了。其实这一切肯定就是天神有意安排的。开始，天神曾安排猫头鹰来维护世界的秩序，结果失败了。现在，他不用安排谁来维护秩序，而是有意放纵各种生灵，结果它们不知不觉地都遵守起这个秩序。

　　开始的时候，各种动物经常定期或不定期地举行聚会。聚会上他们要么比赛唱歌，看谁的歌声最动听；要么比赛跳舞，看谁的舞姿最优美。它们甚至比衣服（皮毛），或者比能力，所以很热闹。特别是鸟类，它们一年就要聚会好几次，因为它们比任何动物更会唱歌更会跳舞。绿斑鸠虽然羽毛非常好看，但是它就是不会唱歌。最后它越想越伤心，它很想让别人也在意它来。它想出了一个办法，那就是偷别人的本领。大家都公认竹鼠的芦笙吹得最好，每一次聚会很多生灵都围着它跳舞，绿斑鸠实在羡慕得不得了，所以有一天它悄悄地把竹鼠的芦笙偷走了。竹鼠的芦笙不见了，它伤心地哭了起来，它边哭边找，仍然没有找到，它地上找不到又打洞钻到地下去找，可是仍然没有找到。由于竹鼠哭的时间太长，所以眼睛哭肿了，一直到今天竹鼠的眼睛就才有米粒那么大。

　　那时候呀，狗也有一对美丽的角。前面说过了，天神分本领的时候，他给狗分了利爪和角，结果它把人类的本领偷走了。狗有着一对美丽的角，加上它是人类的朋友，所以它总是得意洋洋的样子。这个时候，有一种动物很羡慕狗，这种动物就是羊。羊为了骗走狗的角，有一天它来找狗对狗说："狗大哥呀，我的样子实在太丑了，年纪轻轻的却像一个老人一样。明天我很想去参加聚会，我也想像你一样风光一次。你能不能把你的包头(角)借给我，明天我回来一定还给你，而且还要重重地感谢你。"

狗果然把它的角借给了羊，羊戴着狗的角来参加聚会，它果然在那一天出尽了风头。羊回来以后再也不把狗的角还给狗，所以狗(包括狼、猎狗等)到今天最恨的就是羊，它一见羊就会狠狠地去咬它。最后羊实在没有办法，它只有请求人来保护它，并答应只要不叫它还狗的角，它宁愿服从人的一切摆布。人出面帮羊向狗求情，狗是人的奴隶，它也只有听人的话，所以狗到今天就没有角了。而羊虽然有了角，但是它对人很温顺，人爱怎么样摆布它，它也不会记恨在心。

那个时候，乌鸦和白鹇就像天鹅一样全身是白的，而且它们是最要好的朋友，它们每天同吃同住成天在一起。有一次为了参加聚会，它们老是认为它们的衣服(羽毛)全是白色的，实在太单调了。为了让它们漂亮一些，他们一起用树皮树叶煮出了黑的像墨汁一样的水，然后开始打扮起来。乌鸦一直又善良又老实，它就对白鹇说，还是让我先来为你化妆吧。乌鸦拔下身上的一根毛做画笔，它认认真真地打扮起白鹇来。乌鸦一道一道地在白鹇的身上画，很久很久它终于把白鹇打扮得很漂亮。轮到白鹇给乌鸦打扮，看到自己很漂亮，它又怕乌鸦像它一样漂亮，所以它趁乌鸦不注意，就把黑水一下子从乌鸦的头上倒下去。从那以后到今天，白鹇的羽毛就白一道黑一道的，而乌鸦一身都是黑的，连一点白的颜色都没有。也就从那个时候开始，乌鸦一见到白鹇就打白鹇，白鹇害怕得躲进大森林里再也不敢出来。

布谷鸟带着孩子去参加聚会，由于不方便，它就把煮给孩子的糯米饭留在八色鸫的家里，说是一会儿孩子饿了再回来拿给孩子吃。八色鸫闻到糯米饭的香味，它禁不住就偷吃了一口。吃了一口很好吃，它又吃了一口，没几口它就把布谷鸟留的糯米饭给吃完了。一会儿布谷鸟回来找它的糯米饭，八色鸫就对它说："已经霉了，已经霉了。"

才半天时间，刚煮的糯米饭不可能就霉了，所以布谷鸟就打八色鸫。八色鸫没有办法只好承认了，从那以后，布谷鸟就会下蛋不做窝，它把它的蛋下在八色鸫的窝里，就由八色鸫负责帮它孵蛋养孩子。

那个时候，最不受欢迎的要算老虎，因为它凭着自己的本事比别人大经常欺负那些小动物。不过那些小动物也会有欺负它的时候。有一天老虎从山上下来来到河边，它看见螺蛳在水边慢慢地爬，它就对螺蛳说："螺蛳呀螺蛳，你也实在太可怜了。你一点本领都没有，你也只有永远背着房子走路了。"

螺蛳听了就对老虎说："虽然我没有本领，但是你愿意和我比试一下吗？"

老虎听了大笑起来说："你螺蛳能有什么能耐，你说比什么就比什么吧。"

螺蛳回答说："既然你笑我走路慢，那么我们就比跑步吧。但是今天已经晚了，你明天一大早就来，我们就从这里开始跑，看谁先跑到河的源头。"

老虎走了以后，一条河的螺蛳就相互传话，它们商量好了对付老虎的办法。第二天一早老虎又来到河边，螺蛳早就等在那里了。老虎自己来喊口令，它喊完就拼命地向河的上游跑。跑了一会儿，它喊了一声螺蛳，它前面不远的螺蛳就答应它一声，它以为螺蛳真的跑到了前面于是又拼命地跑；跑了一会儿，它又喊一声螺蛳，前面不远的螺蛳又答应它一声，它以为螺蛳真的跑到了前面于是又拼命地跑。就这样老虎拼命地跑呀跑，可就是赶不上螺蛳，最后它累得倒在河边只好认输。其实螺蛳根本没有跑，它们只是串通好了要治治老虎的威风。

老虎输给了螺蛳，心里很是不服气。它走了一会儿，看见一只螃蟹在河边觅食，它很想拿螃蟹出气，所以就对螃蟹说："小螃蟹，你有什么本领？你愿意和我比一比吗？"

螃蟹回答说:"那么你说我们比什么呢?"

老虎看到河里水很大,它认为螃蟹一下子不会游过去,所以它对螃蟹说:"我不想占你的便宜,既然你是水里的东西,我们就比赛过河吧,看谁先游到河对岸去。"

螃蟹听了就说:"那我也不占你的便宜,我让你在前面,我在后面,我也不会输给你。"

老虎看螃蟹的口气很大,它想了想就答应了。这一次由螃蟹喊口令,螃蟹一喊就夹住了老虎的尾巴。老虎听到口令就拼命地游啊游,过了河,它转回身看河里不见螃蟹,它就大声喊:"螃蟹呀螃蟹,我先到了。"

老虎刚喊完,想不到螃蟹就在它的头顶说:"我早就在你的前面先到了。"

老虎看见螃蟹果然先到了,它终于恼羞成怒,抬起手就向螃蟹身上一掌打下去,结果就把螃蟹给打扁了。到今天,螃蟹一直是扁的,它的身上仍然还有老虎的脚印呢!我们做人千万不能学老虎,要相信每个人都有自己的优点和缺点。那些看不起别人的人,别人也会看不起他们的。

天神告诉各种动物该吃一些什么东西的时候,有很多东西动物们根本不知道那是一种什么样的东西,或者不知道它在哪儿,像一个什么样子。但它们还是不辞辛劳地去找,后来才慢慢地找了出来。每一种动物都找到了几种东西,但对我们人类来说,成绩最大的应该算是白鹇和鹌鹑,因为是白鹇找到了谷种,是鹌鹑找到了小米。其他鸟类都是飞在天上望着地下找,结果它们更多的没有发现什么,更不可能发现长在草丛里的谷子和小米。白鹇因为躲着乌鸦,它害怕乌鸦找到它,所以经常躲在大森林里。当白鹇到大森林边的沼泽地里喝水的时候,它终于发现了谷种。鹌鹑因为没有后脚趾,它只能在草丛里走来走去,结果它发现了小米种。我们主要是依靠谷子生活的,为了感谢白鹇,人类就把它的魂灵牌位排在了老虎后面,也就是第二位。从那以后,也只有猎到过老虎和白鹇的人才有资格把白鹇的毛插在头上。当然,每个人都可以把白鹇毛插在头上,但是你没有猎到过老虎和白鹇,你也就不敢这么做,因为它们的魂灵比你大，它们会压住你的魂让你生病。"

各种种籽找来以后，人们根据天神的安排开始分种子，只要是它们可以吃的东西，它们都可以拿到一份种籽。种籽分好以后，各种动物都带着自己的份回家保管好，然后等着来年该下种的时候去播种。但是人类分到谷种以后，由于米饭很好吃，结果我们很快就把谷种给吃光了。到了播种的季节，我们没有了谷种，我们就去向老鼠借，老鼠听了就回答说："我的种籽也不多，如果我借给你们，我自己也就没有了，那么我们该怎么办呢？"

人类听了就对老鼠说："我们的种籽没有了，如果你愿意，你就把你的谷种全部借给我们。以后你就什么都不用做，就由我们负责来播撒种子，等以后我们谷子多了，你就随时来和我们一起吃谷子。"

老鼠听了觉得这个办法很好，所以它把它们的谷种全部借给了我们，我们人类就负责去播种。谷子熟了以后，老鼠就跟着我们回家来，和我们一起住在家里，和我们一起吃我们吃的东西。老鼠和我们住在一起，我们应该给一份老鼠的食物，但是我们人类并没有这样做，所以老鼠到处和我们过不去。后来老鼠越来越多，我们实在无法忍受，我们只有想办法消灭它们。老鼠越想越不服气，它认为我们人类忘恩负义，我们越消灭它们，它们就想办法多生孩子，让它们的后代一直向我们要债，人类一直不愿意认账，所以它们一直和我们过不去。

故事讲到老虎受人类的尊重，把它排在各种动物之首，并把它人物化取名为"艾社"或"叶乡"，加之它拥有威武的身躯和锋牙利爪。因此，它就不再检点自己，甚至更加狂妄自大，走起路来耀武扬威，目空一切。身子矮小的动物常被它欺负和践踏。反过来，它也经常被小动物骗了，所以它也想去骗猫的本领。先说老虎与茅草鸟比赛重量的故事。老虎刚刚与螃蟹比赛过河，输了，生气不已，为此气势汹汹，走过一个独木桥闯进一片草地，把茅草鸟吓得赶紧飞出来骂老虎："你白白长那么人的眼睛，怎么就看个见找的房子。"老虎回答说："茅草鸟呀，你那么小，何必做房子呢？随便在一片树叶下面就可以睡觉了，真是多此一举。"茅草鸟说："噢，你认为你自己很大很了不起吗？实际上你的重量比我还轻呢。不信我们比赛过这个独木桥，看谁能使它摇晃起来。"老虎说："那样你就输定了。"好多鸟和老鼠听见它俩争吵都来看热闹。老虎先过桥，它有意使劲把自己的脚抬高一些，落下来确实听见了脚步声，似乎也很有分量，但独木桥没有摇晃。轮到小茅草鸟过桥了，它轻轻地走过去，在独木桥上一跳一跳的，并点点尾巴，唱着小曲"呼！嘀哒！呼！嘀哒……"地响，使大家听着独木桥确实有摇晃的感觉，其他鸟说："轻点轻点，桥要断了！"老虎于是羞愧地离开了。

离开了独木桥，老虎心里很不是滋味，他看小猫在捉弄一只老鼠把老鼠放掉了又抓回来，它就喊："喂！猫兄弟，你和我一样穿花衣服，你还比我多一项抓老鼠的本领嘛！"猫看见老虎就说："我的本领可不止这个，还有很多很多，我想使什么本领都行，只是在不同的地方使不同的本领而已。"老虎说："那我拜你为师，你教我几个本领好吗？"猫说："只要你有诚意，不要想着去害别人，有什么不可以的呢？"老虎说："行！太好了，您师傅怎么说，我遵守就是了。"猫说："那好吧，我先教你如何藏身，一片茅草叶子可以把你藏得任何人也看不见。"猫做了示范动作，跳进草地里，用一片茅草叶遮住自己的眼睛，因为它的衣服是花的，不认真看，确实看不出是一只猫蹲在那里。老虎跟着去做了，正好有一个人路过那里，老虎蹲在距路边不远的地方，行路人真的没有发现老虎。老虎成功了，它很高兴，后来他一一跟着猫学了好几样本领。它问猫："还有吗？"猫说："没有了。"老虎说："就这些呀？我都学会了，那你有的本领我都有了，你还没有的本领我也有了，现在我比你本领大多了。练了一天，肚子也饿了，该我吃你的肉了。"老虎说完就扑向猫，猫转身就爬到树上去。老虎找不到猫，东看看、西望望，猫就在它头上，老虎抬头一看，猫却尿了一泡尿，说："肚子饿了就喝尿吧！"正好猫尿撒进了老虎嘴里。老虎还是输了，饿着肚子走了。至今人们传说，老虎的本领都是猫教的，唯独没有教它爬树的本领，这是猫给自己留下的看家本领。

老虎疲惫地走到灌木林中，看见猴子捉蚂蚱吃，他教育猴子："你们不能欺负小东西，否则它们会报复你，我是吃过亏了。"猴子说："小小蚂蚱，怎么可能报复？就算它报复了，又能把我怎么样？"

老虎说："天神已经安排好了，我饿着肚子我也不敢吃了。"有一只母蚂蚱听见猴子的话以后就骂猴子，猴子又捉住一个小蚂蚱吃了。母蚂蚱说要邀约很多蚂蚱来收拾它，并叫它等着，猴子听了说："好、好、好！我等着，多来一些才够我吃，明天我也可以邀约一些我的同伴一起来尝尝你们的美味。"母蚂蚱回去以后，它邀约了很多很多的蚂蚱来，并且舂好辣椒面，绑在脚趾中间。猴子也邀约许多朋友，并且抬着木棍，也作了战斗准备。来到战场上猴子看见蚂蚱已经来了，蔑视地说："小小东西，还真敢来送死啊！"抬起木棍往下打，蚂蚱一起飞起来，把脚上的辣椒面弹飞，落在猴子眼睛里。其他猴子见前边的猴子在揉眼睛，很多蚂蚱在它们头上乱飞，猴子们就一拥而上，乱棍想打死蚂蚱，结果成千上万的蚂蚱到处乱飞，而且每只蚂蚱的脚上都有辣椒面，飞进猴子的眼睛里。所有的猴子到处滚爬在地上边叫边揉自己的眼睛，甚至乱棍打在它们同伴身上，结果猴子死的死、伤的伤。由于猴子揉自己的眼睛揉多了，从那以后猴子的脸都变成红的了。

ʔai vaʔ dʑaɯih ʔot mɤŋ kau sizieʔ
艾佤 始 居门 高 西爷

hoik kɤt kɔnpui tiʔ khaiŋ daɯʔ sigaŋ, taʔsizieʔ kɯɯm luk haktɛʔ,
已经 转世 人类 自己 自 里面 司岗 天神 就 劈开 世界
guah dɯɯ ʔot pui ku tɕɤ ʔuik. tiʔ sɔm ŋe kɯɯm tɔʔ pui hoik dɯɯ
划分 处 在 人 各 种 全部 一 晚上 仅仅 就 送 人们 到 处
kho kiʔ tiʔ. ʔot. hoik siŋaiʔ, pui ku tɕɤ khɯɯ haukvhuan, khɯɯ laɯʔ
应该 他们 助词 居住 到 今天 人 各 种 由于 发展 因为 损坏
haktɛʔ mai dʑau naiŋ patiʔ tiʔ, kiʔ ʔan te lai ʔot dɯɯ dʑaɯih kiʔ
世界 和 由于 战争 什么 什么 他们 不 哪 再 居住 处 开始 他们
tiʔ ʔot diʔ.
助词 居住 过去

zam ʔan, taʔsizieʔ tɔʔ ʔai vaʔ mai pui hot ŋoh hoik kah haktɛʔ tiʔ
时候 那 天神 送 艾佤 和 人 跟随 他 到 于 地方 一
daɯih. zuh dɯɯ tit koi goŋ koi rɔm, kah koi toŋ. kah goŋ koi pliʔ ku
处 使 处 那 有 山 有 水 也 有 平原 于 山 有 果子 各
tɕɤ, daɯʔ rɔm koi kaʔ ku tɕoŋ, daɯʔ toŋ tɕiʔ sɯm pui ŋhoʔ koi
种 里面 水 有 鱼 各 类 里面 平地 可以 种 人 稻谷 小米
kah. hoik veʔ taʔsizieʔ kiʔ hoik tan, zam saŋ hu ŋoh, ŋoh kɯɯm ʔah
于 已经 带领 天神 他们 到 那里 时 要 走 他 他 就 说
nin kah taʔ peʔ ʔai vaʔ: "ʔin moh bok ŋhoik peʔ tiʔ zauʔ ʔɤʔ. ʔɤʔ
这样 对 祖先 我们 艾佤 这是 次 最后 你们 助词 看到 我 我
moh taʔsizieʔ ʔah peʔ hyi. haktɛʔ ʔin moh pa zuh ʔɤʔ peʔ ʔot kah,
是 天神 说 你们 助词 地方 这 是 的 做 我 你们 居住 于
hoik zuh ʔɤʔ ku tɕɤ ku tɕoŋ koi peʔ ʔih. lo ʔɤʔ peʔ bre tiʔ preʔ.
已经 做 我 各 种 各 样 有 你们 吃 话 我 你们 仔细 助词 记
khaiʔ ŋaiʔ kɔn saŋ tɕo peʔ pa khian pa sɔŋ, moh bre peʔ tiʔ
之后 今 还 要 碰 你们 助词 灾难 助词 痛苦 是 好好 你们 助词
sigaŋ tiʔ tau peʔ kɯɯm tauk pon koi; moh bre peʔ tiʔ khrɔm
司岗 助词 一起 你们 就 才 能 存在 是 认真 你们 助词 集中

preʔ pauʔ tiʔ peʔ kuɯm tauuk pon kɓt. mɔh ʔeʔ pui tiʔ kauɯʔ,ʔah
爱护 伙伴 自己 你们 就 才 能 生存 是 我们 人 一 个 说
ʔeʔ tiʔ mɔh tiʔ. dauuh mɔh tɕɔ kɔʔ ʔeʔ kaiŋ tɕauʔ patiʔ, lai
我们 什么 是 什么 不管 是 遇 即使 我们 事情 恶 什么 互相
zɔn ʔeʔ rhɔm tiʔ kah pauʔ tiʔ, mɔʔ grhan tiʔ vau, ʔan mɔh pui
让 我们 心 自己 于 伙伴 自己 谁 抢 助词 强 那 是 人
sok tiʔ zɯm."
找 助词 死

taʔsizieʔ veʔ kiʔ hoik hot noŋ khauʔrho doh dauɯʔ tiʔ mɯ,ŋoh kuh
天神 带 他们 到 旁边 树干 花桃木 通 里 一 个 他 敲
noŋ khauɯʔ ʔan kah khauɯʔgiʔ tiʔ, ʔah nin:"ɲham mɔi pon thɔʔ kraʔ siŋe,
树干 树 那 用 手杖 自己 说 这样 血 牛 能 堵住 路 魔鬼
ghauk noh kah ɲham mɔi, bre peʔ preʔ noh. keh peʔ kɔi kaiŋ tiŋ
宴请 它 用 血 牛 好好 你们 收藏 它 如果 你们 有 事情 大
saʔ, tɕa kuh peʔ noh ʔɤʔ tɕiʔ mhoŋ noh, ʔɤʔ lɔk keh mɔik hoik
以后 只要 敲 你们 它 我 会 听到 它 我 就 让 姆依吉 来
tiʔ go peʔ. khaiʔ ʔin ʔan ʔɤʔ te lai zauʔɤtiʔ tɔʔ tittiʔ kah peʔ, pa
助词 帮助 你们 除 这 不 我 哪 再 能 送 什么 于 你们 的
ne phau mɔh peʔ pa taŋ zuh. preʔ lɔʔ ʔɤʔ mhom, bre tiʔ preʔ,
多 现在 是 你们 助词 自己 造 记住 话 我 好 好好 助词 记
mɔh siɡaŋ peʔ pauʔ tiʔ peʔ tɔm tauuk pon peʔ kutɕʏ."
是 司岗 你们 伙伴 自己 你们 就 才 能 战胜 一切

hoik ʔah taʔsizieʔ nin tɕa grai ŋe.ʔai vaʔ hot lɔʔ noh,veʔ pui
已 说 天神 这样 姑且 消失 仅 艾佤 依照 话 他 带领 人们
piauh mɔi tiʔ mɯ, ghauk noŋ khauʔrho ʔan kah, bre tiʔ preʔ noh dauɯʔ
剽 牛 一头 宴请 树干 花桃木 那 以 好好 助词 收藏 它 洞
rɔŋ. khaiʔ ʔan hu ʔeʔ dɯɯ mɔʔ, ʔeʔ kah ghauk noŋ khauʔ khauʔrho
岩石 之后 那 走 我们 处 哪 我们 也 宴请 树干 树 花桃木
ʔin,khaiʔ ʔeʔ kuɯm gauɯ tiʔ zuh krok mai noh naŋ. krok koi tiʔ mɯ ŋe
这 之后 我们 就 学习 助词 做 木鼓 与 它 也 木鼓 有 一 个 仅

ʔɔm   pa   ʔaɲheʔ zam, khaiʔ pui kɯm keh koi meʔ   koi mhaiɲ. hoik
似乎   助词 不太   灵验 之后 人们 就   使   有   母   有   公   到

tɔm siŋaiʔ krɔk kɯm hu tiʔ. ra. hoik ghauk ʔeʔ krɔk kah nham moi,
至今 木鼓 就   去   助词 二 已经 宴请 我们 木鼓 用   血   牛

ʔai vaʔ kɯm veʔ ʔeʔ ghauk taʔsizieʔ, meʔsizoŋ mai moik kah neʔ moi.
艾佤 就   带   我们   宴请   天神   地神   和   姆依吉 用   肉   牛

moh kɯ zuh ʔeʔ nin pot, taʔsizieʔ kɯm reʔ muih ʔeʔ. du veʔ
是   因为 做   我们 这样 经常 天神   就   更   喜欢   我们 处 带领

taʔsizieʔ ʔeʔ hoik kah, khɯ moh hakteʔ kau taʔsizieʔ, ʔeʔ kɯm ʔah
天神   我们 来   于   因为 是   地方   造   天神   我们 就   说

"mɤŋ kau sizieʔ" kah.
门   高   西爷   于

    zam ʔot ʔeʔ mɤŋ kau sizieʔ, ʔai vaʔ moh simiaŋ ʔeʔ, pui khrɔm preʔ
    时候 在   我们 门   高   西爷   艾佤 是   首领   我们 人们 集中   爱护

pauʔ tiʔ, go gaik pauʔ tiʔ. kuɲaiʔ pui hu vuh tauɯ, hu sum ma tauɯ,
伙伴 自己 帮 照看 伙伴 自己 每天 人们 去   狩猎 一起 去 种 地 一起

hu rup kaʔ tauɯ, hoik nɔm ʔot pui tauɯ ʔuik. pui tɔ kɔʔ kaiŋ
去 捕鱼 一起 已经 舒服 在   人们 一起   全部 人们 遇上 即使 事情

tiʔ, tɕa moh koi moik, ʔaŋ ʔeʔ lai lhat kah. khɯ saŋ krup ʔeʔ
什么 只要 是   有   姆依吉 不   我们 再   害怕 于   因为 想   敬拜 我们

moik, ʔeʔ kɯm piauh moi ghauk nɔh kah. hoik tɔm siŋaiʔ, ʔeʔ kɯm
姆依吉 我们 就   剽   牛   宴请 他   以   到   至今   我们 就

sum moik ʔot nieʔ dauɯʔ zia lauŋ zauŋ, zuh moik krup ghauk moik
建   姆依吉 住   房子 里面   林   上边 寨子   祭   姆依吉 供奉 宴请   姆依吉

tan. hoik khaiʔ, ʔeʔ kɯm ʔah "nieʔmoik" kah zia ʔot piaŋ zauŋ ʔuik.
那里 到   后   我们 就   叫   姆依吉家   于   林   在   之上 村寨 全部

    dzauuh zam plauɯʔ taʔsizieʔ pui dzauuh, meʔsizoŋ hoik dok sem
    从   时候 消灭   天神   人们 开始   地神   已经 早就 有点

sauɯʔrhɔm kah taʔsizieʔ. zauk taʔsizieʔ tiʔ bauʔ plauɯʔ pui plakkhaiʔ, taʔsizieʔ
生气   对   天神   动身 天神   助词 又   消灭   人类 后来   天神

第二章 司岗里传说

dauih keh kɔʔ pui kʏt tiʔ dauɯʔ sigaŋ, mɛʔsizoŋ hoik kin sauɯʔrhom
虽然 让 即使 人类 转世 自己 里 司岗 地神 已经 很 生气
kah, mhain taʔsiziɛʔ ʔansa dʏh tiʔ dauɯʔ ŋai tiʔ. koi ʔeʔ pui phau,
于 认为 天神 从不 放 自己 里面 眼睛 自己 有 我们人类 现在
taʔsiziɛʔ zam dzauih ʔaŋ tɔʔ ʔeʔ tɕiɛʔ tittiʔ, mɛʔsizoŋ kuɯm ne sauɯʔrhom
天神 时 开始 不给 我们 要 什么 地神 就 越 生气
kah. zauʔ ʔaŋ ʔeʔ kɔnpui te nɔm ʔot khain kutɕʏ mɛʔdin tiʔ, mɛʔsizoŋ
于 见 不 我们人类 哪 舒服 在 比 万物 多少 什么 地神
kuɯm mhain taʔsiziɛʔ tɕa blɔk ʔeʔ tɕuɯiʔ, taʔsiziɛʔ ʔaŋ tɕu, mɛʔsizoŋ kuɯm
就 要求 天神 姑且 多给 我们一点 天神 不同意 地神 就
ʔah nin kah noh:"lɔk pui zuhnin, ʔʏʔ kah ʔaŋnaŋ khɔrhom kah, maiʔ kho
说 这样 对 他 像 人类 这样 我 也 尚未 满意 对 你 应该
tiʔ keh kiʔ ne lhak tɕuɯiʔ, ne nɔm ʔot tɕuɯiʔ. keh maiʔ ʔaŋ tɕu lo
助词 让 他们 更 聪明 一点 更 好 在 一点 如果 你 不同意 话
ʔʏʔ, bre pon plauɯʔ maiʔ haktɛʔ duɯih tɕɔʔ haktɛʔ, ʔʏʔ kah pon zuh naŋ.
我 既然 可以 毁灭 你 世界 又 修整 世界 我 也 可以 做 也
maiʔ ran kʏt rhom tiʔ tiʔtɕu, keh maiʔ ʔaŋ tɕɔʔ rhom tiʔ, ʔʏʔ kah saŋ
你 先 想 心 自己 一阵子 如果 你 不 改变 心 自己 我 也 要
plauɯʔ haktɛʔ, naiʔkhaiʔ duɯih zuh haktɛʔ khrauʔ haktɕɛʔ mhom tiʔ mɯ."
毁灭 世界 今后 重新 创造 世界 新 世界 好 一个

  mɛʔsizoŋ krɔʔ noh rhuɯŋŋau, zauʔ ʔaŋ tittiʔ te tɕɔʔ tiʔ, ŋoh ne
  地神 等 它 很久 看到 没 任何 哪 改变 助词 她 越
muɯtrhom kah, noh kuɯm saŋ plauɯʔ naŋ haktɛʔ tiʔ bok. mɛʔsizoŋ tuɯ ʔaŋ
生气 于 她 就 要 毁灭 也 世界 一次 地神 一定 不
peʔ taʔsiziɛʔ khuɯ, noh kʏt rhom tiʔ, noh kuɯm kʏt tiʔ saŋ zuh kain tiʔ
胜 天神 助词 她 想 心 自己 她 就 想 助词 要 做 事一
gɔŋ — mɔʔ sinaiʔ. ʔeʔ tɔŋ noh ku kauɯʔ, ʔaŋ sinaiʔ koi, pian haktɛʔ vhaik
件 藏 太阳 我们 知道 它 每 个 没 太阳 有之上 大地 黑暗
kuat. vhaik prai kuat prai, kutɕʏ pian haktɛʔ ʔaŋ lai tɕiʔ vhuan tɕiʔ kbɔt.
冷 黑 天 冷 天 万物 之上 世界 不再 可以 生长 可以 生存

ʔaŋ tiʔ ŋai?, kho praiʔ tiʔ riaŋ, siŋaiʔ ʔaŋ lih. tiʔtɕɯɯ moh dʑɔm
那一天 应该 天 助词 亮 太阳 不 出来 原来 是 趁
meʔsizoŋ zam ʔit siŋaiʔ, breʔ klian tiʔ hu moʔ noh dauʔ raŋ tiʔ mɯ
地神 时候 睡 太阳 偷偷 抱 助词 去 藏 它 洞 岩石 一个
ʔɔm moʔ tiʔ kɔnpui diʔ nin, thoʔ poʔ mɔiŋ dauʔ raŋ khaiʔ kauʔ
像 藏 自己 人类 以前 这样 封 助词 口 洞 岩石 之后 牢固
ŋe. noh hlat kutɕɯɯ hoik tiʔ pauh dauʔ raŋ, noh kɯɯm keh klɯn tiʔ mɯ
助词 她 害怕 万物 来 助词 打开 洞 岩石 她 就 让 蟒 一条
pauɯ, ʔah nin kah klɯn: "dauh moh tiʔ, khɔm kɔnpui kiʔ, tɕa moh hoik
守 说 这样 对 蟒 不管 是 什么 包括 人类 他们 只要 是 到
tin, maiʔ ʔih kiʔ ʔuik."
这里 你 吃 他们 全部

hoik moʔ meʔsizoŋ siŋaiʔ, khiʔ mai simʔuin kuat kah moʔ tiʔ. dauʔ
已经 藏 地神 太阳 月亮 和 星星 冷 也 藏 自己 里面
mɯŋ ʔuik vhaik ŋe, ʔaŋ pui lai tɕiʔ zauʔ tittiʔ. roi moh koi ŋu, pui
世界 全部 黑暗 助词 不 人们 再 能 看到 什么 还好 是 有 火 人们
ʔot ŋe mai ŋu ŋeh, ʔaŋ lai pon zuh tittiʔ.
在 仅 与 火 助词 不 再 可以 做 什么

taʔsizie? zauʔ ʔaŋ siŋaiʔ lih, hu sok noh kɔn ʔaŋ zauʔ. noh toŋ moh
天神 见 不 太阳 出 去 找 它 还 不 见 他 知道 是
meʔsizoŋ pa zuh, noh kɯɯm hu ʔah nin kah meʔsizoŋ: "siŋaiʔ ʔaŋ lih tiʔ
地神 的 做 他 就 去 说 这样 于 地神 太阳 没 出来 一
ŋaiʔ, kutɕʏ saŋ zɯm meʔdiŋ.maiʔ tɕiʔ tiʔ zuh tiʔ tiʔ, moh ʔaŋ paʔ pon
天 万物 将要 死 多少 你 能 助词 做 什么 什么 是 不 你 能
tiʔ moʔ siŋaiʔ. dɯɯmhɔm maiʔ pɓi siŋaiʔ lih, koi kaiŋ tiʔ? ʔaʔ koi
助词 藏 太阳 最好 你 放 太阳 出来 有 事 什么 我们 慢慢
siŋih tauɯ."
商量 一起

meʔsizoŋ ŋut khɔm ʔah tiʔ nin: "zuh ʔʏʔ nin, roŋmoh saŋ keh ʔʏʔ
地神 生气 边 说 自己 这样 做 我 这样 就是 要 使 我

kutɕy zum pak ŋe hyi. nin ʔeʔ kuɯm tauk tɕiʔ tɕoʔ hakteʔ khaiʔ.
万物 死 光 助词 助词 这样 我们 就 才 能 修整 世界 之后
lutkhaiŋ tɕu maiʔ loʔ ʔyʔ, keh maiʔ tɕu kɔn ten, lha saʔ, maiʔ ne
除非 同意 你 话 我 如果 你 同意 还 来得及 晚 以后 你 责备
rhom tiʔ saʔ."
心 自己 以后

　　taʔsiziɛʔ kuɯm ʔah nin:" pa ne rhom tiʔ kho tiʔ moh maiʔ, khɯ
　　天神 就 说 这样 的 责备 心 自己 应该 助词 是 你 因为
hoik ne tɔʔ ʔyʔ kɔnpui koi pa tɕiɛʔ. pa kho tiʔ tɔʔ hoik tɔʔ ʔyʔ noh
已经 多 给 我 人类 有 的 要 的 应该 助词 给 已 给 我 它
ʔuik, maiʔ lai tɕɛ tiʔ saŋ zauʔ pa mhom khaiŋ ʔinʔ aŋ lai koi. keh
全部 你 再 认为 自己 会 见到 的 好 比 这 不 再 有 如果
maiʔ ʔaŋ zi, maiʔ tɕaŋ krɔʔ tiʔ gaik. tɕup pui ʔin phau, koi rhomlhak
你 不 相信 你 就 等 助词 看 批 人 这 现在 有 头脑
kiʔ, koi rhommhom kiʔ, koi rhomzaun kiʔ, kin vau kin tɕɔŋ kiʔ, ʔɔt
他们 有 良心 他们 有 毅力 他们 很 勇敢 很 坚强 他们 在
kiʔ siŋek ne nomʔɔt kiʔ siŋek saʔ. keh maiʔ ruk ʔah plauʔ tiʔ kutɕy
他们 越 更 幸福 他们 越 以后 如果 你 说 真的 毁灭 自己 万物
ʔuik, ʔyʔ kah tɕiʔ dɯih tɕɔʔ zuh, bauʔ ne mhom kɔʔ khaiŋ ʔin. khom
全部 我 也 会 又 重新 造 也许 更 好 甚至 比 这 即使
nan, hoik zam ʔaŋ saʔ, kutɕy tɕiʔ tiʔ nomʔɔt piaŋ hakteʔ, kɔnpui ʔaŋ
那样 到 时候 那 以后 万物 可以 助词 幸福 之上 世界 人类 不
tɕiʔ, khɯ tɕhauʔ tiʔ lauʔ zuh kiʔ praiʔ, aŋ ʔyʔ lai keh kiʔ koi
可以 因为 太 助词 损坏 使 他们 世界 不 我 再 让 他们 存在
piaŋ hakteʔ tiʔ kauɯʔ kɔʔ."
之上 大地 一 个 哪怕

　　meʔsizɔŋ mhoŋ noh tɯ sem lhat kah, noh breʔ sikua rhom khom
　　地神 听 它 大概 有些 害怕 于 她 偷偷 颤抖 心 边
ʔah tiʔ nin:" loʔ maiʔ ʔaŋ ʔyʔ heʔ ʔimrhom kah. pa mhaiŋ ʔyʔ ʔaŋ
说 自己 这样 话 你 不 我 太 相信 于 的 要求 我 不

lhauŋ, moh mhaiŋ ʔɤʔ maiʔ tɕiʔ kah kɔnpui tɕɯiʔ ŋe, keh kiʔ moh pui
高　　是　要求　我们　你　善待　对　人类　一点　仅　使　他们　是　人
vau pui tɕɔŋ. keh moh nin, ʔɤʔ bk pbi siŋaiʔ lih."
勇敢　人　坚强　如果　是　这样　我　就　放　太阳　出来

　　taʔsiziɛʔ kɯm ʔah nin: "ʔaŋ maiʔ ʔimrhom kah, maiʔ tɕaŋ tɕhɤ tiʔ
　　天神　　就　说　这样　不　你　相信　于　你　就　试　助词
zauʔ. keh loʔ ʔɤʔ lut, khaiʔ maiʔ saŋ zuh tiʔ zuh."
看　如果　话　我　错　之后　你　要　做　什么　做

　　meʔsizoŋ kɤt rhom tiʔ, ŋoh kɤt loʔ taʔsiziɛʔ tɯɯ kho khom., ŋoh
　　地神　想　心　自己　她　想　话　天神　大概　对　还是　她
kɯm ʔah nin: "keh ʔɤʔ gaik ha, keh loʔ maiʔ ruk moh, ʔɤʔ bk pbi
就　说　这样　让　我　看　吧　如果　话　你　真的　是　我　就　放
siŋaiʔ lih; keh ʔaŋ moh, ʔɤʔ kah ʔaŋ man rhom tiʔ tiʔte."
太阳　出来　如果　不　是　我　也　不　放笤　心　自己　真的

　　taʔsiziɛʔ zauʔ ʔaŋ meʔsizoŋ naŋ ʔimrhom, ŋoh tɕauʔ khom hu tiʔ. voi
　　天神　见　不　地神　尚　相信　他　生气　边　走　自己　前
saŋ hu ŋoh, ŋoh ʔah nin khom ŋut tiʔ: "preʔ loʔ ʔɤʔ, keh ʔɤʔ saŋ sok
要　走　他　他　说　这样　边　生气　自己　记住　话　我　如果　我　想　找
siŋaiʔ lih kin zie khaiŋ zie. moh ʔaŋ maiʔ lai tɕiʔ ne rhom tiʔ
太阳　出来　很　容易　比　容易　是　不　你　再　可以　责备　心　自己
zam ʔan saʔ."
时候　那　以后

艾佤首居门高西爷

　　人类从葫芦里出来了以后，天神在地球上给各个人种、各个民族都指定了一个生活居住的地方，并在一夜之间把他们送到他们应该住的地方。但是到了现在，每一个人种、每一个民族由于人口的发展、环境的变化和战争等原因，所以我们基本上都已经离开了当时天神指定我们生活的地方。当时，天神把艾佤和他的亲人带到了一个地方，那里有山有水也有平地，山上有各种各样香甜可口的瓜果，水里有各形各色味道鲜美的水产，平地上到处都可以种植稻谷和小米。天神把他们带到那个地方以后，他要走的时候这样交待给我们的始祖艾佤说："这是你们人类最后一次真正见到我的模样，我就是你们说的万能的天神。这个地方是我专门为你们建造的，我已经为你们安排好了你们需要的一切。我的话你们一定要牢牢记在心里，未来你们将会面对无穷无尽的灾难，你们只有司岗(手牵着手)在一起才可能战胜一切灾难，你们只有互相合作才可能生存下来。你们做人一定要坚守诺言，不管遇到什么事，你们一定要相互体谅，争强好胜相互残杀你们也只有死路一条。"

天神边说边走到一节空心的花桃木旁边，他用手杖敲了敲那节树木继续说："牛血可以镇一切妖魔鬼怪，用牛血祭奠它，好好地把它收藏起来，等以后你们有什么困难需要帮助，你们只要敲响它我就可以听到，然后我就派姆依吉来帮助你们。其他的我也没有什么东西可以送给你们了，更多的东西只能是你们自己去争取去创造。牢记我的话，一定要牢记，你们只有永远司岗在一起你们才能够战胜一切灾难。"

天神说完了就消失得无形无踪，艾佤照着天神说的，他领人们剥了一头牛，用牛血祭了那根花桃木，然后好好地把它收藏在一个山洞里。后来无论我们走到哪里，我们都要用牛血祭这一根木头(木鼓的前身)，后来我们就学着造木鼓。木鼓只有一只似乎并不太灵验，后来人们也让它像万物一样有公有母，所以木鼓到现在一直是成双成对的。用牛血祭了木鼓，艾佤又带领人们用牛肉祭奠天神、地神和姆依吉。这样坚持下去，所以神一直都更偏爱我们。天神把我们带到的那个地方，由于天神说是他专门为人们创造的，所以我们就叫它"门高西爷"(意为天神创造的地方)。

生活在门高西爷，在艾佤的带领下，人们团结一心，相互帮助。每天，人们都是一起狩猎，或者一起下地耕作，或者一起下河捕鱼，所以日子过得又富足又幸福。面对无数次的灾难，都是姆依吉保护了我们，并让我们一次次取得了胜利。为了感谢姆依吉神，我们每年都要剥牛来祭他。一直到现在，每个寨子上面都护养一片森林，树林里一般都有一两间房子，那就是我们给姆依吉神盖的房子，是我们供奉姆依吉神的地方。后来，我们就直接称呼每个寨子的这片森林为姆依吉的寨子。

自从天神放火消灭第一批人类，地神就开始对天神有陈见。当天神要消灭第二批人类，地神虽然同意了天神的安排要让人类再生，但她仍然对天神怀恨在心，她认为天神对她所做的一切从来没有满意过。第三批人类再生以后，天神一开始并没有分给我们本领，所以地神更不高兴起来。后来地神看看人类过得并不比别的生灵好多少，她要天神再多给人类一些好处，天神不同意，地神就对他说："像这样的人类我同样不满意，你应该让他们更聪明、更富有一些。如果你不同意我的意见，既然你可以毁灭世界又重新创造世界，我为什么就不可以呢？我给你一段时间考虑，如果你再不改变看法，那么我就把这个世界毁灭了，将来再重新创造一个更新、更好的世界。"

地神等了很久，看到世间并没有更多的改变，她越想越生气，最后她终于狠下心来准备毁灭世界。不过地神并不像天神那样有那么大的能耐，她想了很久，最后她终于想出一个办法来，那就是把太阳藏起来。

我们知道，没有了太阳，大地上就没有了光和热。没有了光和热，万物就不可能生存。其实万物，依靠的也只有光和水，剩下的就是靠我们自己了。

地神下定决心以后，一天黄昏太阳落下山去就再也没有升起来。原来地神趁太阳睡觉的时候，偷偷地把太阳藏进一个山洞里，就像当初她把人类藏进山洞里一样，然后把洞口封了起来。为了防止有人把太阳放出来，她还让一条巨蟒守住洞口，并对巨蟒说："不管是什么动物，还是什么人，只要靠近洞口，你就把他们都吃了。"

太阳被地神藏起来以后，月亮和星星也冷得躲了起来，宇宙间一下子一片黑暗，人们再也什么都看不见了。还好有了火，人们除了围在火旁边就什么都做不成了。天神见太阳没有按时起床，他去找太阳没有找到，他就知道肯定是地神一生气把太阳藏了起来。天神赶紧去找地神对地神说："太阳一天不出来，就会有很多的生灵会死去。你什么事情都可以做，就是不能够把太阳藏起来，你最好还是把太阳放出来吧，有什么事我们再商量。"

地神生气地回答说："我这么做，就是为了让一切都死光，这样我们才好重新创造新的物种。除非你现在答应我的条件，现在你答应我还来得及。晚了，你会后悔的。"

天神对地神说："如果说后悔也只能是你，因为我给人类的东西已经实在太多了。而且我已经尽了能力了，要比这个好我已经做不到了。如果你不相信，你可以等着看，这一批人类不仅有头脑会想办法，而且他们有良心，有毅力，很坚强，将来他们会越过越好的。否则，你把一切都消灭了，我同样可以创造出新的物种来，甚至可以改变整个宇宙的面貌。只是到了那个时候，一切可以在大地上自由幸福地生存，惟有人类，因为他们是一种破坏性最大的生灵，所以我绝对不允许他们再在宇宙间出现。"

地神听了天神的话也有些害怕，但是她还是不放心地对天神说："你要我怎么样才能够相信你说的话是真话呢？我的要求不高，只要求你对人类好一些，而且让他们都是一些坚强勇敢的人，如果是这样，我就把太阳放出来。"

天神对地神说："如果你不相信，你完全可以去验证。如果我说错了，以后你爱怎么做就怎么做。"地神想了想，她认为天神说得也有道理，所以她对天神说："那么给我一段时间吧，当我真的证明人类像你说的一样，我自然会把太阳放出来的。否则，我是不会罢休的。"

天神见地神仍然不相信他，他很生气地走了。临走的时候，他很不高兴地对地神说："随你的便吧。但是你要记住，如果我现在想把太阳放出来也不是什么困难的事情。只是到了那个时候，你不要后悔就行了。"

sok siŋaiʔ
寻找 太阳

ʔaŋ siŋaiʔ lai kɔi, piaŋ mɤŋ ʔuik vhaik tɕɯup ŋe, ʔaŋ lai zauʔ kɔik
不 太阳 再 有 之上 世界 真 黑 阴 助词 不 再 见到 阳光
pe tɕɯiʔ, ʔaŋ lai mhoŋ sɿʉ pe tɕɯiʔ. lhaʔ khauʔ khre tiʔ khrum, rɔm
连 一点 没 再 感觉 温暖 连 一点 叶子 树 准备 助词 落 水
kɔŋ teh tiʔ mɔh sidap. hoik riak kutɕɤ kah kuat ʔuik, ʔeʔ pui rɔi
河 变化 助词 是 冰 已经 哀叫 万物 因为 冷 全部 我们 人类 还好
kɔi ŋu, kɔi ŋu phau ʔeʔ, rɔi kɔn zauʔ tiʔ tɕo, zauʔ tiʔ ʔot mai. kutɕɤ
有 火 有 火 现在 我们 还好 还 可以 助词 烤 可以 助词 在 同 万物
zauʔ kɔi ŋu kah ʔeʔ, sighraŋ tiʔ hu kah, hoik plɔm kɔʔ tiʔ laik dauʔ
见到 有 火 于 我们 抢 助词 去 向 已经 投 甚至 自己 进入 里面
ŋu tiʔblah. hoik tɔm siŋaiʔ, mai vhaik praiʔ, kɔn tiʔblah tɕe mɔh bauʔ grai
火 一些 到 至 今天 当 黑 天 虫 一些 以为 是 又 消失
siŋaiʔ, tɔʔ zauʔ kiʔ ŋu pu tiʔ laik dauʔ. tosat tiʔblah hu ʔot mai
太阳 如 见到 它们 火 飞 助词 进入 里面 野兽 一些 去 在 同
ʔeʔ hɔt ŋu zam ʔan, hoik tɔm siŋaiʔ kiʔ kah kɔn ʔot mai ʔeʔ, bok lik
我们 旁边 火 时 那 到 至 今天 它们 也 还 在 同 我们 像 猪
mɔi kiʔ nin. sidzhuŋ, tɕa kuh ʔeʔ krɔk daiŋ zam, bok ʔin, ʔeʔ dauh
牛 它们 这样 平时 只要 敲 我们 木鼓 很 灵验 次 这 我们 敲
krɔk zuh kɔʔ kah mɔʔ, siŋaiʔ kah kɔn ʔaŋ lih.
木鼓 做 即使 于 谁 太阳 也 还 不 出来

zauʔ zuhnin, taʔ ʔeʔ taʔvaʔ, mɔh nɔh tɕaukain ʔeʔ, zauʔ ʔaŋ siŋaiʔ
见到 这样 祖先 我们 达佤 是 他 首领 我们 见到 没 太阳
lih, hoik zum kutɕɤ kusidauh, piaŋ mɤŋ hoik lauʔ ʔuik, hoik kin
出来 已经 死 万物 四处 之上 世界 已经 损坏 全部 已经 很
saikrhɔm nɔh kah. kɔn taʔvaʔ hoik hun, ʔot kiʔ mɤŋ kau sizieʔ ʔuik,
痛心 他 于 子孙 达佤 已经 多 在 他们 门 高 西爷 全部
zɔm ʔot sɿʉ kɔi kiʔ tau voi ʔin, ʔaŋ kiʔ saʔ luan khain tan. zauʔ
幸福 温暖 有 他们一起 前 这 不 他们 曾 超 自 那里 见到

ʔaŋ siŋaiʔ lih, taʔvaʔ zo kɔn ʔai ti? ʔaikap hoik,ʔah nin kah
不 太阳 出来 达佤 叫 孩子 老大（男）自己 艾嘎姆 来 说 这样 向
nɔh:" ʔai, siŋaiʔ ʔaŋ lih,keh zuh pot nin, ʔeʔ saŋ zuhkahmɔʔʔʔɣʔ
他 老大（男）太阳 不 出 若 做 照常 这样 我们 要 怎么办 我
moh tɕaukaiŋ, kho ʔɣʔ hu sok siŋaiʔ,ʔɣʔ lok hoik kuat.maiʔ moh kɔn
是 首领 应该 我 去 寻找 太阳 我 可是 已经 老 你 是 孩子
ʔai ʔɣʔ, maiʔ kah hoik koi kɔn. kaiŋ ʔin tɯ moh maiʔ pa
老大（男）我 你 也 已经 有 孩子 事情 这 肯定 是 你 的
khɔm.maiʔ hu plak glip siŋaiʔ,dauɯʔ kraʔ po lai lauɯʔ tiʔ. dauɯh maiʔ
负责 你 走 方向 落下 太阳 里 路 别 再 休息 自己 不管 你
tɕo kɔʔ tiʔ dauɯʔ kraʔ,po maiʔ doh lauɯʔ doh ŋom."
碰 即使 什么 里 路 别 你 绝不 休息 绝不 坐
  ʔaikap ʔaŋ ne tiʔ gum kɔʔ, nɔh tok ŋu giʔ zauk tiʔ hu.ʔaikap
  艾嘎姆 没 讲 一 句 即使 他 点 火 松明 动身 助词 去 艾嘎姆
hoik hu meʔglaŋ mɔʔ ŋeh, hoik tian kbɔn dzau gɔŋ meʔdiŋ mɔʔ ŋeh,
已经 去 多久 多少 助词 已经 渡过 河 越过 山 多少 多少 助词
ruk ʔaŋ nɔh saʔ lauɯʔ tiʔ. meʔsizɔŋ saŋ tɕhy rhom ʔaikap, teh tiʔ moh
果然 不 他 曾 休息 自己 地神 想 试 心 艾嘎姆 变 助词 是
zieʔkuat tiʔ kauɯʔ,ʔot voi ʔaikap dauɯʔ kraʔ, zuhtiʔ. ʔɔm pui kin mau
老太婆 一 个 在 前 艾嘎姆 里面 路 假装 像 人 很 累
nan. ʔaikap bɔŋ kraʔ krup zieʔkuat, zauʔ hoik tauk mau zieʔkuat,
那样 艾嘎姆 走 路 赶上 老太婆 见到 已经 累 疲乏 老太婆
tɕauɯʔrhom kah,tom ʔah nin kah zieʔkuat:" zieʔ, zieʔ, num paʔ koi
可怜 于 就 说 这样 对 老太婆 老大娘 老大娘 年纪 您 有
diŋ, siŋaiʔ kah ʔaŋ lih, kɯm saŋ hu paʔ dɯmɔʔʔ"
这么大 太阳 也 不 出来 就 想 去 您 何处
  zieʔkuat kɯm ʔah nin:"num ʔɣʔ tiŋ kɔʔ, khɔm nan tɔŋ ʔɣʔ du ʔot
  老太婆 就 说 这样 年纪 我 大 虽然 即使 那样 知道 我 处 在
siŋaiʔ, ʔɣʔ kɯm saŋ hu sok."
太阳 我 就 要 去 找

ʔaikap mhoŋ ʔah zieʔkuat nin, dauʔ rhom kin gauʔ kah, noh kuɯm
艾嘎姆 听到 说 老太婆 这样 里面 心 很 高兴 于 他 就
ʔah nin:"hoik tiŋ num paʔ, paʔ krai ʔγʔ mhoŋ duɯ ʔot siŋaiʔ, ʔγʔ lok
说 这样 已经 大 年纪 您 你 告诉 我 听 处 在 太阳 我 就
moh tɕau hu sok ʔeʔ. ʔih, paʔ ʔaŋ lai siau kha tiʔ hu."
是 者 去 寻找 我们 要 您 不 再 用 煎熬 助词 去
　　zieʔkuat tɕu loʔ ʔaikap, tɕa zuhtiʔ tɕi noh zauʔ plak ʔaŋ kho. ʔaikap
　　老太婆 同意 话 艾嘎姆 姑且 假装 指 他 见 方向 不对 艾嘎姆
zi noh, hu poʔ plak ʔaŋ kho.
相信 它 去 助词 方向 不对
　　hoik koi meʔ ŋaiʔ moʔ neh, siŋaiʔ kon ʔaŋ lih, taʔvaʔ kuɯm zo
　　已经 有 多少 日子 多少 助词 太阳 还 不 出来 达佤 就 叫
kon ni tiʔ ninap hoik, ʔah nin kah noh:" ninap, pauʔke maiʔ
孩子 老二(男) 自己 尼那姆 来 说 这样 对 他 尼那姆 哥哥 你
hoik hu glaŋ, kuɯm moh zuh poʔ, noh kah moʔ neh? ʔaŋ ʔeʔ te
已经 去 这么久 究竟 是 做 助词 他 于 谁 助词 不 我们 哪
toŋ, tom zamʔin siŋaiʔ ʔaŋ te lih, maiʔ tuɯ hu naŋ tɕieʔ tiʔ phau.
知道 到 这时 太阳 不 哪 出来 你 肯定 去 也 的 自己 现在
preʔ loʔ ʔγʔ, hu plak glip siŋaiʔ, po lai lauʔ tiʔ dauʔ kraʔ, dauɯh
记住 话 我 去 方向 落下 太阳 别 再 休息 自己 里面 路 不管
maiʔ tɕo koʔ patiʔ kah po doh lauʔ tiʔ."
你 遇上 即使 什么 也 别 绝不 休息 自己
　　ninap ʔaŋ ne tiʔ gum koʔ, noh tok ŋu giʔ hu naŋ. hoik dzau noh
　　尼那姆 没 说 一 句 即使 他 点 火 松明 去 也 已经 越过 他
goŋ meʔ lua moʔ, hoik tiaŋ kloŋ meʔ mu moʔ neh, noh ruk ʔaŋ saʔ
山 多少 座 多少 已经 渡过 河 多少 条 多少 助词 他 果真 不 曾
lauʔ tiʔ. meʔsizoŋ saŋ tɕhyrhom ninap, bauʔ teh tiʔ moh zieʔkuat tiʔ kauʔ.
休息 自己 地神 要 考验 尼那姆 又 变 助词 是 老太婆 一 个
ninap zauʔ zieʔkuat voi tiʔ dauʔ kraʔ, zauʔ dzhom mau noh, kuɯm
尼那姆 见到 老太婆 前面 自己 里面 路 见到 样子 疲劳 她 就

ʔah nin kah noh:"zieʔ, num paʔ koi diŋ, siŋaiʔ kah ʔaŋ lih, kuɯm
说 这样 对 她 老大娘 年纪 您 有 这么大 太阳 也 不 出来 究竟
saŋ hu paʔ duɯmoʔʔ."
想 去 您 哪里
  zieʔkuat tom ʔah nin:"num ʔɣʔ tiŋ koʔ, khuɯ toŋ ʔɣʔ duɯ ʔot siŋaiʔ,
  老太婆 就 说 这样 年纪 我 大 即使 因为 知道 我 处 在 太阳
ʔɣʔ kuɯm saŋ hu pbi lih."
我 就 要 去 放 出来
  ninap mhoŋ loʔ zieʔkuat, daɯʔ rhom gaɯʔ ŋe, noh kuɯm ʔah nin:
  尼那姆 听到 话 老太婆 里面 心 高兴 助词 他 就 说 这样
"hoik tiŋ num paʔ,paʔ krai ʔɣʔ mhoŋ duɯ ʔot siŋaiʔ,ʔɣʔ lok moh tcau hu
已经 大 年纪 您 您 告诉 我 听见 处在 太阳 我 就 是 者 去
pbi, ʔaŋ paʔ lai siau kha tiʔ hu."
放 不 您 再用 煎熬 助词 去
  zieʔkuat tcu noh, tci ninap zauʔ plak ʔaŋ kho. ninap zauʔ ʔaŋ plak
  老太婆 同意 它 指 尼那姆 看 方向 不 对 尼那姆 看到 不 方向
tci noh kho,kyt noh moh vhaik praiʔ lut zieʔkuat praiʔ,kuɯm zuhtiʔ tcu
指 她 对 想 它 是 黑 天 错 老太婆 地方 就 假装 同意
kah dzhuɯih tiʔ, tɯ kon hu pot plak glip siŋaiʔ.
于 嘴 自己 一定 还 走 照样 方向 落下 太阳
  hoik hu rhuɯŋ nau,ninap zauʔ toh ŋu voi tiʔ tiʔ daɯih,kon
  已 走 久 很 尼那姆 见到 发光 火 前面 自己 一 处 还
mhoŋ loʔ ziam bun tiʔ kaɯʔ. ninap hu kah,moh bunkrih mhom ŋe
听到 声音 哭 女人 一个 尼那姆 走 向 是 姑娘 漂亮 助词
tiʔ kaɯʔ pa ziam voi noh daɯʔ nieʔgoʔ tiʔ mu.ninap tchok noh ʔah
一个 助词 哭 前面 他 里面 窝棚 一个 尼那姆 问 她 说
nin:" zeʔ, maiʔ lai ziam tin noŋ, kuɯm moh zuhkahmoʔʔ."
这样 老大(女) 你 怎么 哭 这里 独自 究竟 是 为什么
  bun zauʔ hoik ninap, noh gaɯʔ khom siluut tiʔ ninap mai ʔah tiʔ
  女人 见 来 尼那姆 她 高兴 边 拉 自己 尼那姆 和 说 自己

nin:"tɕup pui zaʔ hoik hu sok siŋaiʔ plak glip siŋaiʔ ʔuik, lhat kiʔ
这样 群 人 我们 已经 走 找 太阳 方向 落下 太阳 全部 担心 他们
ʔɣʔ ʔaŋ pon hu, kɯm prah ʔɣʔ tin noŋ. pauʔke, lhat ʔɣʔ noŋ tit,
我 不 能 走 就 留下 我 这里 独自 哥哥 害怕 我 独自 助词
ʔɣʔ kɯm ziam. hoik maiʔ phau, kin gauʔ ʔɣʔ kah, tɕɯn ʔot mai ʔɣʔ
我 就 哭 来 你 现在 很 高兴 我 于 干脆 在 与 我
khaiŋ."
吧

ɳinap kɯm ʔah nin:"ʔaŋ tɕiʔ, ʔaŋ tɕiʔ, ʔaŋ siŋaiʔ koi ʔaŋ ʔeʔ lai
尼那姆 就 说 这样 不 行 不 行 不 太阳 有 不 我们 再
pon kbt."
可以 活

bun geʔ taiʔ ɳinap ziam mai ʔah tiʔ nin:"ʔɣʔ tiʔ kauʔ ŋe kin
女人 抓住 手 尼那姆 哭 和 说 自己 这样 我 一 个 仅 很
lhat ʔɣʔ, pɣŋ ʔot mai ʔɣʔ liak! keh maiʔ tɕu tiʔ ʔot, ʔɣʔ bk moh
害怕 我 劳驾 在 同 我 点儿 如果 你 同意 助词 在 我 就 是
moiŋ maiʔ. pui hoik hu voi maiʔ meʔdiŋ moʔ neh, ʔaŋ maiʔ naŋ hoik
妻子 你 人 已经 走 前面 你 多少 多少 助词 未 你 尚 到
dɯ hu tiʔ, pui hoik zauʔ siŋaiʔ."
处 去 自己 人们 已经 找到 太阳

ɳinap kɣt loʔ bun kah kho tiʔ kho, bun kah sɯ tiʔ kin
尼那姆 想 话 女人 也 应该 助词 对 女人 也 实在 助词 太
mhom, noh kɯm ruk tɕu poʔ loʔ bun ʔot mai bun. bun ʔin kah moh
漂亮 他 就 真的 同意 助词 话 女人 在 与 女人 女人 这 也 是
meʔsizoŋ pa teh tiʔ moh, zuh noh nin moh kon saŋ bauʔ tɕhɣ noh
地神 助词 变 助词 是 做 她 这样 是 还 想 又 试 她
rhom ɳinap. ɳinap bauʔ goih kah noh naŋ, khɯ tɕu ɳinap tiʔ ʔot
心 尼那姆 尼那姆 又 失败 于 她 也 因为 同意 尼那姆 助词 在
mai bun. bun veʔ ɳinap laik dɯ noŋ tiŋ tiʔ mu, phat tik noh tan.
与 女人 女人 带 尼那姆 进入 里面 树林 大 一 个 接着 扔 他 那里

ɲinap hoik hu meʔglaŋ moʔ nɛh, siŋaiʔ tɕa kɔn ʔaŋ lih pot. taʔ
尼那姆 已经 走 多久 多少 助词 太阳 还是 还 不 出来 照样 祖先
lauh taʔ lhauŋ ʔeʔ taʔvaʔ kɯɯm kok kɔn sam tiʔ samrai hoik.
伟大 祖先 高 我们 达佤 就 叫 孩子 老三(男) 自己 萨姆惹 来
noh khruprhom khom ʔah tiʔ nin:" samrai, pauʔkɛ maiʔ hoik hu ra,
他 伤心 边 说 自己 这样 萨姆惹 哥哥 你 已经 走 二
siŋaiʔ lok kɔn ʔaŋ lih. kɛʔ zuh poʔ kah moʔ nɛh. ʔɣʔ moh tɕaukaiŋ,
太阳 却 还 不 出来 他俩 做 助词 于 谁 助词 我 是 首领
siŋaiʔ kho moh ʔɣʔ pa hu sok, ʔɣʔ lok hoik kuat. ʔaŋ ʔeʔ zauʔ siŋaiʔ
太阳 应该 是 我 助词 去 找 我 却 已经 老 不 我们 见 太阳
ʔeʔ kah ʔaŋ tɕiʔ kbt, maiʔ kah hoik koi kɔnpraiʔ, khauʔglom ʔin tɯ
我们 也 不 能 活 你 也 已经 有 后代 扁担 这 一定
moh maiʔ pa klom phau.prɛʔ loʔ ʔɣʔ, hu plak glip siŋaiʔ, dauɯ kraʔ
是 你 助词 扛 此时 记住 话 我 走 方向 落下 太阳 里面 路
po lai veh lai vhak. dauɯh maiʔ tɕo koʔ kaiŋ tiʔ, po doh lauɯʔ
别 再 停留 再 逗留 无论 你 遇到 即使 事 什么 别 绝不 休息
tiʔ."
自己

samrai kɯɯm ʔah nin:" kɯiŋ, ʔaŋ maiʔ khi, ʔaŋ ʔɣʔ zauʔ siŋaiʔ, ʔɣʔ
萨姆惹 就 说 这样 爸爸 不 你 担心 不 我 见到 太阳 我
kah ʔaŋ lai dɯih hoik."
也 不 再 返回 来

hoik ʔah samrai nin, tok ŋu giʔ hu naŋ. ʔaŋ lai toŋ hoik dzau noh
已经 说 萨姆惹 这样 点火 松明 走 也 不再 知道 已 越过 他
goŋ meʔ lua, hoik tiaŋ noh klɔn meʔ mu, ʔaŋ noh saʔ dɯih ŋai tiʔ
山 多少 座 已 渡过 他 河 多少 条 不 他 曾 转回 眼睛 自己
plakkhaiʔ pe tiʔ bok, noh kah ʔaŋ saʔ lauɯʔ tiʔ. meʔsizoŋ saŋ tɕhɣ rhom
后面 连 一 次 他 也 未 曾 休息 自己 地神 要 试 心
samrai, bauʔ tɛh tiʔ moh zieʔkuat tiʔ kaɯʔ bŋ kraʔ voi noh. samrai
萨姆惹 又 变 助词 是 老太婆 一 个 走 路 前面 他 萨姆惹

zauʔ hoik tauık hoik mau zieʔkuat, kuɯm ʔah nin kah noh:" zieʔ, hoik tiŋ
见到 已经 累 已经 疲劳 老太婆 就 说 这样 于 她 老大娘 已经 大
num paʔ, siŋaiʔ kah ʔaŋ koi, kraʔ nu zuhnin, saŋ hu paʔ duɯmoʔʔ."
年纪 您 太阳 也 没 有 路 难 这样 想 去 您 哪里

  zieʔkuat kuɯm ʔah nin:" suu ʔɣʔ tiʔ tiŋ num khuu, khom naŋ toŋ
  老太婆 就 说 这样 确实 我 助词 大 年龄 助词 即使 那样 知道
ʔɣʔ suu duu ʔot siŋaiʔ.hu pui sok siŋaiʔ meʔdiŋ moʔ neh, ʔaŋ kiʔ toŋ
我 方向 处 在 太阳 去 人们 找 太阳 多少 多少 助词 不 他们 知道
duu ʔot,ʔɣʔ ʔaŋ hu ʔaŋ tɕiʔ."
处 在 我 不 去 不 行

  samrai mhoŋ noh kuɯm ʔah nin:" ʔɣʔ kon ʔon, maiʔ krai ʔɣʔ mhoŋ
  萨姆惹 听到 它 就 说 这样 我 还 年轻 你 告诉 我 听
duu ʔot siŋaiʔ, ʔɣʔ bk moh tɕau hu sok.hoik tiŋ num paʔ,ʔaŋ paʔ lai
处 在 太阳 我 就 是 者 去 找 已 大 年纪 您 不 您 再
kho tiʔ hu."
应该 助词 去

  zieʔkuat tɕi samrai zauʔ plak lut, samrai toŋ kah lut,ʔaŋ ghiat, tɕa
  老太婆 指 萨姆惹 见 方向 错误 萨姆惹 知道 于 错 没 听 还是
boŋ kraʔ hu tiʔ. khaiʔ,rhuɯŋ nau, samrai zauʔ toh ŋu voi tiʔ tiʔ
走 路 走 自己 之后 久 很 萨姆惹 看到 发光 火 前 自己 一
dauɯh, kon mhoŋ loʔ ziam bun tiʔ kauɯʔ.samrai hu kah,zauʔ bunkrih
处 还 听到 声音 哭 女人 一 个 萨姆惹 走 向 见到 姑娘
mhom ne tiʔ kauɯʔ ziam dauɯʔ nieʔgoʔ tiʔ mu. zauʔ hoik samrai, bun
漂亮 助词 一 个 哭 里面 窝棚 一 个 见到 来 萨姆惹 女人
gauʔ mai silut tiʔ samrai nom,ʔah nin:" lauhle,hoik maiʔ,pui tɕup ziʔ
高兴 和 拉 自己 萨姆惹 坐 说 这样 谢谢 来 你 人 群 我们
hoik hu sok siŋaiʔ ʔuik. lhat kiʔ ʔɣʔ ʔaŋ pon hu,kuɯm prah ʔɣʔ tiŋ
已经 去 找 太阳 全部 害怕 他们 我 不 能 走 就 留下 我 这里
noŋ. lhat ʔɣʔ noŋ, pyŋ ʔot mai ʔɣʔ liak!"
独自 害怕 我 独自 劳驾 在 同 我 点儿

samrai tom ʔah nin:"ʔaŋ, ʔaŋ ʔɣʔ pon ʔot mai maiʔ. ʔaŋ siŋaiʔ koi,
萨姆惹 就 说 这样 不 不 我 能 在 同 你 没 太阳 有
ʔaŋ ʔeʔ tɕiʔ kɒt tiʔ kauuʔ kɔʔ, ʔaŋ ʔɣʔ pon ʔot."
不 我们 可以 活 一 个 即使 不 我 能 在

buŋ kuɯm bauʔ ʔah nin:"keh maiʔ tɕu tiʔ ʔot, ʔɣʔ moh moiŋ
女人 就 又 说 这样 如果 你 同意 助词 在 我 是 妻子
maiʔ. pui meʔdiŋ mɔʔ ŋeh, hoik hu sok siŋaiʔ, ʔaŋ maiʔ naŋ hoik duɯ
你 人们 多少 多少 助词 已经 去 找 太阳 未 你 尚 到 处
ʔot siŋaiʔ, pui hoik pbi nɒh hauk dauɯʔ rauma. maiʔ lai kɒn hu zuh
在 太阳 人们 已经 放 它 上 里 天空 你 再 还 去 做
patiʔʔ?"
什么

samrai pok nɒh ʔah nin:"pui hu kɔʔ diŋ, kuɯm zuh kiʔ kah
萨姆惹 回答 她 说 这样 人 去 即使 这么多 究竟 做 他们 于
mɔʔ ʔaŋ ʔeʔ te toŋ. keh kiʔ ʔaŋ zuh kɔʔ kah mɔʔ tiʔ, bauʔ kiʔ
谁 不 我们 哪 知道 若 他们 不 做 即使 于 谁 什么 也许 他们
lai ʔaŋ te zauʔ duɯ ʔot siŋaiʔ. ʔahkahmɔʔ moh hu ʔɣʔ naŋ, hoik tom
怎么 不 哪 找到 处 在 太阳 无论怎样 是 去 我 也 到 至
duɯih hauk siŋaiʔ. dauɯʔ rauma."
又 上 太阳 里面 天空

hoik ʔah samrai nin, hu khaiŋ buŋ. buŋ kah moh meʔsizɒŋ pa bauʔ
已经 说 萨姆惹 这样 走 自 女人 女人 也 是 地神 助词 又
tɕhy rhɒm samrai, zauʔ zuh samrai nin, nɒh kuɯm tauk gauuʔrhɒm. khɒm
试 心 萨姆惹 见到 做 萨姆惹 这样 她 就 才 高兴 即使
moh nin, nɒh kɒn ʔaŋ nɒmrhɒm, kɒn saŋ tɕhy kah moh samrai pui vau
是 这样 她 还 不 放心 还 想 试 于是 萨姆惹 人 勇敢
pui tɕɒn.
人 坚强

samrai bauʔ hu rhuɯŋ nau, hoik zauʔ nɒh pa khian meʔdiŋ mɔʔ,
萨姆惹 又 走 久 很 已经 遇上 他 的 艰辛 多少 多少

hoik zauʔ ŋoh pa soŋ meʔdiŋ moʔ, ŋoh kuᵤm zauʔ goŋ tiʔ mu, tittiʔ
已经 遇上 他 的 苦难 多少 多少 他 就 见到 山 一 座 什么
riaŋ kah ʔom toh siŋaiʔ nan.zam ʔin,meʔsizoŋ teh tiʔ moh taʔkuat paiŋ
亮 于 像 发光 太阳 那样 时候 这 地神 变 助词 是 老头 白
kaiŋ tiʔ kauᵤʔ ŋom voi samrai. samrai zauʔ taʔkuat,hu tchok ŋoh ʔah
头 一 个 坐 前面 萨姆惹 萨姆惹 见到 老头 去 问 他 说
nin:" taʔ, tɕiʔ ʔɤʔ tiʔ tchok maiʔ laih? pa riaŋ teh moh tiʔ?
这样 老大爷 可以 我 助词 问 你 吗 的 发光 那边 是 什么
zuhkahmoʔ maiʔ lai ŋom tin?"
为什么 你 怎么 坐 这里
      taʔkuat khirhom khom ʔah tiʔ   nin:" kon, ʔaŋ maiʔ toŋ laih? pa
   老人家 忧虑 边 说 自己 这样 孩子 不 你 知道 吗 的
riaŋ teh roŋmoh siŋaiʔ,moh ʔaŋ meʔsizoŋ gauᵤʔ,ŋoh kuᵤm moʔ siŋaiʔ?
发光 那里 正是 太阳 是 不 地神 高兴 她 就 藏 太阳
dauᵤʔ raŋ teh, kon keh klun pau tiʔ mu,ʔaŋ keh kutɕy pon deʔ.tom
洞 岩石 那边 还 让 蟒 守护 一 条 不 让 万物 能 接近 到
siŋaiʔ,pui meʔdiŋ moʔ neh   tɕe tiʔ saŋ pauh siŋaiʔ lih, ʔaŋ kiʔ te
现在 人 多少 多少 助词 认为 助词 想 打开 太阳 出来 没 他们 哪
peʔ klun, hoik ʔih klun kiʔ ʔuik.kaiŋ ʔaŋ pui ʔondau pon zuh,ʔɤʔ kuat
胜 蟒 已经 吃 蟒 他们 全部 事情 不 人 年轻 能 做 我 老人
tɕoʔ ne pon zuh.ʔɤʔ kuᵤm kroʔ tin, khuᵤ toŋ ʔɤʔ groŋ peʔ ʔeʔ
绝不 更 能 做 我 就 等候 这里 因为 知道 我 办法 战胜 我们
khun, kroʔ ʔɤʔ pui vau pui toᵤn tiʔ kauᵤʔ moh tɕau hu zuh."
蟒 等候 我 人 勇敢 人 坚强 一 个 是 者 去 做
      samrai kuᵤm ʔah nin:" taʔ, tɕa moh pon pauh ʔeʔ siŋaiʔ lih, tɕa
   萨姆惹 就 说 这样 老大爷 只要 是 能 打开 我们 太阳 出来 只要
moh zauʔ kutɕy tiʔ tɕo koik, dauh tauk dauh mau koʔ zuhkahmoʔ,ʔɤʔ
是 可以 万物 助词 烤 阳光 不管 累 不管 疲劳 即使 怎么样 我
kah ʔaŋ lhat kah. maiʔ krai ʔɤʔ mhoŋ groŋ peʔ ʔeʔ klun, ʔɤʔ lok hot
也 不 怕 于 你 告诉 我 听 办法 胜 我们 蟒 我 就 依照

loʔ maiʔ."
话　你

　　taʔkuat tci khauʔ tiŋ lhauŋ ŋe kah piaŋ goŋ tiʔ go,ʔah nin:"saŋ peʔ
　　老人　指　树　大　高　很　于 之上　山 一 棵 说 这样 要 胜
maiʔ klun,lutkhain pon tɯi maiʔ vaik tiʔ mak.vaik ʔin ʔot kah rau khauʔ
你 蟒　除非　能 拿 你 刀 一 把 刀 这 在 于 梢 树
teh. pon tɯi maiʔ vaik ʔan, maiʔ kɯɯm tauk tci peʔ klun.hoik khaiʔ,
那边　能　取　你 刀　那　你　就　才 能 胜 蟒 到 后
kɯɯm tauk pon pɓi siŋaiʔ lih　hauk dauʔ rauma."
就　才　能　放 太阳 出来 上 里 天空

　　samrai mhoŋ noh hu hoik num khauʔ tit.khauʔ ʔin, tiŋ,pui kau kauʔ
　　萨姆惹 听到 它 去 到 根 树 那个 树 这 大 人 十 个
kɯɯm tauk pon khop;lhauŋ, hoik tɯih kah rauma. samrai ʔaŋ ʔuik khop
就　才 能 抱 高 已经 碰 于 天空 萨姆惹 不 全部 抱
khauʔ,noh saŋ hauk zuhkahmoʔʔ noh saŋ tɯi vaik zuhkahmoʔʔ lutkhain kit
树 他 想 爬 怎么 他 要 取 刀 怎么 除非 砍
noh khauʔ goih vai. zam ʔan ʔaŋ vaik rhiam ŋaŋ koi, vaik veʔ pui moh
他 树 倒 助词 时候 那 没 刀 铁 尚 有 刀 带 人们 是
vaik ʔoʔ, ʔuik. samrai bot vaik tiʔ lih, kit noh khauʔ tom pot vaik
刀 竹 全部 萨姆惹 拔 刀 自己 出来 砍 他 树 至 断 刀
tiʔ, tauk pon kit noh noh laik tiʔ gian ŋe. pot vaik, samrai ʔih dhɯɯm
自己 仅 能 砍 他 它 入 一 指头 仅 断 刀 萨姆惹 用 砸
tkhauʔ kah simauʔ, hoik phoŋ zuh noh simauʔ meʔdiŋ moʔ neh, tom tauk
树 用 石头 已经 碎 使 他 石头 多少 多少 助词 就 才
bauʔ pon kit laik tiʔ gian ŋe.noh kon ʔaŋ nauʔ, hoik ʔuah taiʔ khon dom
又 能 砍 进 一 指头 仅 他 还 不 停止 已经 肿 手 边 右
noh, noh siau taiʔ khon guaʔ tiʔ; hoik ʔuah taiʔ khon guaʔ noh,noh dɯih
他 他 用 手 边 左 自己 已经 肿 手 边 左 他 他 于是
siau taiʔ khon dom.hoik tom ʔaŋ noh lai pon zauk taiʔ tiʔ, noh kɯɯm
用 手 边 右 到 至 不 他 再 能 抬 手 自己 他 就

ʔih kraiŋ kah rhaŋ tiʔ. zuhluŋ noh tiʔ kraiŋ, hoik tɔɔt kɔʔ rhaŋ noh
用 啃 用 牙齿 自己 努力 他 助词 啃 已经 掉 甚至 牙齿 他
meʔ plah tiʔ, noh kah ʔaŋ nauʔ. zam ʔin, taʔkuat hoik hot samrai, ʔah
多少 颗 什么 他 也 不 停止 时候 这 老人 到 旁边 萨姆惹 说
nin:" hauk khauʔ kah ʔaŋ pon, keh moh koi boŋ lhauŋ tiʔ mu neh; kit
这样 爬 树 也 不 能 如果 是 有 梯子 高 一 个 助词 砍
khauʔ kah ʔaŋ pon, keh moh hun pui neh. maiʔ tɔŋ ʔaŋ tiʔ pon zuh,
树 也 不 能 如果 是 多 人 助词 你 知道 不 自己 能 做
maiʔ lai kɔn khin tiʔ zuh?"
你 怎么 还 偏要 助词 做

samrai kuum ʔah nin:"ʔaŋ siŋaiʔ koi, kutɕy kah ʔaŋ tɕiʔ kɔt. pui
萨姆惹 就 说 这样 没 太阳 有 万物 也 不 能 活 人类
sok siŋaiʔ, khaiʔ ʔγʔ, tuurian tiʔ kɔn koi. dauuh moh mɔʔ, ʔaŋ tauu tiʔ
找 太阳 之后 我 一定 助词 还 有 不管 是 谁 不 肯定 不 助词
pon kit khauʔ ʔin noŋ, keh ʔaŋ moh pui hauh pui hun vai, pui ʔinkiʔ
能 砍 树 这 独自 如果 不 是 人 多 人 众 助词 人 这些
tuurian tiʔ koi hoik khaiʔ ʔγʔ. bre hoik ʔγʔ sivoi, ʔγʔ tɕaŋ zuh sivoi.
一定 助词 慢慢 到 之后 我 既然 到 我 先 我 就 做 先
pui hoik khaiʔ ʔγʔ, keh kiʔ hot tiʔ zuh ʔɔm ʔγʔ, khauʔ tuu pon
人 到 之后 我 如果 他们 跟 助词 做 像 我 树 一定 能
goih, pon tui kiʔ vaik, muk klun kah, siŋaiʔ tuu pon duuih hauk dauʔ
倒 能 取 他们 刀 砍 蟒 用 太阳 一定 可以 重新 上 里面
rauma."
天空

meʔsizoŋ mhon noh sidaiŋ gauʔ kah, noh kuum keh vaik ʔan taŋ tɔɔt
地神 听到 它 非常 高兴 于 她 就 使 刀 那 自己 落下
khaiŋ piaŋ khauʔ. vaik tɔɔt tum hot samrai ʔah "klaŋ" nin, dzuŋ tiʔ
自 之上 树 刀 掉 落到 旁 萨姆惹 响 象声词 这样 立 自己
piaŋ tεʔ. samrai hoik ruk ʔaŋ lai koi riaŋ, zauʔ noh vaik phau, hoik
之上 地面 萨姆惹 已经 真的 不再 有 力气 见到 他 刀 此时 已经

dɯih	pi	nɔh	tauk	tiʔ.	nɔh	bt	vaik,	ʔaŋ	lai	lauʔ	tiʔ	hu	ŋe.
反而	忘记	他	累	自己	他	拔	刀	不再	休息	自己	去	助词	

samrai hoik hot dauʔ raŋ, klun tiŋ tiʔ mu ʔaŋ moiŋ tiʔ saŋ bluut
萨姆惹 来 旁边 洞 岩石 蟒 大 一 条 张口 自己 想 吞

nɔh, nɔh bt vaik tap klun. tap keʔ pauʔ tiʔ, dzauuh piaŋ teʔ hoik
他 他 拔 刀 打蟒 打 他俩 伴儿 自己 从 之上 地面 到

dauʔ rɔmma, hoik khaiʔ, dzauuh dauʔ rɔmma dɯih hoik piaŋ teʔ, hoik
里 天空 到 后 从 里 天空 返回 到 之上 地面 已经

vhaik praiʔklɔŋ, tɕhuh gɔŋlua mai. kah ghoik, klun ʔaŋ lai peʔ samrai,
黑 天 动 地 助词 于 最后 蟒 不再 胜 萨姆惹

pupap tiʔ to, moʔ tiʔ dauʔ raŋ tiʔ mu.
匆忙 助词 跑 藏 自己 洞 岩石 一 个

    meʔsizɔŋ zauʔ zuh nin, kuum keh dauʔ raŋ taŋ bauh, keh siŋaiʔ taŋ
    地神 看到 做 这样 就 让 洞 岩石 自己 打开 让 太阳 自己

dɯih hauk dauʔ rauma. meʔsizɔŋ dauuh kɔn muutrhom kɔʔ kah taʔsizieʔ,
重新 上 里 天空 地神 不管 还 生气 即使 于 天神

tɔm ʔah poʔ nin kah nɔh: "tɕup pui ʔinkiʔ, dauuh mɔh kɔʔ pauʔaik, tiʔblah
就 说 助词 这样 对 他 批 人 这些 虽然 是 即使 兄弟 一些

ki ʔɔ, tiʔblah ki hauhrhom, ʔahkahmoʔ rɔi koi pui lhak pui vau
尽管 笨 一些 尽管 贪心 无论怎样 还好 有 人 聪明 人 勇敢

dauʔ khɔm. nan, keh kiʔ koi piaŋ hakteʔ ʔin khɔm poʔ."
里面 还是 那样 让 他们 有 之上 世界 这 还是 助词

寻找太阳

  没有了太阳，宇宙间一片漆黑。见不着一丝光明，再也感受不到一点温暖。树叶开始落了下来，河水开始结成冰，到处都传来各种动物绝望的悲鸣。人类还好有了火，有了火我们还可以照明还可以取暖，有很多动物看见我们有火，有很多小飞虫为了取暖飞进火里烧死了。一直到现在，天一黑下来，这些小虫子以为是太阳又被藏起来了，它们一见到火就飞进火里去。有些动物就和我们在一起在火边取暖，一直到现在它们仍然还跟我们在一起，就像猪、像牛一样。平常，只要我们敲打木鼓向天神祈求什么都很灵验。可这一次，不管我们怎么敲打跪拜，也仍然不见太阳升起来。

到了这个时候，我们的始祖达佤，当时他是我们的大首领。看到太阳一直不出来，看到有生灵每时每刻都在死去，世界上已经不像个样子了，所以他比任何人都要担心。达佤有很多的子孙，他们一直一起居住在门高西爷，他们一直生活得很幸福，谁都没有离开过谁半步。眼看太阳一直不出来，达佤把他的大儿子艾嘎姆叫来，对他的大儿子说："艾，太阳一直不出来，这样下去，我们将怎么度过？我是大首领，去寻找太阳的任务应该是我的责任，但是我已经老了。既然你是我的大儿子，而且自己已经有了后代，那么寻找太阳的任务就只有交给你了。你要一直向太阳落山的方向找下去，路上千万不要停留。哪怕路上你遇到什么事情，你也不能停留下来。"

艾嘎姆一句话都不说，他打起火把就向太阳落山的方向去找太阳。艾嘎姆不辞辛苦翻了一座又一座大山，他不畏艰辛渡过了一条又一条大河，他真的没有做过停留。地神为了考验艾嘎姆，她就化成一位老太婆走在路上，她装出很累的样子。艾嘎姆举着火把走在路上，他赶上了这位举着火把正在赶路的老太婆，看到老太婆又老又辛苦的样子，他感到很可怜，他就问老太婆这样说："大妈呀大妈，你年纪这么大了，而且天上没有太阳，你还要去哪里呀？"

老太婆回答艾嘎姆说："我年纪虽然大了，但是我知道太阳在什么地方，所以我现在正在去找太阳。"艾嘎姆听了老太婆说的话，他心里感到很高兴，他就对老太婆说："你年纪大了，你把太阳在什么地方告诉我，我去帮我们找太阳，你老人家也就不用辛苦了。"

老太婆听了艾嘎姆说的话，果然同意留下来，但是她给艾嘎姆指了一个错误的方向。艾嘎姆认为老太婆说的是真话，他就顺着老太婆指的方向走了。

过了几天不见太阳升起来，我们的始祖达佤又把二儿子尼那姆叫来，他焦急地对二儿子说："尼那姆，你的大哥去了这么久，不知道他现在怎么样了。到现在太阳还没有出来，你也该上路去找太阳和你的哥哥了。记住，一直向太阳下山的方向去找太阳，路上千万不要停留,哪怕遇到什么事都不要停留。"尼那姆一句话不说,他点上火把就上路了。尼那姆不辞辛苦翻了一座又一座大山,他依然不畏艰辛渡过了一条又一条大河,他仍然没有停留下来。地神为了考验尼那姆,她又化成一位老太婆走在路上。尼那姆看见一位老太婆走在前面,而且她又老又辛苦的样子,尼那姆就对她说:"老人家,你年纪这么大了,而且天上又没有太阳,你还要去哪儿?"老太婆回答尼那姆说:"我年纪虽然大了,但是我知道太阳在什么地方,所以我现在准备去把太阳找回来。"

尼那姆听了老太婆说的话,他心里感到很高兴,就对老太婆说:"你年纪大了,你能把太阳在什么地方告诉我吗?我去帮我们找太阳,你老人家就不必辛苦了。"

老太婆果然同意留下来,她给尼那姆指了一个错误的方向。尼那姆认为她指的方向不对,想着可能是天黑她把方向搞错了,所以他嘴上答应了老太婆,但仍然继续向太阳落山的方向赶他的路。走了很久,尼那姆突然发现前面有火光,而且还传来一个姑娘的哭声。尼那姆走了过去,一个美丽得像花一样的姑娘正在草棚里哭泣。尼那姆见了就问姑娘说:"姑娘呀,你怎么一个人在这里哭泣,是不是发生了什么事情?"

姑娘见到有人来,她高兴地把尼那姆拉到身边坐下来对他说:"我的族人全部都向太阳下山的方向去找太阳了,他们怕我走不动,所以把我一个人留在了这里。大哥哥,我一个人实在太害怕,所以我才哭了起来。你来了,我实在太高兴了,你就留下来陪我好吗?"尼那姆听了回答说:"不行呀,我还要去找太阳、还有我大哥,没有了太阳我们就活不下去了。"

姑娘拉着尼那姆的手又哭着说:"我一个人在这里实在太害怕,你就留下来陪我吧。只要你愿意留下来,我愿意马上成为你的妻子。而且那么多的人在你前面已经去找太阳了,你还没有走到太阳停留的地方,别人就已经把太阳放回到天上了。"

尼那姆认为姑娘说的有道理,而且姑娘长得也实在太漂亮了,所以他还是同意留下来。其实这个姑娘也是地神变的,她这么做还是为了进一步考验尼那姆,想不到尼那姆还是经不起考验失败了。

由于尼那姆同意留下来,地神就把尼那姆带进一个大森林里,然后把他一个人扔在大森林里了。

尼那姆走了几天,太阳仍然没有升起来,我们尊敬的达佤又把三儿子萨姆惹叫来,他伤心地对他的三儿子说:"萨姆惹,你的两个哥哥去了这么久,但是太阳还是没有升起来,不知道他们现在怎么样了。我是首领,去找太阳应该是我的责任,但是我已经老了。找不到太阳我们都将无法生存,而且你也有了自己的后代,那么寻找阳和你的两个哥哥就交给你了。记住,向太阳落山的方向去找,路上千万不要停留,哪怕遇到什么事情,也不能够停留下来。"

萨姆惹对父亲说:"阿爸,您放心好了。找不到太阳,我永远不会回来见您。"

萨姆惹说完点起火把就上路了。不知道翻了多少座大山,不知道渡了多少条大河,他一次都没有回过头,一下都没有停留地向前赶路。地神为了考验萨姆惹,又变成一位老太婆走在路上。萨姆惹见她又老又辛苦,就对她说:"老人家,您老年纪这么大了,而且天上没有太阳,路也不好走,您还要去哪儿呀?"

老太婆回答萨姆惹说:"我年纪是大了,但是只有我知道太阳在什么地方。那么多的人去找太阳,他们仍然没有找到,所以我还是亲自去才行。"

萨姆惹听了对老太婆说:"我年纪轻,您告诉我太阳在什么地方,我去把太阳找回来就行了。您年纪大了,您就不用去了。"

老太婆给萨姆惹指了一个错误的方向,萨姆惹认为方向不对,于是他安慰了老太婆几句,叫她留下来就走了。又走了很久,萨姆惹突然发现前面有火光,而且还传来一个姑娘的哭声。萨姆惹走过去,发现一个草棚里有一位如花似玉的姑娘正在哭泣。看到有人来,姑娘高兴地把萨姆惹拉到身边坐下来说:"你来得实在太好了,我的族人全部都向太阳下山的方向去找太阳了。他们担心我走不动,所以把我一个人留在了这里。我一个人在这里实在太害怕了,你留下来陪我好吗?"

萨姆惹回答说:"不可能,我不可能留下来陪你。找不到太阳我们都将活不下去,所以我无论如何也不会留下来。"

姑娘又说:"只要你愿意留下来,我愿意马上成为你的妻子。而且已经有成千上万的人去找太阳了,你还没有走到太阳藏身的地方,别人就已经把太阳放回到天上了。你又何必白白地辛苦呢?"

萨姆惹回答姑娘说:"虽然有成千上万的人去找太阳,谁知道他们路上会遭到什么事情。就算他们遇不到什么事情,他们也不一定能够找到太阳在什么地方,所以我必须继续走,一直到太阳升上天为止。"

萨姆惹说完离开了姑娘又继续上路,姑娘本来是地神变的,见到萨姆惹这样,她终于满意地点了点头。不过她仍然不放心,还要继续来考验萨姆惹是不是一个坚强的人。萨姆惹又走了很久,不知经历了多少苦难,经历了多少艰险,萨姆惹终于走到一座高山顶上,他望见前面大山的山腰上正放射出无数的光束。

这时候地神又变成一位白发苍苍的老人坐在山顶上,萨姆惹走过去问老人说:"老人家,我可以问您吗?请问前面山腰上发光的是什么?您为什么要坐在这里?" 老人忧心忡忡地对萨姆惹说:"年轻人呀,难道你还不知道吗?前面山腰上正在发光的正是太阳呀。听说地神因为不高兴,所以把太阳藏进了那个山洞里,而且还让一条巨蟒守在山洞口,不让任何人把太阳放出来。到现在为止,已经有多少人试图打开山洞把太阳放出来,因为他们斗不过巨蟒,结果都被巨蟒吞进了肚子里。年轻人做不到的事情,我一个老人怎么做得到呢?不过我在这里等着,是因为我知道战胜巨蟒的办法,我等待着一个坚强的人能照着我说的去做。"

萨姆惹听了,就对老人说:"老人家呀,只要能把太阳放出来,只要众生能够得到阳光的普照,哪怕经历千辛万苦,甚至付出生命的代价,我也要把太阳从山洞里放出来。那么请您告诉我战胜巨蟒的办法吧,我一定会照着您说的去做。"

老人指着山顶上一棵很高很高的大树对萨姆惹说:"要战胜巨蟒,除非你有一把宝刀,但是这把刀就在这棵大树的树顶上。只要能把大树上的宝刀拿下来,你就可以战胜巨蟒,然后才能打开山洞把太阳放出来。"

萨姆惹听了二话不说来到大树旁边,他才发现大树要十几个人才抱得过来，而且树高得几乎顶着了天。树都抱不过来，要爬上树去取宝刀是不可能的。那么要取下宝刀，唯一的办法就只有砍树了。那时候人世间根本还没有什么铁刀，人们背的刀子只不过是用老竹子做的。萨姆惹想了想，拔出竹刀就砍，他的竹刀砍断了，大树也才砍开了一道小口子。萨姆惹找来坚硬的石头又砸，不知道他砸碎了多少石头，可大树也才砸开了一道小口子。萨姆惹的右手砸累了他就用左手砸，他的左手砸破了他就用右手砸。一直到两只手砸肿了砸不动了，萨姆惹就用牙齿啃。他啃呀啃，牙齿啃落了几颗他仍然不罢休。这时候，老人来到萨姆惹的身边对萨姆惹说："爬上树是不可能的，除非有一把很高很高的梯子。砍倒树也是不可能的，除非有很多很多的人。你明明知道自己做不到，你为什么还这么做呢？"

萨姆惹听了回答说："没有了太阳，我们都不可能生存。为了寻找太阳，除了我，我的后面还会有别人的。任何一个人都不可能砍倒这棵树，要砍倒它只能靠很多的人，但是这些人不可能一下子一起到来。我既然先到了，我就尽我的力量去做我能做的事情，我的后面如果有人来了，只要大家接着去做，我们就有可能把大树砍倒，取到那把宝刀去战胜巨蟒，把太阳放回到天上去。"

地神听了心里非常的感动，所以她让宝刀自己从树上落了下来。宝刀就落在萨姆惹的身边，它"铛"地一声插进了土里。萨姆惹本来已经精疲力尽，见到宝刀他又精神振奋起来，他拔起宝刀就走。萨姆惹来到山洞边，巨蟒见到有人来就张开血盆大口想把萨姆吞进肚子里，萨姆惹挥起宝刀和巨蟒斗了起来。萨姆惹和巨蟒从地上斗到天上，又从天上斗到地上，他们斗得天昏地暗，地动山摇。最后巨蟒终于斗不过萨姆惹，它只有跑到别的山洞里躲起来了。这时候地神满意地让山洞自己打开，她让太阳又升起在天空里。她虽然对天神仍有陈见，但是她还是对天神说："这一批人类，哪怕是亲兄弟，虽然有一些是没有头脑的人，虽然也有经不起诱惑的人，但至少还有聪明坚强的人。那么就让他们继续生活在这个世界上吧。"

sok sidah ɲiapalok
寻找 药 长生不老药

kauh khain zuhluŋ samrai nɔh, meʔsizɔŋ dɯih ploi siŋaiʔ hauk dauʔ
来自 于 努力 萨姆惹 它 地神 重新 放 太阳 上 里
rauma. nin, siŋaiʔ dɯih lailin pian mɤŋ, kɔik dɯih tɔŋ pian hakteʔ.
天空 这样 太阳 又 来回 上面 世界 阳光 又 照射 之上 大地
kutɕʌkutɕɔŋ dɯih zau? kɔik, hɔik dɯih kbt ʔim ʔuik. khiʔ keʔ simʔuin kah
万物 又 见 阳光 已 重新 活 生 全部 月亮 和 星星 也
dɯih lih, dɯih sɔŋ ponbo. kutɕʌ hɔik dɯih mhom ŋe ʔuik, pui kah
又 出来 又 亮 夜晚 万物 已经 又 好 很 全部 人类 也
moh nan.
是 那

zauk samrai tiʔ dɯih hɔik, hɔik sɔŋ pui nɔh moh tɕaupo, pui
开始 萨姆惹 助词 返回 来 已经 算 人们 他 是 英雄 人们
kɯm keh nɔh lauʔ ŋe tiʔ, ʔaŋ lai zuh tittiʔ, kɔn tɔʔ nɔh ʔih pa nɔm
就 让 他 休息 仅 自己 不再 干 什么 还 给 他 吃 的 好
sivoi ku ŋaiʔ. taʔvaʔ pauh moi pauh peʔ rep samrai kah, kɔn moh tɕau
前面 每 天 达佤 杀 牛 杀 羊 迎接 萨姆惹 用 还 是 者
kok khuan nɔh loi ŋaiʔ, hɔik khaiʔ, kɯm tɔʔ nɔh plut tɕaukain moh tiʔ.
召唤 魂 他 三 天 到 后 就 给 他 继承 首领 是 自己

dɯih siŋaiʔ kɔi phau, taʔvaʔ mai kɔnprai? nɔh dɯih nɔm ʔot siʔu
重新 太阳 有 此时 达佤 和 子孙 他 又 舒服 在 温暖
kɔi tau. dauʔ mɤŋ kau siziɛʔ klai rip liŋ num, pliʔ khauʔ ku ŋaiʔ,
有 一起 里 门 高 西爷 绿草 整 年 结果 树 每 天
hɔik to thɔn to grum kutɕʌ kah. pe hot niɛʔ kusidaɯih hɔik moh
已经 都 齐 都 全 万物 于 连 旁边 家 四处 已经 是
pliʔ ku tɕʌ, moʔ saŋ pheʔ tɕa zauk ŋe taiʔ tiʔ kah hɔik kah. prauk
果子 各 种 谁 想 吃 只要 抬起 仅 手 自己 也 够着 于 外围
zauŋ, hauh totiaktotu, moʔ saŋ geʔ tɕa lih ŋe khain zauŋ kau ŋa
村寨 多 飞禽走兽 谁 想 抓 只要 出去 仅 自 村寨 十 二十

diaŋ kah pon n.hup.ponŋop, pui tɕo koik ŋe; ponŋaiʔ,saŋ ʔih mɔʔ tiʔ
步 也 可以 捕到 早上 人们 晒 阳光 助词 白天 想 吃 谁 什么

tɕa taŋ hu tɯi nɔh;plakbo,hoik sak pui phau, pui kɯm klehlin;
只要 自己 去 拿 它 傍晚 已经 饱 人们 现在 人们 就 歌舞玩乐

ponbo, pui kɯm lau bɯm ʔah loʔ njiah tau prauk nɯ. hoik nɔm ʔot
晚上 人们 就 讲 故事 说话 笑 一起 周围 火 已经 舒服 在

pui ku kauʔ, ʔaŋ pui lai toŋ pa zɔm khaiŋ koi tiʔ kah piaŋ
人们 每个 不 人们 再 知道 的 好 比 有 自己 于 之上

hakteʔ.zam ʔan, ʔaŋ pui toŋ, tɕe kiʔ pui ku kauʔ saŋ zuhnin
世界 时候 那 没 人们 知道 认为 他们 人 每个 将 这样

lhauuhliŋdzau.
一生一世

　　taʔsizieʔ hoik zuh nɔh, khɯɯ ʔaŋ nɔh lai saŋ keh kɔnpui nauk piaŋ mɯŋ
　　天神 已经 做 它 因为 不 他 再 想 让 人类 满 之上 世界

ʔɔm sivoi ʔin,nɔh tɔm keh kutɕɤ koi keh kah koi zum; keh pa khrauʔ
像 前面 这 他 就 让 万物 有 生 也 有 死 让 的 新

keh lih,keh pa prim zum hu;keh pa ʔaŋ koi lih tiʔ koi, keh pa hoik
生 出 让 的 老 死 去 让 的 没 有 出 助词 有 让 的 已

koi dɯih grai. lailoh tiʔ zuhnin. nɔh keh kutɕɯɯ lai ʔih lai du pauʔ
有 反而 消失 交换 助词 这样 他 让 万物 相互 吃 相互 依赖 伙伴

tiʔ. keh zum ʔaŋ lai pon tiʔ tɕoʔ, ʔaŋ pui lai pon tɕoʔ pa zuh
自己 生 死 不 再 能 助词 改变 不 人们 再 能 变 的 做

taʔsizieʔ, dauuh moh kɔʔ meʔsizoŋ kah ʔaŋ lai pon tɕoʔ. zuh kɔʔ nin, kah
天神 即便 是 即使 地神 也 不 再 能 改变 做 即使 这样 也

mhɔm, pui ku kauʔ zauʔ tiʔ ʔiak kah zauʔ tiʔ tiŋ; zauʔ tiʔ tiŋ kah
好 人 每个 可以 助词 小 也 可以 助词 大 能 助词 大 也

zauʔ tiʔ kuat.dzau ʔin kon koi rhɔm ʔeʔ kah tiʔ, tɔʔ kyt ʔeʔ tiʔ
能 助词 老 辈 这 还 有 心 我们 于 什么 如果 投胎 我们 自己

saʔ, ʔeʔ bk bauʔ dɯih sok.
以后 我们 就 又 重新 找

khɯɯ moh pa hoik zuh taʔsiziɛʔ, taʔ lauh taʔ lhauŋ ʔeʔ taʔvaʔ, kɔi
因为 是 的 已经 做 天神 祖先 伟大 祖先 高 我们 达佤 有
tiʔ ŋai? ʔit hot ŋu phat ʔaŋ lai tɕiʔ haiŋ. zam dʑauuh, pui tɕɛ moh
一 天 睡 旁边 火 接着 不再 能 苏醒 时候 开始 人们 以为 是
ʔaŋ ŋoh naŋ rhom kauh, hoik bokzam som, pui bauʔ zo ŋoh, ŋoh kah
未 他 尚 想 起来 已经 时间 吃饭 人们 又 叫 他 他 也
ʔaŋ tɕhuh. hoik kɔi mɛʔ ŋai? tiʔ, pui ʔaŋ tɔŋ kɯm moh dʑau tiʔ,
不 动 已经 有 多少 天 什么 人们 不 知道 究竟 是 由于 什么
pui kɯm pauuh moi krup krɔk kah, kuh krɔk tɕhok moik zuhkahmɔʔ
人们 就 杀 牛 祭拜 木鼓 用 敲 木鼓 问 姆依吉 为什么
taʔ ʔeʔ lai ʔaŋ tɕiʔ haiŋ. moik kɯm tɔʔ tɕamau? kah kiʔ ʔah nin:
祖先 我们 为何 不会 醒 姆依吉 就 送 梦 于 他们 说 这样
" taʔvaʔ hoik zum, ʔaŋ lai tɕiʔ haiŋ. moh ʔeʔ kɔn taʔsiziɛʔ keʔ
达佤 已经 死 不再 会 醒 是 我们 孩子 天神 和
mɛʔsizɔŋ ʔuik, pɛʔ kɯm dɯih tɔʔ ŋoh kah keʔ."
地神 全部 你们 就 退还 送 他 于 他俩

taʔvaʔ zum phau, hoik ziam pui kah ʔuik, khɯɯ moh ʔeʔ kɔn
达佤 死 现在 已经 哭 人们 于 全部 因为 是 我们 孩子
taʔvaʔ ʔuik, khɯɯ ʔaŋ ʔeʔ lai zauʔ ŋaibauh ŋoh, mhoŋ lɔʔ ŋɛ ŋoh
达佤 全部 因为 不 我们 再 见到 脸面 他 听 声音 讲话 他
saʔ. ziam pui mɛʔ ŋaiʔ mɔʔ, nɛh, hoik ʔuah kɔʔ ŋai pui kah ziam
以后 哭 人们 多少 天 多少 助词 已经 肿 甚至 眼 人们 于 哭
tiʔ. tɔʔ pui taʔvaʔ phau, ʔaŋ pui tɔŋ dɯu saŋ hu tɔʔ tiʔ ŋoh. pui
自己 送 人们 达佤 现在 不 人们 知道 处 要 去 送 自己 他 人们
kɯt lɔʔ moik, brɛ ʔah ŋoh moh ʔeʔ kɔn taʔsiziɛʔ keʔ mɛʔsizɔŋ, dɯih
想 话 姆依吉 既然 说 他 是 我们 孩子 天神 和 地神 退还
tɔʔ taʔvaʔ kah keʔ. piaŋ rauma ʔeʔ ʔaŋ tɛ pon hauk kah, tɛʔ ʔot ŋɛ
送 达佤 于 他俩 之上 天空 我们 不 哪 能 爬 了 大地 在 仪
grɯum tɕauŋ ʔeʔ, ʔeʔ kɯm tɔʔ taʔvaʔ kah mɛʔsizɔŋ, sipauŋ ŋoh dauʔ tɛʔ.
底下 脚 我们 我们 就 送 达佤 给 地神 埋葬 他 里面 土

khai? ?an, ?e? kɯɯm tɔ? puizum kah me?sizoŋ ?uik.
之后 那 我们 就 送 死人 给 地神 全部

khai? zum ta?va?, pui hoik vɔirhɔm ku kaɯɯ?. pui kɯt nin, kɯɯm saŋ
之后 死 达佤 人们 已经 伤心 各个 人们想 这样 难道 将

zum ?e? naŋ laih?khai? zum ?e? hu ?e? dɯɯmɔ??. zum kɯɯm saɯɯ?,kɯɯm
死 我们也 吗 之后 死 我们 去 我们 处何 死 是否 痛 究竟

mɔh ?ah pɔ? kah mɔ??hɔik khai?, pui bau? zum, pui zau? nɔh ne hauh
是 说 助词 于 谁 到 后 人们 又 死 人 看到 它 更多

rhɔm kɤt kah. ki? kɯɯm pauuh mɔi ghauk krɔk,kuh krɔk tɕhɔk mɔik kah
心 想 于 他们 就 杀 牛 宴请 木鼓 敲 木鼓 问 姆依吉 于

tɕi? pui ti? ?aŋ zum. mɔik kɯɯm tɔ? tɕamau? ?ah:"kauh ?e? khaiŋ
会 人们 助词 不 死 姆依吉 就 给 梦 说 从 我们 自

dɯ mɔ?,?e? kah dɯih dɯ mɔ?. hɔik mai? tan, saŋ hu mai? plak mɔ?,
处 何 我们也 返回 处何 到 你 那里 要 去 你 方向 何

ki? koi krai mai? mhɔŋ.?in saŋ gaik kɯɯm mɔh mai? pui ti? zam
他们 慢慢 告诉 你 听 这 要看 究竟 是 你 人们 什么时

koi ti?. pui mhɔm kɔn dɯih mɔh pui pɔt; pui ?aŋ mhɔm mɔh mɔi mɔh
有 自己 人 好 还 又 是 人 照样 人 不 好 是 牛 是

bruŋ sa?, pui kɯɯm pauuh,pui kɯɯm bruk.mɔ? saŋ ?aŋ tɕi? zum,
马 以后 人们 就 杀 人们 就 骑 谁 想 不 会 死

lutkhaiŋ zau? nɔh niapalɔk."
除非 找到 他 长生不老药

piaŋ mɤŋ kɯɯm mɔh koi ?aŋ koi sidah ?aŋ tɕi? zum,?in,?aŋ ?e? te
之上 世界 是否 是 有 没有 药 不会 死 这 不 我们 哪

tɔŋ; koi kɔ?, pui kah ?aŋ tɔŋ dɯ koi,?aŋ tɔŋ kah zuh riaŋ,kɯɯm mɔh
知道 有 即使 人们 也 不 知道 处 有 不 知道 于 成 样子 究竟 是

tɕɤ pati?. koi pui ti? kaɯɯ? tɕamau? ta?kuat ti? kaɯɯ? ?ah nin kah ti?:
东西 什么 有 人 一个 梦到 老人 一个 说 这样 对自己

"niapalɔk koi,mɔh ?aŋ pui tɕi? zau? ku kaɯɯ?,khɯ ?ɔt nɔh dɯ ?it
长生不老药 有 是 不 人们 能 看到 每个 因为 在 它 处 睡

siŋai? ku sɔm, khɯɯ kuah ŋoh dɯɯ kauh siŋai? ku ŋɔp."
太阳 每 晚上 因为 长 它 处 起床 太阳 每 早上

    lih tɕamau? ʔin phau, pui kʏt ŋoh moh moik pa krai ʔe? mhoŋ
    出 梦 这现在 人们 想 它 是 姆依吉 助词 告诉 我们 听
dɯɯ ʔɔt ɲiapabk, mhaiŋ ʔe? hɯ sok tiʔ tɯɯi. pui pho ŋoh tauɯ ʔah:
处 在 长生不老药 叫 我们 去 找 助词 取 人们 谈论 它 一起 说
"ʑam kdɔt ʔe? phe? kin nɔm ʑuhnin, keh ʔe? ʔaŋ tɕhi? ʑum, ŋoh saŋ
时候 活 我们 怎么 很 好 这样 如果 我们 不 会 死 它 将
mhom pɔ? ʑuhkahmɔ?.daɯuh moh kɔ? tɕamau?, ɲiapabk daɯuh ʔaŋ koi
好 助词 怎么样 不管 是 即使 梦 长生不老药 即便 没 有
kɔ?, kho ʔe? tiʔ tɕa hɯ sok tiʔ vhahrhom.ʑauʔ ʔe? ŋoh, ʔe?
即使 应该 我们 助词 还是 去 找 助词 甘心 找到 我们 它 我们
tɕaŋ laŋ dɯɯ tauɯ; keh ʔaŋ koi, ʔe? kah vhahrhom khai?,ʔaŋ lai hauh
就 长 寿 一起 如果 没 有 我们 也 甘心 之后 不再 多
rhom kʏt."
心 思

    pui tɕu tiʔ hɯ sok ɲiapabk khomʔɯik, kiʔ dɯɯih nɯrhom kah,
    人们 同意 助词 去 找 长生不老药 全部 他们 又 为难 于
khɯɯ ʔaŋ mɔ? tiʔ te sa? ʑauʔ dɯɯ ʔit siŋai?,kah ʔaŋ sa? ʑauʔ ku ʔit
因为 没 谁 什么 哪 曾 见到 处 睡 太阳 也 未 曾 见到 床 睡
siŋai?. keh ʔe? saŋ hɯ sok dɯɯ ʔit siŋai?, ʔe? kho tiʔ hɔt ŋoh, kra?
太阳 如果 我们 要 去 找 处 睡 太阳 我们 应该 助词 跟着 它 路
tɯɯ re? siŋai?,ʔɔm phɯɯt ʔe? tɕʏ pa to voi tiʔ nan; keh ʔe? hɯ
一定 更 远 像 追逐 我们 东西 的 跑 前面 自己 那样 如果 我们 去
plak lih siŋai?,kra? kho tiʔ re? de?,ʔɔm hɯ rep ʔe? tɕʏ pa hɯ kah
方向 出来 太阳 路 应该 助词 更 近 像 去 接 我们 东西 的 走向
ʔe? nan.kah ghoik,pui hɯn ʔah hɯ plak lih siŋai?,moh pui plak ʔiak
我们 那样 于 最后 人 多 说 大 方向 出来 太阳 是 人 方向 少
pa khin tiʔ hɯ plak glip siŋai?.
的 偏要 助词 去 方向 落下 太阳

128　佤语话语材料集

saŋ hu pui sok niapabk, hoik gauɯʔhɔm pui kah ku kauɯʔ,
要 去 人们 寻找 长生不老药 已经 高兴 人们 于 每个
khɔm kuat khɔm nɔm, hoik me pui ti? hu ku kauɯʔ.khɯ siŋai kra?,
包括 老人 包括 小孩 已经 希望 人们 助词 去 每个 因为 远路
pui kɯm prah kuat mai kɔnn.ɔt kah nie?,pui tɕɔŋ khai? ʔuik, khɔm
人们 就 留下 老人 和 小孩 在 于 家人 强 之后 全部 包括
bun khɔm sime? hoik hu pui ʔuik. ʔaŋ ʔe? saŋ keh pui tɕhau? ti?
女人 包括 男人 已经 去 人们 全部 不 我们 想 让 人们 太 助词
mau, khɯ kin nu kra? ti? hu, pui kɯm guah ti? koi loi tɕup.tɕup
疲劳 因为 很 难 路 助词 去 人们 就 分 自己 有 三 批 批
dzauih hu ŋai?,tɕup ti? ra hu ponsa?,tɕup ti? loi hu sigau?.tɕup dzauih
开始 去 今天 批 第二 去 明天 批 第三 去 后天 批 开始
hu ti? ŋai? lau? ti? ti? ŋai?, krɔ? tɕup plakkhai? hoik,hoik tɕup plakkhai?
去 一天 休息 自己 一天 等候 批 后面 到 到 批 后面
ki? kɯm tauik hu,tɕup plakkhai? kɯm duih lau? ti? krɔ? tɕup kah
他们 就 才 走 批 后面 就 反而 休息 自己 等候 批 于
ghoik. nin, ki? ʔaŋ siŋai khaiŋ pau? ti?, hu ti? ŋai? lau? ti? ti? ŋai?,
最后 这样 他们 没 远 自 伙伴 自己 走 一天 休息 自己 一天
ʔaŋ lai tauik kah.lhat ki? ti? lut kra? kah duih ti? sa?, tum ki?
不 再 累 于 怕 他们 自己 弄错 路 于 返回 自己 以后 到 他们
ti? dauih, ki? kɯm dyh pui ʔot tan ra loi nie?.
一 处 他们 就 留下 人 在 那里 二 三 家

hoik hu pui meʔglaŋ mɔ? neh, hoik kin kha pui ti?, pui kɯm
已经 去 人们 多久 多少 助词 已经 很 折磨 人们 自己 人们 就
hoik hɔt rɔm tiŋ ti? mu,rɔm tit ʔaŋ pui tɕi? zau? prauk. zau? pui
到 旁边 水 大 一 个 水 那 不 人们 能 看到 边 见到 人们
siŋai? ʔɔm pa kauh khaiŋ dauɯh rɔm nan, ki? kɯm kyt ku ʔit siŋai? ʔot
太阳 像 的 来自 于 里 水 那样 他们 就 想 床 睡 太阳 在
tɔi rɔm.pui tɔm kit ʔo? hoik meʔmau, zuh pram kah meʔdiŋ mɔ?
另一边 水 人们 就 砍 竹子 来 很多 做 竹排 用 多少 多少

ngeh, haik noh hu plak lih singai?.ponngai? ki? pon hu kau diaŋ,ponsǫm
助词 划 它 去 方向 出来 太阳   白天 他们 能 去 十 步 晚上
bhauŋ duɯih piau ki? duɯih khai? ti? dim diaŋ. khǫm moh nan, pui kah
风   又   吹 他们 退回 后 自己 九 步   即使 是 那样 人们 也
lailoh ti? zuhluŋ haik,?an lai nau? ti?. zauk bhauŋ tiŋ ti? hoik, kauh
轮流 助词 努力   划 没 再 停止 助词 动身 风 大 助词 来 起来
siniakrǫm taih pui hu,pram pupliak ti?, hoik zum pui me?diŋ mo? ngeh,
 浪   冲 人们 走 竹排 翻   助词 已经 死 人   多少 多少 助词
tca moh pui kǫn kbt kah kǫn zuhluŋ ti? haik.
只要 是 人 还 活 也 还 努力 助词 划

　　hoik haik pui noh me? ŋai? me? sǫm mo?, hoik zum pui me?diŋ
　　已经 划 人们 它 多少 天 多少 晚 多少 已经 死 人 多少
me?glhauŋ mo?, pui kuum zau? po? gǫŋ ti? mu,sinai? ruk dziat lih khain
 多高   多少 人们 就 看见 助词 山 一 座 太阳 果真 正好 出 自
pian gǫŋ ?an. hoik zau? pui gǫŋ ?an, ?uik ?an pui te tci? de?. bau?
之上 山 那 已经 见到 人们 山 那 真 不 人们 哪 能 靠近 又
pui haik me? ŋai? mo? ngeh, ki? kuum tauk pon tum tcauŋ gǫŋ ?an.
人们 划 多少 天 多少 助词 他们 就 才 能 到 脚 山 那
duɯ ?an ku tcy kah koi kah,koi khau??o?nipriam, koi totiaktotu, moh ?an
处 那 各 样 也 有 于 有 树木花草   有 飞禽走兽 是 没
ki? zau? khai? pui kah.saŋ khre pui ti? saŋ hu plak voi ti?,
他们 见到 痕迹 人们 于 想 准备 人们 助词 要 走 方向 前 自己
ta?sizie? kuum lih pian gǫŋ,lhauŋ ŋe ta?sizie?, hoik tuɯih kah rauma.
天神   就 出现 之上 山 高   助词 天神 已经 碰 于 天
ta?sizie? kuum ?ah nin:" kǫn lauh kǫn vau ?y?,ŋho? koi pa moh
天神   就 说 这样 孩子 能干 孩子 勇敢 我 稻谷 小米 的 是
sidah laŋ dau,hoik dok to? ?y? noh kah pe? di?. keh pe? tca nian
药 长 寿 已经 早 给 我 它 于 你们 过去 如果 你们 只要 勤劳
liŋdau, lai go pau? ti?, pe? zau? ti? moh pui liŋphan. ?iŋ pe?
一生 相互 帮助 伙伴 自己 你们 可以 助词 是 人 永世 回去 你们

hɣi, dɯih ʔiŋ dɯ kauh pɛʔ, dɯih kah dɯ kau ʔɣʔ peʔ ʔot."
助词 重新 回去 处 来自 你们 返回 于 处 建 我 你们 在
　　hoik ʔah taʔsizieʔ nin grai ŋe, khom nan, loʔ ʔah noh, pui dohrhom
　　已 说 天神 这样 消失 助词 即使 那样 话 说 他 人们 醒悟
kah tiʔ taiʔ ŋe. pui kɯm saɯrian tiʔ sum nhoʔ koi, khrom preʔ pauʔ
于 一 下 仅 人们 就 努力 助词 种 稻谷 小米 集中 爱护 伙伴
tiʔ. zam dɯih pui ʔiŋ khain tan, prenan ra kauʔ muih hakteʔ
自己 时 返回 人们 回去 自 那里 兄妹、姐弟 两 个 喜欢 地方
ʔan, keʔ kɯm hak pui tiʔblah ʔot tan, ʔaŋ lai ʔiŋ. loʔ ʔah pui, mhain
那 他俩 就 邀约 人 一些 居住 那里 不再 回去 话 讲 人们 说
kiʔ ʔot pot tan, tom sinaiʔ, konpraiʔ kiʔ kah kon ʔot tan.
他们 在 照样 那里 到 今天 后代 他们 也 还 居住 那里

寻找长生不老药

　　说到萨姆惹经受了地神的考验以后，通过他不屈不挠的努力，地神终于被感动把太阳放回到天上了。就这样，一轮火球重新又升起在宇宙间，光明又回到了大地上。世间万物重新又沐浴着太阳的光和热，大地上很快又恢复一派生机。就说那星星和月亮，它们也都回来了，它们又像以往一样在夜间为夜行者照明。一切又都恢复了正常，笑容又回到了人们的脸上。

　　萨姆惹一回来，人们把他当成了英雄，人们让他从此一辈子休息不再劳作，而且把最好吃的东西先敬献给他。我们的始祖达佤还杀牛杀羊为萨姆惹接风洗尘，并亲自为他招魂三天，后来还让他继承了大首领之位。

　　太阳重新回到天上以后，达佤和他的子孙在门高西爷一直过着快乐无忧的生活。在那里四季如春，物产丰富，应有尽有。寨子旁边到处是香甜的瓜果，谁想吃伸手摘几个就行了。寨子外面，到处是飞禽走兽，谁想要它们出去几步就可以牵回来几头。早上，人们在空地上清闲地沐浴着阳光。白天，人们一起去准备他们爱吃的食物。黄昏，吃饱喝足的人们尽情地欢歌载舞。到了夜晚，他们成群

地围在篝火边欢声笑语讲故事。每个人都感到这样活着是多么的幸福，他们都认为人活着比什么都好。这个时候谁都没有想到一件事情，他们都认为自己将会永远地这样过下去，直到永远永远。

但是天神早就已经作了安排，他不想让人类又像前两次一样很快就挤满了世界。他让一切生命都有一个不断轮回的过程，他让新的生、老的死，让没有的生、新的老，不断地轮回。而且他还让所有的生命都相互依存。生命的轮回是无法改变的了，谁都不可能改变天神的安排，就连地神也不能够改变。其实有一个轮回也好，这样每个人都可以经历一下从小到大、从大到老的生命历程。就算今生有一个什么遗憾，来生我们就会尽可能地去补偿。

正因为天神有了安排，我们最尊敬的人，也就是我们的始祖达佤，有一天夜晚在火塘旁边睡觉以后就再也没有醒过来。开始的时候，人们还认为是达佤想睡觉不愿起来，可是到了吃饭的时候，人们再怎么叫他他也不会醒过来。几天过去了，人们不知道是怎么回事，他们就杀牛用牛血祭木鼓，用牛肉祭姆依吉，并问姆依吉，达佤为什么不会醒过来。姆依吉终于托梦给他们，告诉他们说："达佤已经死了，他再也不会醒过来了。我们都是天神和地神的孩子，你们就把他送回到他们那儿去吧。"

达佤死了，所有人都扑在地上痛哭不止，因为他们都是达佤的亲人，因为他们再也看不见听不到他唱歌跳舞讲故事了。人们哭了好几天，每个人的眼睛都哭肿了。送达佤的时候，人们不知道要把他送到哪里去。他们分析了姆依吉的话，既然他说我们都是天神和地神的孩子，把达佤送到他们那儿去。天上我们上不去，大地就在我们脚下，所以他们就把达佤埋进了土里。从那以后，我们都是把死人埋进土里，一直到今天。

达佤死了以后，所有人就不再像以往那么开心了。每个人都在考虑，他们是不是也会死去，人死去以后又会到什么地方去，死是一个什么样的感觉。后来又有人死去，人们见了更加担忧起来。他们又杀牛用牛血祭木鼓，用牛肉祭姆依吉，然后敲起木鼓问姆依吉人是不是可以不死。姆依吉神托梦对他们说："每个人都将回到天神和地神的身边去。到了那里，你何去何从他们自有安排，这就要看你在世的时候是一个什么样的人。好人来生照样还可以做人，坏人来生只能变牛马，任人骑，任人杀。要想长生不会死，除非世界上真的有"尼牙布落"（傣语，意为长生不老药，后面用"长生不老药"）。世上有没有长生不老药人们不知道，就算有，人们也不知道它在哪儿，它是一个什么样子，是一个什么东西。后来有人梦见有一位老人对他说："世上真的有长生不老药，但一般的人都不能找到，因为长生不老药就在太阳每天睡觉的地方，在太阳每天起床的地方。"

这个梦说出来以后，人们都认为肯定是姆依吉神在告诉我们长生不老药在什么地方，并要我们去取回来。最后人们在一起商量说："活着这么幸福这么美好，如果我们能够永远生活在一起该多好。不管是不是梦，不管长生不老药是不是真的有，我们还是应该去找一找。找到了，我们就可以一起不老长生；如果没有，至少我们也死下心来以后不再胡思乱想。"

所有人都赞同派人去找长生不老药，但是他们开始为难起来，因为没有人见过太阳每天在什么地方睡觉，也不知道太阳每天在什么地方起床。如果要去找太阳每天睡觉的地方，他们就应该向西跟着太阳走。如果要去找太阳每天起床的地方，他们就应该向东去迎接太阳。但是他们认为，如果去追太阳，路就会更远，就像我们去追赶前面跑的东西很难追到一样。如果去迎接太阳，路就会更近一些，就像我们相互迎面跑来会更快一样。最后他们还是决定向东去找太阳每天起床的地方，只有极少数的人坚持要向西跟着太阳去找太阳每天睡觉的地方。

人们要去找长生不老药，所有人心里都感到很激动。不管男女老幼，每个人都希望着自己也能够去。由于路途遥远，最后他们把老人和小孩留了下来，而所有的青壮年人，不管男女全部都去找长生不老药。为了不让大家太辛苦，也为了对付路上可能会发生的一切麻烦，人们分成三个队。第一队第一天出发，第二队第二天出发，第三队第三天才离开寨子。第一队走了一天就住下来，他们休息一天等第二队的到来。第二队到来以后第一队又出发，第二队又开始等第三队的到来。这样人们也就相距得不会太远，而且走一天休息一天也就不会太辛苦了。为了回来的时候不迷路，每走到一个地方，他们就留下一两家人守在那里。　　不知走了多少天，不知经历了多少风雨，人们终于来到了一个很大很大的水边，水大得看不到它的另一边，而且人们看见太阳正是从水里升起来的，所以他们认为太阳每天起床的地方肯定就是在水的另一边。人们砍来了很多很多的竹子做起竹排来，然后他们乘着竹排向太阳升起的地方划去。他们白天向前划进了十步，夜里风又把他们吹回来九步，但是他们仍然还是不停地划，不停地前进。有时候风浪来了，有人被大浪卷走了，甚至竹排也被卷走了，所以死了很多的人。而活着的人仍不断地集中在一起继续前进。

不知道他们划了多少个日夜，也不知道死了多少人，人们终于望见前面有一片陆地，太阳正是从那个地方冉冉升起来。眼看陆地就在前面，可人们还是一下子无法靠近它。不知道他们又划了多少天，他们才终于登上了那片陆地。那片陆地上应有尽有，有树木花草，也有飞禽走兽，可就是找不到任何人烟。正当人们准备继续前进的时候，天神突然出现在他们前面的山顶上，他高大得头都顶着了天。天神大声对人们说："勇敢的人们，五谷就是长生不老药，长生不老药其实就在你们的身边。只要你一生为善一生勤劳，只要你随时去帮助别人，你永世都可以做人。你们回去吧，回到我为你们创造的家园，回到门高西爷去吧。"

天神说完就不见了，但是他给人们指点了迷津，人们终于醒悟过来，所以从此更加辛勤地劳作栽种五谷，团结互助。离开那片陆地的时候，有一对亲兄妹舍不得那里无限的风光，他们约下几个人留在了那里。据说那些人在那里生了很多的孩子，他们的后代永世都住在了那个地方。

第三章　佤语熟语[1]

1. ʔak puiŋ le, te vɛʔ dʑhɯt (？dʑɯp).
   弩　射　鹦鹉　箭　带　镞
   　　射鹦鹉的弩，带镞的箭。意为很厉害的弩和箭。
2. ʔak tɯ lɔm kah lai, sinɔ tɯ hai kah vhi.
   弩　总是　锋利　对于　松鼠　小伙子　总是　厉害　对于　串门
   　　弩对于松鼠总是锋利的，小伙子对串门总是使劲的。串门：找小姑娘玩。
3. ʔak lɔm kah lai, pui hai kah klɛh.
   弩　锋利　于　松鼠　人　厉害　于　玩耍
   　　在射松鼠方面锋利的弩，在开玩笑方面厉害的人。后一句也可译为：在玩耍方面很起劲的人。
4. ʔak lɔm kah lai, mɔi hai kah tɯt.
   弩　锋利　于　松鼠　黄牛　狠　于　顶
   　　善射之弩，好斗之牛。
5. ʔak lɔm kah le, mɔi he mai tɯt.
   弩　锋利　于　鹦鹉　黄牛　欢　与　号角
   　　弩见鹦鹉欲射，牛闻号角则欢。(？利鹦鹉之弩，好号角之牛。)
6. ʔakʔoʔ pon sivai, mɛʔmai pon sinɔ.
   竹弩　猎得　虎、豹　寡妇　嫁得　小伙子
   　　竹弩猎得豹子，寡妇嫁得小伙子。(或：猎得豹子的竹弩，嫁得小伙子的寡妇。？) 意为运气好。
7. ʔak zɛ bɛ, te zɛ tɕhat.
   弩　易　走火　箭　易　射出 (？偏)
   　　易走火的弩，易放塌的箭 (？易射偏的箭)。常用来比喻男子情不自禁地跟妇女发生不正当性关系。

---

[1] 本部分内容选自：王敬骝等 搜集整理. 佤语熟语汇释[Z]. 云南民族出版社，1992. 本书选用到此时，对某些部分作了调整与标记。

8. ʔah ɟɛ dɔt, lɔt ɟɛ ŋɔiŋ.
   说　只　短　拔　只　　短
   　说短的，拔短的。(？说得妙，拔得巧。) 意：说短话，开短会。
9. ʔah pui naiŋ, ʔeʔ sum ɲieʔ; ʔah pui brɛʔ, ʔeʔ huma.
   说　人家　械斗　咱们　盖　房子　说　人家　偷　咱们　下地
   　人家说斗咱盖屋，人家说偷咱下地。意：人家打人家的主意，咱们干咱们的活。
10. ʔah pui sɯ, ʔeʔ zuh kaiŋ; hu pui naiŋ, ʔeʔ tɕiak
    　说　人家　纠纷　咱们　干　活　去　人家　械斗　咱们　挖
    ma.
    地
    　　人家闹事咱干活，人家械斗咱挖地。
11. ʔah pui "ʔɯ" mai pui "ʔɔ, ʔah pui "pɔ" mai pui lhak.
    　说　人　嗯　与　人　傻　说　人　别　与　人　聪明
    　　傻瓜面前说声"嗯"，聪明人面前别说话。(？傻瓜面前要说"嗯"，聪明人面前要说"不"。)
12. ʔah hɔʔ patiʔ kah ʔian, ʔah mian patiʔ kah tɕum.
    　说　汉族　什么　于　绿豆　说　拉祜族　什么　于　黄豆
    　　绿豆汉人怎么说，黄豆拉祜族怎么称。盘歌用语，意：你会说汉语、拉祜语吗？
13. ʔah ʔiap ʔaŋ ʔah taiŋ, ʔah rheiŋ　ʔaŋ ʔah dia.
    　说　篾盒　不　说　编　说　相好 (？娶) 不　说　并、姘
    　　只说篾盒不说编，只说相好不说连。意为并非真心相爱。
14. ʔah lɔʔ hɔʔ tɕiantɕian, ʔah lɔʔ mian thekthek.
    　说　话　汉族　款款有致　说　话　拉祜语　滔滔不绝
    　　说汉话款款有致，说拉祜话滔滔不绝。形容聪明能干，而且善于交际。
15. ʔah daɯʔ ŋu kah saŋ ŋom, ʔah daɯʔ rom kah saŋ
    　说　于…中　火　也　想　坐　说　于…中　水　也　想
    tiaŋ.
    跨

就是火里也要坐，就是水中也要跨。意：赴汤蹈火。

16. ʔah sɯ mai ŋɔn, prɔn loʔ mai khlɛp.
    说 事、纠纷 与 膝 判 话 与 肩胛

    膝盖上调解，肩胛边谈判。多指男女相爱时就有关结婚事宜进行磋商，有时也指朋友间促膝谈心。

17. ʔai mʏŋkraŋ, ni kaŋnhʏ.
    长子 勐格让（部落名） 次子 大刚奈（部落名）

    勐格让是老大，大刚奈是老二。勐格让和大刚奈是傣语词，指佤族历史上最有势力的部落：大蛮海部落和永丁部落。

18. ʔah lɔk ʔah tiʔ lai, mhai lɔk mhai tiʔ
    念 像 念 反身代词 书 做记号 像 做记号 反身代词
    ma.
    庄稼地

    像念书一样念它，像号地一样把它号下。意：认真对待。

19. ʔaŋ plauɯŋ ʔoʔ lai koi pui tɕun, ʔaŋ bunkrih lai
    没 芽、笋 竹 再 有 人 挖（？戳）不 小姑娘 再
    koi pui vhi.
    有 人 串玩

    再也没有竹笋可以给人挖，再也没有姑娘可以给人串。或：竹笋都已经挖光了，姑娘都已经嫁完了。

20. ʔaŋ pliʔ koi tɕiʔ tiŋ khaiŋ tɔmgoi, ʔaŋ pliʔ ghoʔ tɕiʔ
    不 果实 小米 会 大 于 豌豆 不 果实 稻谷 会
    koi pon tɔmʔia.
    有 一样（？与…一样大） 鸡蛋

    小米不会比豌豆大，谷粒不会像鸡蛋一样（？谷粒不会有鸡蛋般大）。意：浮夸之词听不得。

21. ʔaŋ pon taiŋ khaiŋ nɔh tiʔ klut, ʔaŋ pon lut
    不 能 织 离开（？于）他 一 段 不 能 错过
    khaiŋ nɔh tiʔ dian.
    离开（？于）他 一 步

    不能离开他织段布，不能离开他迈步路。一刻也离不开所爱的

人。

22. ʔaŋ pon kɛh pui ʥɔ, ʔaŋ pon pɔ pui naiŋ.
　　不　能　劝阻　人　狩猎　不　能　别　人　打仗
　　不能干涉别人狩猎，不能阻止别人砍头。（？不能干涉人们狩猎，不能阻止人们打仗。）

23. ʔaŋ pon tɕut kah kih tiʔ brɛ, ʔaŋ pon dɛ kah
　　不　能　缺乏　于　盐　一　餐　不　能　缺乏　于
khuŋ　　　tiʔ bo.
情哥（？阿哥）一　晚上
　　不能一餐无盐味，不能一晚缺情哥（？阿哥）。

24. ʔaŋ pon ʔot ʥau nu, ʔaŋ pon hu ʥau kluiŋ.
　　不　能　在　因为　滑　不　能　走　因为　肥
　　停不住是因为滑，走不动是因为胖。

25. ʔaŋ pon tɕhup kaiŋ kah sigian, ʔaŋ pon rian ŋok kah
　　不　能　罩　头　以　葫芦　不　能　防护　脖子　于
sivɛʔ (？luaʔ).
西瓦（？鲁阿人）
　　无法拿葫芦罩住头，无法在西瓦（？鲁阿人）面前护住脖子。意：不能保证生命的安全。西瓦（？鲁阿人）是佤族一个支系，过去盛行猎头祭社。

26. ʔaŋ pon vaik ʔak saŋ tɕha (？gloih), ʔaŋ pon kha
　　不　能　扳　弩　将　放　　　　不　能　熬
rhɔm saŋ ʔiŋ.
心　想　回
　　弩扳不住只得射，人熬不住只得回。（？无法扳回已放塌的弩，不能忍住已离去的心。）意：等不得，耐不住了。

27. ʔaŋ pon zauk mɔh moi, ʔaŋ pon loi mɔh diaŋ.
　　不　能　抬、举　如　斧子　个　能　传（？迈）成为　步子
　　不能举它如斧子，不能迈它成脚步。意：没力气，干不得、走不动了。

28. ʔaŋ pui pon klaiŋ vaik vɛh , ʔaŋ pui pon kɛh rhɔm
    不   人   能   磨   刀   宽   不   人   能   劝阻 心
muih .
爱

　　宽刀人们无法磨，爱情人们无法堵。

29. ʔaŋ pui lhat sivai laik lɔŋ , lhat ŋe pui sizoŋ toŋ
    不   人   怕   虎、豹 入   寨围 怕   只 人   龙   知道
kaɯʔ .
名字

　　不怕老虎进寨子，只怕龙王知道名字。迷信说法，认为龙王知道某人名字就会把这个人摄走。

30. ʔaŋ pui tɕiʔ sut mu koik piaŋ tɛʔ , ʔaŋ
    不   人   会   捡   个（?粒）阳光 于…之上 地   不
pui tɕiʔ sɔn mu lhɛʔ piaŋ ma .
人   会   算、数 滴 雨   于…之上 天

　　无人能捡地上阳光，无人会数天上雨滴。

31. ʔaŋ pui saʔ kin rɔm lhɛʔ , ʔaŋ pui saʔ prɛʔ kɔn pui .
    不   人   从来 接   水   雨   不   人   从来 收留 子女 人家

　　人们从来不接天上落下的雨水，人们从来不养别人的儿女。别人的儿女有两层含义：非丈夫所生，即私生子；外姓人，其他氏族的。外甥是父舅两姓共有的孩子，不属于别人的儿女。

32. ʔaŋ pui saʔ vhak baɯ kah paŋ pi , ʔaŋ pui
    不   人   从来 挂   背袋 于   蓬 水牛黄泡刺 不   人
saʔ vhi bun daɯʔ kraʔ .
从来 串   女人 于…中 路

　　人们从来不把背袋挂在水牛黄泡刺蓬上，人们从来不在路上串女人。串女人：和女人谈情说爱。

33. ʔaŋ pui saʔ ʔih ruih kah zaɯ , ʔaŋ pui saʔ
    不   人们 从来 要   税（?费）对于 背篓 不   人们 从来
ʔih maɯ kah klɛh .
要   钱   对于 玩耍

背篓从来不收税（？费），玩耍从来不要钱。

34. ʔaŋ pui saʔ dik rɔm rhɯɯm, ʔaŋ pui saʔ khɯɯm rɔm n̠aɯʔ.
    不 人 从来 踩 水 胎衣 不 人 从来 封闭 水 饮

不踩胎衣血，不封饮用水。

35. ʔaŋ pui saʔ phak rɔm, ʔaŋ pui saʔ tɔm simiaŋ.
    不 人 从来 洗 水 不 人 从来 吩咐（？嘱托）官

人们从来不洗水，人们从来不吩咐（？嘱托）官。

36. ʔaŋ pui saʔ ram (？ghram) tai tɕuʔ, ʔaŋ pui saʔ ʔɔm suʔ dʑau kleh.
    不 人 从来 丢（？任其）花 臭 不 人 从来 挨 敲诈 因为 玩

人们从来不会丢着鲜花让它臭，人们从来不会因为玩耍挨敲诈。

37. ʔaŋ taiʔ tɕauŋ hoik tiʔ kai (？), ʔaŋ ŋai bauh hoik tiʔ buan.
    不 手 脚 来 助词 经过 不 脸 面部 来 助词 看

手脚不来踩一踩，脸面不来看一看。意：没有亲自来。

38. ʔaŋ tih saʔ kuah kah ʔoʔ, ʔaŋ ŋhoʔ saʔ koi daɯ rip.
    不 菌子 从来 长 于 竹子 不 稻谷 从来 有 于…中 草

竹上不会长菌子，草中不会产稻谷。意：粮食要靠辛勤劳动才能得到。

39. ʔaŋ tɔŋ du prauɯk pui plai, ʔaŋ tɔŋ dɯ krai pui lɔʔ.
    不 知道 处 斟 人家 酒 不 知道 处 说 人 话

不知人家喝酒处，不知人家说话场。意：没有参加村寨里有关管理工作或社交活动。

40. ʔaŋ tɔŋ dɯ ziam sigrit, ʔaŋ tɔŋ dɯ ʔit kɔnbuŋ.
不 知道 处 啼 蟋蟀 不 知道 处 睡 小姑娘
不知道蟋蟀叫的地方，不知道姑娘睡的处所。

41. ʔaŋ ʔɯp ʑɛ tiʔ sɔm, ʔaŋ sinɔ ʑɛ tiʔ mɔh.
不 饭 容易 助词 吃 不 小伙子 容易 助词 当
饭是不容易吃的，伙子（姑娘）不是容易当的。

42. ʔaŋ ʔeʔ tɯi tiʔ tiŋ khaiŋ kauŋ, ʔaŋ ʔeʔ tɯi tiʔ lhauŋ khaiŋ kuat.
不 咱们 拿 自己 大 于 孔雀 不 咱们 拿 自己
高   于 老人
不能拿自己大于孔雀，不能拿自己高于老人。老人面前不能没有礼貌。

43. ʔaŋ ʔeʔ tik pauʔ tiʔ nɯm ruih ʔah, ʔaŋ ʔeʔ prah pauʔ tiʔ gah zian pui.
不 咱们 丢弃 伴儿 自己 根 鸡嗉子果 不粘 不 咱们 丢放
伴儿 自己 岔路 寂静 人
不把自己的伴儿丢弃在不粘的鸡嗉子果树根下，不把自己的伴丢在人迹不到的岔路。

44. ʔaŋ ʔeʔ tɕiʔ sɔ pa zum kauh, ʔaŋ ʔeʔ tɕiʔ vauh pa grai tɕuŋ.
不 咱们 能 弄醒 的 死 起来 不 咱们 能 扶（？擤）
的 逝 站立
咱们不能把死者弄醒，咱们不能把逝者扶起。

45. ʔaŋ ʔeʔ tɕiʔ sum sibiʔ kah mɯ, ʔaŋ ʔeʔ tɕiʔ thɯ sikah piaŋ pauʔ.
不 咱们 能 种 芦谷 于 地界 不 咱们 能 推诿
话 于…之上 同伴
不能把芦谷种在地界上，不能把话推在别人身上。意：一个人应该勇于承担责任。

46. ʔaŋ kaʔ lai koi pui rup, ʔaŋ sup lai koi pui zɔt.
    不　鱼　再　有　人　网　不　烟　再　有　人　抽
    再也无鱼给人打，再也无烟供人抽。

47. ʔaŋ kɛh hauik maiʔ gruik tiʔ gɔŋ, ʔaŋ kɛh nɛʔ maiʔ
    不　让　毛发　你　脱落　一　根　不　让　肉　你
    phɔŋ tiʔ khik.
    碎　　一　　片
    不让你的毛掉一根，不让你的肉碎一片。意：不让别人动你一根毫毛。

48. ʔaŋ kɛh man taiŋ lut lai, ʔaŋ kɛh lɔ krai tɕɯ.
    不　让　布　织　错　纹　不　让　话　遗失　意思
    不让织的布错纹路，不让说的话不作数。

49. ʔaŋ kɛh nɔh graik siʔum, ʔaŋ kɛh nɔh zum siʔoi.
    不　让　他　生蛆　腐烂　不　让　他　死　臭
    不让他生蛆腐烂，不让他死后发臭。葬礼祝词，意为好好埋葬死者。

50. ʔaŋ kɛh nɔh (ʔŋu) dʑhoik (ʔdʑut) khaiŋ pai, ʔaŋ kɛh
    不　让　它（ʔ火）空缺（ʔ短缺）从　火镰不　让
    nɔh grai khaiŋ dʑɯn.
    他　失去（ʔ消失）从　身子
    火镰不让它缺火，身边不让他走掉。意：火镰不能无火草，身边不能没有他。

51. ʔaŋ kɛh ʔoʔ (ʔdʑhonʔoʔ) khan plɔŋ, ʔaŋ kɛh gɔŋ khan
    不　让　竹子（ʔ竹节）隔开　竹筒不　让　山　隔开
    ɲiɛʔ.
    家
    不让竹节把竹筒隔开，不让山把咱们的家隔开。意：冲破阻力，相亲相爱。

52. ʔaŋ koi dai nap mɛʔ, ʔaŋ koi khlaʔ nap kɯiŋ.
    没　有　裙子　敬　母亲　没　有　裤子　敬　父亲
    没有孝敬母亲的裙子，没有孝敬父亲的裤子。

53. ʔaŋ koi sup sinaʔ gɛ (? bau̱) , ʔaŋ koi prɛ sinaʔ
没 有 烟 于…中间 包　　　　没 有 兄弟 于…中间
pauʔ.
同伴

　　许多包包中间就我没有烟，同伴之中就我没有兄弟。通常是妇女自叹无亲无助之词。

54. ʔaŋ krup ʥu ku̱iŋ tiʔ dɛʔ, ʔaŋ krup ʥu mɛʔ tiʔ
不 及 辈 父 一 大拃 不 及 辈 母 一 小
gau̱ŋ.
拃

　　不及父辈一大拃，不及母辈一小拃。意一：父母死的早，没有很好得见父母之面；

意二：才智或作为，不及前辈。

55. ʔaŋ haktɛʔ ʔɣʔ koi tiʔ gau̱ŋ, ʔaŋ kau̱ŋ sɔm ʔɣʔ koi
不 土地 我 有 一 小拃 不 水田 吃饭 我 有
tiʔ lɔk.
一 丘

　　我的土地没有一小拃，我吃饭的田没有一小坵。形容穷。

56. ʔaŋ lhat kah pauʔzau̱ŋ, grau̱ŋ (? rɯiŋ) ŋe kah
不 怕 于 乡邻 畏惧 只 于
tɕau̱gɔn (? tɕauprɔŋ).
中人（？调解者）

　　不怕乡邻，只怕中人（？调解者）。

57. ʔaŋ lhaʔbau̱k (? lhaʔbuk) saʔ ʥut kain klɔn, ʔaŋ
不 席笋（？白芨） 从来 短缺 于 河 不
ʥhɔmprɔŋ (? li prɔŋ) saʔ dɛ khaiŋ kuat.
判案的道理 从来 拮据 于 老人

　　席笋（？白芨）在河边从来没有缺过，判案的道理在老人那里从来没有尽过。

58. ʔaŋ lhɔʔkhauʔ kɔp nɔn, ʔaŋ tɔŋlhɣŋ kɔp kau̱ʔ.
不 树皮 附 树段 不 黄铜 附 身

树皮没有附在树段上，黄铜子儿没有附在人身上。意：身边没有钱。

59. ʔaŋ ɡhoʔ saʔ sok ku sigiak, ʔaŋ pui tɕhiʔ lhak ku kaɯʔ.
    不　稻谷　从来　饱满　每　分穗　不　人　会　聪明　每　个

    稻谷不会穗穗饱满，人不会个个聪明。

60. ʔaŋ hoʔ saʔ tuah klom, ʔaŋ rom saʔ tuah ʔit(ʔhu).
    不　汉人　从来　忌　挑　不　水　从来　忌　睡（ʔ走）

    汉人不忌挑，流水不忌停（ʔ淌）。

61. ʔaŋ ʔianmhai tɕiʔ tɕeh, ʔaŋ bunneh tɕiʔ keh.
    不　铁绿豆　会　煮扒　不　不会生育的女人　会　生

    铁绿豆不会煮扒，不会生育的女人不会把儿下。

62. ʔaŋ tɕiak ʔaŋ tɕun(ʔrian) moh tai, ʔaŋ thai ʔaŋ phy moh ghoʔ.
    不　挖　不　薅　成　棉花　不　犁　不　耙　成　稻谷

    不挖不薅收棉花，不犁不耙收稻谷。形容土地肥沃。

63. ʔaŋ tɕiʔ puiŋ ŋai siak, ʔaŋ tɕiʔ dʑhak ŋai dʑiaŋ.
    不　会　射　眼　燕雀　不　会　看　眼　秤

    不会射燕雀眼，不会看秤花。意：本领还不到家。燕雀是一种小鸟，能射中其眼是很不的；佤族人认为做生意会看秤的人是很了不起的。

64. ʔaŋ tɕiʔ tɕain kiap, ʔaŋ tɕiʔ khiap dai.
    不　会　缝　鞋子　不　会　缀花边　裙子

    不会缝鞋子，不会绣裙边。意：针线活还不高明。

65. ʔaŋ tɕiʔ ʔot romlaɯh vai, ʔaŋ tɕiʔ pai rhom biauŋ moi.
    不　会　揩　汗　消　不　会　医　心　忐忑　愈

    汗水揩不干，相思医不好。

66. ʔaŋ tɕu lɔʔ kɯiŋ sivu kah nɛʔ, ʔaŋ tɕu lɔʔ
　　不　听　话　父　绊倒　于　被单（？背巾）不　听　话
mɛʔ sivu kah rhɯm.
母　绊倒　于　胎胞（？胎衣）

　　不听父言被被单（？背巾）绊住，不听母话被胎胞（？胎衣）绊倒。父母之言不可违忤。

67. ʔaŋ khauʔ ʔɔʔ lai kɔi sim tum, ʔaŋ rɔm nɛm
　　不　树　竹　再　有　鸟　歇、落　不　水　水（傣语）
lai kɔi mɔi ɲaɯʔ.
再　有　黄牛　喝

　　再也没有鸟歇的树木，再也没有牛喝的水。意：树光水尽。

68. ʔaŋ lai kɔi pui dik siviaŋ, ʔaŋ lai kɔi pui tiaŋ
　　不　再　有　人　踩　胯　不　再　有　人　跨
sivoi.
面前

　　再也无人压大胯，再也无人面前穿。意为再也不受人压迫欺侮了。佤族认为从人面前横穿过去对这个人是很不吉利的，因此须从人前穿过时要低头，否则就是对这个人的欺侮。

69. ʔaŋ lɔʔbak saʔ tum, ʔaŋ phum tɕuʔ saʔ
　　不　大话（？顺便说的话）从来　落实　不　屁　臭　从来
luah.
响

　　大话从来不实，臭屁从来不响。

70. ʔaŋ mau saʔ kɔi daɯʔ ɲauʔ, ʔaŋ ghɔʔ saʔ kɔi
　　不　银子　从来　有　于…之中　灰　不　稻谷　从来　有
daɯʔ　rip.
于…之中　草

　　灰里从来不会有银子，草里从来不会有谷子。

71. ʔaŋ bruŋ bruk ʔɤʔ kɔi pon　　　lai, ʔaŋ
　　不　马　骑　我　有　一样（？与…一样大）松鼠　不

ŋai kaik ʔɣʔ koi pon   maiŋ.
脸   羞   我   有一样（？与…一样大） 虫
　　坐骑没有松鼠大，我的羞脸何处藏？

72. ʔaŋ bun saʔ n̯au ʔ tɕhaʔ, ʔaŋ vat saʔ koi moiŋ.
　　不 妇女 从来 喝   茶   不 佛爷 从来 有   妻
　　妇女从来不喝茶，佛爷从来不娶妻。

73. ʔaŋdoh kɛh tɕau zum puih zau, ʔaŋdoh kɛh tɕau
　　不会   让   者   讲价 背 背篓 不会   让   者
tɕau ŋau dzhɯih.
遣   多费   嘴
　　不会叫媒人背礼回，不会使老人多费嘴。意：婚事易成。（？决不让讲价的人背背篓，决不让使者多嘴。意：很会用人。）

74. ʔaŋ ʔɔp   ʔaŋ ʔih,   ʔɔm tɕhih
　　不 有气味（？成器） 不 要（？划算） 像 臭气（？屁）
ʔɔm phum.
像   屁
　　不要不想闻，像屁像臭气。指人说话不堪入耳。（？一事无成，臭屁一般。）

74. ʔaŋ sibɯt pon tɕun tɕauŋ raŋ, ʔaŋ bun pon saŋ
　　不 剡铲   能   戳   脚   岩石 不 妇女 能 立
lhaŋn̯ieʔ.
门户
　　剡铲不能戳石脚，妇女不能顶门户。

76. ʔaŋ sighlu saʔ hɔt lɔ, ʔaŋ sinɔ saʔ hɔt bun.
　　不   鞦珠 从来 跟 骡子 不 小伙子 从来 跟 妇女
　　鞦珠从来不尾随骡子，小伙子从来不尾随姑娘。这是反语：鞦珠本来就是放在骡子屁股后的，小伙子从来都盯着姑娘。

77. ʔaŋ siʔɔʔ ɯiʔ tiŋ khaiŋ praŋ, ʔaŋ simiaŋ tɕiʔ tiŋ
　　不   橡子 会   粗   于   栋梁 不   官   会   大
khaiŋ kuat.
于   老人

椽子不会粗于栋梁，官家不会大于老人。
78. ʔaŋ sivaik saʔ koi ra rhaŋ(ʔrhaŋbrauɯ), ʔaŋ sigaŋ
    不   燕子 从来 有   二   檐齿   不   西冈
saʔ vah ra mu.
从来 裂开 二 个
    燕子下蛋的檐齿从来没有两处，出人的西冈从来没有两个。
79. ʔaŋ sizauʔ saʔ tai tiak   prauʔ, ʔaŋ kɔnpha
    不   盐酸树 从来 开花 山野（？一带）马草 不   外甥女
saʔ dɯih ɲiɛʔ pauʔ.
从来 回   家   舅父
    盐酸树从来不在长马草的山上开花，外甥女从来不嫁回舅父家。
80. ʔaŋ sɔʔ saʔ ʔain tiak   simau, ʔaŋ kɔnpha saʔ
    不   狗   从来 屙屎 山野（？一带）石头   不   外甥女 从来
dɯih ɲiɛʔ pauʔ.
回   家   舅父
    狗从来不在石头山上屙屎，外甥女从来不嫁回到舅父家。
81. ʔaŋ vaik tɕɔ tiʔ lɔm, ʔaŋ rhɔm tɕɔ tiʔ muih.
    不   刀   合   助词 锋利 不   心   合   助词 爱
    刀子不利心不爱。(？刀不恰快，心不逢爱。)
82. ʔaŋvaʔ mɔh zauŋ sum taʔ, mɯŋkhuɯn mɔh kraʔ hu
    阿瓦   是   寨子 建   祖父   勐艮   是   路   走
kɯiŋ.
父亲
    阿瓦是祖父建起的寨子，勐艮是父亲走出的路。
83. ʔau pon pɔih, lɔih pon tɔi.
    名声大得 麂子 油水 得   白鹇
    打得麂子名声大，打得白鹇油水多。
84. ʔau naiŋ   ʔaŋ tum, sinum praiʔ ʔaŋ lhɛʔ.
    显露 打仗(？仗) 不   落实 轰响   天   不   下雨
    太显露的械斗打不起，犹如天上打雷不下雨。

85. pa mi to ti? hɔt, pa hɔt to ti? ɀum.
    的 富 跑、搬家 助词 穷 的 穷 跑、搬家 助词 死
    富的搬穷，穷的搬死。这是安土重迁的说法。

86. pa bra? kah tɕi? sauɯ?, pa lauʔ kah tɕi? kauh.
    的 健壮 也 会 生病 的 垮、坏 也 会 起
    健壮的人也会生病，潦倒的人也会复兴。

87. pa guah lɔk siaŋ, pa riaŋ lɔk khri.
    的 贵 如 宝 的 亮 如 金子
    贵如宝，亮如金。

88. pa nɛh ʔih pa khian, pa riaŋ ʔih pa tɕeh.
    的 懒 吃 的 浓 的 勤快 吃 的 酒糟（？）
    懒的人喝浓酒，勤快的人吃酒糟（水）。（？）

89. pa nɛ? tiaktɕauŋ, pa sɔŋ tiaktai?.
    的 酸 脚底板 的 苦 手掌
    脚底酸，手心苦。意：命不好，运气不在，干活不出活，什么事也做不成。

90. pa ʔɔt ʔɔt ti? ʔih, pa to ti? prah.
    的 在 在 助词 吃 的 跑 助词 丢下
    在下的，在着吃；搬走的，走丢下。

91. pa ɀum ka ʔih khlai, pa klɔt khai? ʔih plai.
    的 死 先 受 祭 的 活 后 喝 酒
    死在先的受祭，活在后的喝酒。活人沾死人的光。（？各得其所。）

92. pat ʔia ʔaŋ kɔi kaiŋ, ɀuh naiŋ ʔaŋ kɔi tɕɯ.
    杀（？割） 鸡 没 有 头 打 仗 没 有 名目
    杀鸡没有事端，打仗没有名目。杀鸡指杀来看鸡卦，旧俗打仗前要杀鸡看卦、卜吉凶。

93. pat man siaŋ, thiaŋ lɔ? krai.
    裁剪 布 染 反对 话 说
    剪人家染的布，反对人家说的话。

94. pat sido lih nham, so pa ɀum ʔih preʔ.
    割 蚂蚱 出 血 弄醒 的 死 吃 饭

把蚂蚱割出血，把死人叫起来吃饭。意：不可能的事。

95. pauɯh pauʔ tiʔ ʔih tɔi , tɔi (？tɔiŋ) pauʔ tiʔ ʔih lik .
    杀　伴儿　其　吃　白鹇　椎　　　伴儿　其　吃　猪

    杀给人吃白鹇，椎给人吃猪。白鹇比喻鸡，杀鸡杀猪的意思。

96. pauɯh pauʔ tiʔ ʔih ʔia num , dum pauʔ tiʔ ʔih
    杀　伴儿　自己　吃　鸡　抱蛋　泡　伴儿　自己　吃
plairhɣ .
烧酒

    杀给人家吃抱蛋的鸡，泡给人家喝白酒。尽情款待的意思。

97. pauɯh pauʔ tiʔ ʐɣŋ pram , 　　　map pauʔ tiʔ
    打　伴儿　自己　像　响竹（？吓鸟器）欺负　伴儿　自己
ʐɣŋ sɔʔ .
像　狗

    敲打人家像响竹（？吓鸟器），欺负人家像只狗。意：欺人太甚。

98. pauɯh pui mɔi , nɔh saŋ pauɯh saŋ ; taŋ pui mauɯ , nɔh
    杀　人　黄牛　他　想　杀　大象　摆　人　银子　他
saŋ taŋ khri .
想　摆　金子

    人家宰黄牛他想宰大象，人家摆出银子他想摆金子。夸豪斗富的意思。

99. pauɯh pui ʔɔ khaiʔ tɔŋ , prɔŋ pui sɯ khaiʔ tɔ .
    打、摔　人　锅　于…之后　土锅　处理　人　纠纷　于…之后　跑

    有了土锅之后，人家摔锅；当事人跑了之后，人家来处理。放马后炮。

100. pauɯh kɯin tiʔ ʔih ʔia , tɕia mɛʔ tiʔ nauɯ plai .
     杀　父　自己的　吃　鸡　酾　母　自己的　喝　酒

    杀给父亲吃鸡，酾给母亲喝酒。孝敬父母的意思。

101. pauɯh ʔia kɔi pon 　　　　　　tɔi , pauɯh mɔi kɔi
     杀　鸡　有一样（？与…一样大）白鹇　杀　黄牛　有
pon 　　　　　　saŋ .
一样（？与…一样大）大象

杀鸡有白鹇一样大，杀牛有大象一样大。(？杀有白鹇一样大的鸡，宰有大象一样的黄牛。)宴会祝辞，形容肴馔丰盛。

102. pauh lik kok khyi nɔŋ, prɔŋ sɯ tɯi pau??aik.
     杀   猪   叫   姑爷 亲家 解决 纠纷 请   兄弟
     杀猪叫姑爷，解决纠纷请兄弟。

103. pauh lik mai dɔŋ, prɔŋ   buŋ hoik niɛ?.
     杀   猪 附近 槽 结婚（？筹办） 女人 到   家
     杀猪槽边（？猪食槽边杀猪），娶妻到家。

104. pauh mai? ?ih khlai, sau mai? ?ih lɔŋ.
     杀   你   吃 牺牲 装   你   用   棺材
     杀给你吃牺牲，放给你用棺材。意：对死者已经做到尽情合理。

105. pauh mɔi ?ih dak, pauh krak ?ih gua.
     杀   黄牛 吃 舌头 杀   水牛   吃 骨髓
     杀黄牛，吃舌头；杀水牛，吃骨髓。拣好的吃。

106. pauh siŋian mai? ma?, dʑha? siniak mai? phɔŋ.
     打   葫芦   你   破   咒骂   筋   你   碎
     把你的葫芦打破，把你的筋骨骂碎。指恶骂。佤族传说人类是从葫芦里出来的，打破葫芦有侮辱先人的意思。

107. pauŋ pi ?aŋ lih lo?, vhi buŋ ?aŋ kro?   rhɔm.
     吹   觱 不   出   声 串   姑娘 不 合（？命中）心
     吹觱不出声，串姑娘不合心。

108. pauŋ pi tɕɔ   ?o?tan, vhi buŋ tɕɔ   naŋ
     吹   觱 着（？碰上）实心竹 串   姑娘 着（？碰上） 姐妹
lih.
亲的
     吹觱碰上实心竹，串姑娘碰上亲姐妹。

109. pauŋ kah moik,   hoik kah niɛ?.
     投靠   十 社（？社神）到   丁   家
     投靠社（？社神），来到家。

110. pauŋ mun ?ih pa luah, ruah kɔn ?ih pa nɔm.
     吹   媳妇 要   的 响   拣   子女 要   的   好

吹给媳妇听响的,拣给儿女(？儿子)要好的。对儿媳只是说点摆门面的话,真心爱护的是自己的儿子或女儿(？)。

111. pak pau? ti? ?ih sida? tɔi, krai pau? ti? mhoŋ sigah lhak.
    戴 伴儿 自己 用 尾巴 白鹇 说 伴儿 自己 听 话
聪明

拿给人戴白鹇的尾羽,说给人听使人聪明的话语。意:好心好意帮助人,使人美丽聪明。

112. pak pau? ti? ?ih sida? klaŋprau?, krai pau? ti? mhoŋ sigah tɕhau?(?lhau) pui.
    戴 伴儿 自己 用 尾巴 臭雕(=毛鸡?) 说 伴儿 自己 听 话 骗 人

拿给人戴臭雕的尾巴,说给人听骗人的鬼话。

113. pak pui kah tai phen, lhen pui kah sigah.
    戴 人 以 花 罂粟 骗 人 以 话
拿罂粟花给人戴,拿甜言蜜语哄人。

114. pak tai khɔm gɔŋ, tɔŋ buun khɔm mɤŋ.
    戴 花 整 山 懂 道理 整 劢
一山的花都戴,整个地方的道理都懂。

115. pak ta?krɔ? mɔh pak tatiau (?klehlin), ȵiɛ? sɔ?siau mɔh ȵiɛ? ?ah lai.
    广场 大火头 是 广场 跳舞(？歌舞) 房子 学校 是 房子 念 书
火头广场是跳舞场,学校是念书处。

116. pai pau? ti? zɔt ŋu, phru (?tui) pau? ti? zɔt sup.
    打火 伴儿 自己 抽 火 吹(？取) 伴儿 自己 抽 烟
打火给人点,取烟给人抽。

117. pai?om ?aŋ tɕi? thet rɔm lhɛ, haktɛ? ?aŋ tɕi? tɛ? rauma.
    云 不 会 拨 水 雨 地 不 会 斗(？挑衅) 天空

云不会拨雨，地不会斗天。意：本是紧密相连之物，不可能彼此离开或相斗。

118. paiʰ pauʔ tiʔ ʔih(ʔphɛʔ) meʔ, phɛʔ pauʔ tiʔ ʔih muah.
　　 剥　伴儿 自己 吃　　甘蔗 喂　伴儿 自己 吃
芭蕉

　　剥给人家吃甘蔗，喂给人家吃芭蕉。

119. paiŋ ʔaŋ tɕiʔ kɔm, mhɔm ʔaŋ tɕiʔ bhɯt.
　　 白　不　会　污　好　　不　会　褪色

　　不会污的白，不会褪的好。

120. paiŋ tai pak khaiŋ taigrɛʔ, lhaʔ loʔ krai khaiŋ zɛʔ　　kuat.
　　 白　花 戴　于　白露花　　聪明 话 说　于
年老妇女 老

　　戴的花白于白露花，说的话强于老奶奶。赞美年轻姑娘又美丽又能干。

121. paiŋ tai sinaʔ kak, lhak dʑhɔm sinaʔ pui.
　　 白　花 于…中间 枝 俊（？聪明）模样 于…中间 人

　　花枝丛中数这朵花白，人群中属这个模样俊（？睿）。

122. paiŋ taiʔ pui koi maɯ, paɯ tɕauŋ pui koi ŋhoʔ.
　　 白　手　人 有 钱　灰　脚　人 有　稻谷

　　有钱的人手白，有粮的人脚灰。

123. paiŋ hauk ŋai, tai hauk dʑhɯih.
　　 白　毛　眼　花 毛　嘴

　　眉毛白，胡子花。意为年老。

124. paiŋ hɔt ba, sa num kep.
　　 白　挨着 大腿 闪光 根部 阴户

　　挨着大腿白生生，阴户周围闪亮光。婚礼祝辞，指男女钟情之处。

125. paiŋ khaiŋ ʔin ʔaŋ lai bɯ,　　　　lhɯ khaiŋ
　　 白　于　这 不　再 戴于耳垂（？耳垂）多　于

ʔin ʔaŋ lai ghɔiŋ.
这　不　再　羡慕
比这白的也不再戴，比这好的也不再羡慕。

126. paiŋ khaiŋ khrau̯h, rau̯h khaiŋ ʔoʔ.
白　于　笋（？酸笋）直　于　竹子
比笋子白，比竹子苗条。形容妇女美丽和健康。

127. paiŋ khaiŋ ŋɔi kraiʔ,　　lhɯ khaiŋ mɛʔ lih.
白　于　坛子 上釉（？涂）过于　于　母亲 亲生的
白于上釉的坛子，亲于亲生的母亲。

128. paiŋ khaiŋ rɔm duaŋlhaʔ, siŋaʔ khaiŋ kaʔ duan sau̯ŋ.
白　于　水　叶兜　洁净　于　鱼　潭子 小黑江
比叶兜里的水还白，比小黑江里的鱼还洁净。

129. paiŋ lɔk kaʔ, siŋaʔ lɔk rɔm.
白　如 鱼 洁　如　水
白如鱼，洁如水。

130. paiŋ lɔk khri, siŋi　　lɔk let.
白　如 金 碧（？黄）如 红铜
白如金，碧（？黄）如铜。

131. paiŋ lɔm tɛ tɔm ʔoʔʔak(？ʔoʔte), lhak dʑhɔm pui tɔm
白　锋利 箭 从 箭竹　　　　聪明 脾性 人 从
vaik mɛʔ.
腹　母
箭犀利在它尚为箭竹之日，人聪明在他尚在母腹之时。（？锐箭早在于其尚为竹之时，慧人早始于其在母腹里。）

132. paiŋ mai pauʔ tai pak(？tai pak pauʔ), lhak mai
白　与 伴儿 花 戴　　　　　　聪明 与
pauʔ lɔʔ krai(？lɔʔ krai pauʔ).
伴儿 话　说
随着人家戴的花变得好看，听听人家说的话变得聪明。

133. pai mai tai pak, lhak mai sibeʔ ʔih.
白　与 花 戴 伶俐 与 衣服　穿

白净缘戴花,伶俐由衣着。

134. paiŋ   mai   rɔm , mhɔm   mai   krauŋ .
     白   与   水   好(？美) 与   衣着
     白物缘净水,美貌靠好衣。

135. paiŋ brak ʔaŋ kom , lhak ʥhɔm ʔaŋ ʔɔ .
     白   锑   不   脏   聪明   脾性   不   傻
     亮白不脏,聪明不傻。(？亮白的锑不脏,言行有理的人不傻。)

136. paiŋ ʔɔm brak ,   lak (？sɔŋ) ʔɔm mauɯ
     白   像   钢筋(=钢精？)   发亮   像   银子
     像钢筋一样白,像银子一样发光。

137. paiŋ zɤŋ tai mhak , lak (？sɔŋ) zɤŋ rɔm kauɯŋ .
     白   像   花   红稗   发光   像   水   田
     像红稗草一样白,像田水一样发光。

138. paŋput mai   bia , baŋlia
     跌跌撞撞 与(？在⋯附近) 簸箕 滚下去(？滚)
mai   phuɯn .
与(？在⋯附近) 桌子
     在簸箕周围跌跌撞撞,在桌子旁边滚来滚去。形容宴会时酒醉失态。

139. paŋ mɔh laih , blaih   mɔh zauŋ .
     建立 为   街   张开(？扩大) 为   村寨
     建街扩寨。

140. pauk tiʔ ʔih guan tai , vai   tiʔ ʔih guan
     挖   助词 用   基   棉花 拜求(？借) 助词 用   基
niɛʔ .
房
     挖片棉花地,求块房屋基。意为去人家的寨子,就在那里待下了。

141. pauk tiʔ ʔih guh , luɯt tiʔ ʔih tɕʔ .
     挖   助词 要   坎子   拉   助词 要   土
     挖坎子,搬泥土。

142. pauk tiʔ ʔih guh, ɀuh tiʔ ʔih kaiŋ.
    挖 助词 要 坎子 做 助词 要 活
    挖坎子，做活路。

143. pauh mɔi luŋ khaiŋ kɔk, tɔk ŋhoʔ mɔt   khaiŋ
    打开 黄牛 黑 从 圈 敲 谷 蛀（？生蛀）从
krau．
仓库
    把黑牛从圈里放出，把虫谷从仓里取出。

144. pauh siνεʔ lɔŋ kruɯm   raŋ, bhaŋ siνεʔ ȵiɛʔ
    打开 门 寨围 抵住（？拦住）岩石 敲开 门 家 放
taŋ simauʔ．
置 石头
    打开用岩石抵住的寨门，敲开用石头挡住的家门。形容消除误会，撤防接纳外来人。

145. pauh siνεʔ ʥhoŋ loik (？rah), toik siνεʔ ʥhoŋ rhiam．
    开 门 门闩 藤篾   拔 门 门闩 铁
    打开藤篾扎的门，取下铁打的门闩。

146. pauʔ tɕɤ pauʔ lai, pauʔ sai (？) pauʔ tun (？)．
    同伴 类 同伴 花纹 同伴 藤   同伴 家族
    同类同纹，同藤同根。

147. pauʔ   grɔm   tɕɯɯt,   pauʔ mɯɯt
    朋友（？同伴）相好（？同住）久（？淡）同伴 熟悉
prim．
旧
    老相好，旧相识。

148. pauʔʔo klian klaik, pauʔʔaik laik rhɔm．
    姐妹 抱 腋 兄弟   入 心
    抱腋的姐妹，入心的兄弟。知心朋友。

149. pauʔʔo kɔn mεʔ, pauʔʔaik kɔn kɯiŋ．
    姐妹 子女 母亲 兄弟 子女 父亲
    同母姐妹，同父兄弟。同胞骨肉。

150. pɯik ʔaŋ lai tɕah, tik ʔaŋ lai tɕɛ.
　　 脱　 不　再　披　　丢　不　再　要
　　脱了不再披，丢下不再要。

151. pɯik lɔkkaiŋ, mhaiŋ lɔksup.
　　 脱　　包头　　要　　烟锅
　　脱包头，要烟锅。向姑娘求婚的意思。

152. pɯik man luŋ khaiŋ tɕah, prah rhen prim khaiŋ kaɯʔ.
　　 脱　 布　黑　 于　 衣服　丢下　情人　旧　 于
身体
　　把黑布从衣服上拆下，把旧情人从身上丢开。不要旧情人的意思。

153. pɯik dai khɔm tɕah, prah mɛʔ khɔm kɯiŋ.
　　 脱　 裙　连同　衣服　丢下　母亲　连同　父亲
　　脱下裙子连衣服，丢下母亲并父亲。跟家庭决裂离家出走的意思。

154. pɯik sibeʔ peʔ sibrɔm.
　　 脱　 衣服　胜　 气焰
　　剥（人家的）衣服，压倒（人家的）气焰。战胜别人的意思。

155. pɯih ʔaŋ pon, dɔn ʔaŋ peʔ.
　　 背　不　得（？能）运　不　赢
　　背不得，运不赢。（？背不动，运不完。）形容东西太多。

156. pɯih ʔaŋ tah, prah ʔaŋ pi.
　　 背　不　卸下　搁下　不　忘记
　　背着不卸下，搁下不会忘。老是记在心上。

157. pɯih saɯʔ kaiŋ, gaiŋ saɯʔ ŋɔk.
　　 用头背　痛　头　斜背　痛　项
　　背得头痛，兜得项酸。（？头背得头痛，肩背得项酸。）形容庄稼丰收的话。

158. peh kɔn bun, hun kɔn simeʔ.
　　 多　子女　女的　多　子女　男的

女儿众，儿子多。

159. peh rommia, via ʥhɯih dauʔ.
    吐 口水 转过（？绕过） 嘴 馋
    吐出口水，转过嘴馋（？绕过馋嘴）。意为：父母为了养育儿女，自己很想吃的东西都不吃，忍馋留给儿女吃。

160. pi taŋ pɔ, nɔŋ taŋ luk.
    兄、姐 当 父 弟、妹 当 子女
    兄如父，弟如子。这是傣语，佤语用为雅语。

161. piak mha kah ʔoʔ koi ŋai, ʐha kɔn piaŋ dai krat nham.
    剖 篾条 以 竹 有节眼 生 子女 于…之上 裙 黏巴
    （=嘎巴？） 血
    拿有节眼的竹子剖篾条，把孩子生在黏有污血的裙子上。由于缺乏经验，做的尽是些晦气的事。

162. piam lɔk lhaʔlai, ŋai lɔk siniŋ.
    出芽 像 扫把草 冒芽（？开头） 像 姜
    出芽像扫把草，冒芽像姜。形容生命力强。

163. piaŋ plak niɛʔ, ʔaŋ lai ʔah mɛʔ, bleʔ pak zauŋ ʔaŋ lai ʔah kɯiŋ.
    远看 方向 家 不 再 叫 母亲 眺望 方向 村寨 不 再 叫 父亲
    看着家门方向，不再叫母亲；望着村寨方向，不再喊父亲。跟家庭决裂离家出走。

164. piaŋ klɔŋ tok sibaɯk, dauʔ rhaɯk saɯ sidom.
    于…之上 河 拉（？搭）桥 于…之中 坍塌（？塌方）放 便桥
    在河上架桥，在有泥石流处铺上木头。造桥修路的意思。

165. piaŋ phatcau, lau khun mɤŋ.
    祭 帕召 禀告 官（？） 勐
    祭帕召，禀勐官。

166. pit　　　　rɔm　ʔian,　　　　　khian　rhɔm　muih.
　　　稠（？面）水　小豆（=绿豆？）强烈　心　　爱
　　　小豆汤稠（？面），情爱深。

167. pit　ʑɤŋ　pit　n̠huɯpai,　　　dai　　　ʑɤŋ
　　　黏　像　黏　火草（？打火草）稠（？稀粘）像
dai　　　　rɔmʑha.
稠（？稀粘）蜂蜜
　　　缠绵如火草（？打火草），绸缪如蜂蜜。比喻深情。

168. pɛh　ti?　　　　　ʔih　kɔnsai, krai　ti?　　　　　mhɔŋ
　　　摘　助词（？自己）吃　黄泡　说　助词（？自己）听
kɔnbuɯ.
故事
　　　黄泡摘来吃，故事说来玩。

169. pɛh　tokuaŋ　mai　　　　graih, laik　laihtɕaɯ　　mai
　　　摘　豇豆　与（？在…附近）晒台　赶　　街场
n̠ie?.
与（？在…附近）房子
　　　晒台上面摘豇豆，房子旁边赶街场。

170. pem　nɔh　ʔih　ne?, phe?　　　　nɔh　ʔih　muah.
　　　嚼　　他　吃　肉　嚼喂（？喂）他　吃　芭蕉
　　　嚼他吃肉，喂他吃芭蕉。关怀爱护，无以复加。

171. pe?　sivit　ʔaŋ　pe?　sivɛ, tɕɛ　pa　nɔm（？tɕ）ʔaŋ　tɕɛ
　　　吃　香橼　不　吃　木瓜　要　的　甜　　　　不　要
pa　ne?.
的　酸
　　　吃香橼不吃木瓜，要甜的不要酸的。

172. pik　te　tɔm　kian, mian　rhɔm　tɔm　tɕɔŋ.
　　　校　箭　至　硬　　捏　　心　　至　坚定
　　　箭要校好，主意要拿定。

173. pik　ʔɤ?　te　ti?　　　　　sidim　tai?, ne　ʔɤ?　rhɔm
　　　校　我　箭　助词（？自己）九　　支　责备　我　心

tį? sidim bɔk.
助词（？自己） 九 次、回
校箭我校了九支，反省我反了八回。十分后悔的意思。

174. pih moik gɔŋ, prɔŋ nhɔŋ praiʔ.
念咒 社（？神） 山 调节 湖 地方
祭山上之社，供地方之湖。

175. pin tɛʔ luŋ ʔaŋ lai ʔah mɛ, blɛʔ plak zauŋ ʔaŋ
抓 土 黑 不 再 叫 妈 望 方向 村寨 不
lai ʔah kɯiŋ.
再 叫 爹
抓把黑土不再叫妈，望寨子方向不再喊爹。决心离家出走。

176. pin ʔɯp lɔk pu toik, sidzoik ʔɯp lɔk bhɛh rhauk.
抓 饭 像 飞 绿鸠 撮 饭 像 坍 泥石流
抓饭像绿鸠飞，撮饭像泥石流坍。

177. pin zɤŋ pin laitɛʔ, gɛʔ zɤŋ gɛʔ laikhoik.
抓 像 抓 地松鼠 捉 像 捉 树鼩
像抓地松鼠一样的抓，像捉树鼩一样的捉。抓住不放的意思。

178. plauŋ hon pɔ kɛh plauŋ khauʔ, sauʔ?
草芽（？发芽） 山药 别 让 草芽（？发芽） 毛署 痛
rhɔm pɔ kɛh sauʔ rhi.
心 别 让 痛 心意
草芽穿山药莫叫穿毛署，伤心莫叫伤感情。

179. plauŋ lɔk plauŋ lhaʔlai, ŋai lɔk
发芽 像 发芽 扫把草 冒芽（？开头） 像
ŋai sigiŋ.
冒芽（？开头） 姜
像扫把草一样发芽，像姜一样冒尖。形容生命力强。

180. plauŋ mauʔloik（? mauʔrah）, hoik mauʔrhiam（? mauʔtian）.
生芽 藤篾 来 电线
藤篾伸芽，电线进家。loik（? rah）：是一种较细的藤篾，有的会延伸到很远的地方，所以用来比喻电线。

181. plauŋʔɔʔ　mai　piam（？piamʔɔʔ），ʔokpem（？ʔokpen）mai
　　　竹笋　　与　　芽（？竹芽）　　娥屏　　　　　　与
samlɔ（？samlau）．
三洛

竹笋与竹芽，娥屏与三洛。娥屏与三洛是傣族长篇叙事诗《娥屏与三洛》中的主人公，两人相爱，但受到家庭的阻挠，最后双双以死殉情。这个故事也流传于佤族之中，成为男女相爱至死不渝的典型。

182. plauɯŋ　siɡu（？khauʔsiku），tuʔ　bunkrih．
　　　发芽　　晒衣竿　　　　　　　少　　处女（？姑娘）

姑娘太少，晒衣竿也发芽（充竹笋）了。晒衣竿，喻年纪大的已婚妇女；竹笋，喻小姑娘。

183. plauŋ　sinaʔ　giah，diah（？gaih）　khaiŋ　hɔʔ．
　　　发芽　　于…中　扁草　离开　　　　　　从　　汉人

离开汉人，犹如在扁草丛中伸芽。一难！扁草，也叫青茅草，草根密而纠结一起，
其它草很难在它中间生芽。

184. plak　pauʔ　tiʔ　ʑauʔ　lai，krai　pauʔ　tiʔ　mhoŋ
　　　翻开　伴　　自己　看　　书、文件　说　　伴　　自己　听
buɯn．
政策、道理

翻给人家看文件，讲给人家听政策。

185. plai　tiʔ　ŋɔi　　　kɔn　peʔ　mɔi　tiʔ　mu．
　　　酒　　一　　罐（？坛）还　胜　黄牛　一　条（？头）

一坛水酒，胜过一条（？头）牛。

186. plai　tiʔ　ŋɔi，mɔi　tiʔ　kɔk．
　　　酒　　一　坛　黄牛　一　圈

一个坛子里的酒，一个圈里的牛。意：命运相同，遭遇一样。

187. plai　khɔm　kɔn，dʑhɔn　khɔm　gɔn．
　　　酒　整　　瓶　甘蔗　整　　棵

整瓶酒，整棵甘蔗。意：礼重情深。

188. pla̲i khɔʔ bhɔ̲ŋ, pla̲i ʥhɔŋ nɔm (? tɛ).
　　 酒　小红米　香　 酒　甘蔗　 甜
　　 小红米做的酒香，高粱做的酒甜。

189. pla̲i khra̲uʔ siʔoi ʔim,　　　plai pri̲m siʔoi
　　 酒　 新　 气味　新鲜（？生的）酒　陈　 气味
ʔɔp.
醉人（？中毒）
　　 新酒新鲜味（? si̲ʔo̲i̲ʔim 为"腥味"，故：新酒腥味浓。），陈酒醉人香。

190. pla̲ik ʔia khɔm daŋ,　　ra̲ŋ（? va̲ŋ）ʔia khɔm
　　 关　鸡　整　鸡圈（？圈）留　　　　鸡　整
kauuk.
下蛋窝（？鸡窝）
　　 关鸡整圈，留蛋整窝。鸡多蛋多的意思。（？形容专心搞生产。）

191. pli̲h lɔʔ daŋplai, krai lɔʔ baŋkum.
　　 使出　话　饮酒场　说　话　聊天处
　　 说话聊天处，吐话饮酒场。

192. pliʔ kɔi tiŋ khaiŋ pliʔ vhaŋ, pliʔ ŋhoʔ laŋ khaiŋ tuʔ
　　 穗　小米　大　于　 穗　稗子　穗　稻谷　长　于　 包
vɔŋ（? si̲vɔŋ）.
玉米
　　 小米穗大于稗子穗，稻穗长于玉米包。形容庄稼长得好。

193. pliʔ ŋhoʔ laŋ, pliʔ vhaŋ tiŋ.
　　 穗　稻谷　长　穗　稗子　大
　　 稻谷穗长，稗子穗大。形容庄稼长得好。

194. pliʔ hɔik paih, muah hɔik tuum.
　　 果子　已经　剥皮　芭蕉　已经　成熟
　　 果子已经剥皮，芭蕉已经成熟。（？已剥皮的果子，已成熟的芭蕉。）常比喻成熟的婚姻。

195. pliʔ　　 ʔia̲n　　　　　 pi ku ka̲k, nia̲k ŋhoʔ
　　 结实（？结果）小豆（？绿豆）小饭豆　每　枝　倒伏　稻谷

kɔi　ku　guaŋ.
小米　每　块
　　　小豆（？绿豆）饭豆枝枝结实（？结果），稻谷小米丘丘倒伏。

196. pli?　　　　　ʔɔm　muah, kuah（？plauŋ）　ʔɔm　meʔ.
　　　结实（？结果）像　芭蕉　发芽　　　　　像　甘蔗
　　　结实（？结果）像芭蕉，发芽像甘蔗。比喻友情常在。

197. pli?　sime　ku　kak , lhak　kɔnnɔm　ku　kauʔ.
　　　结果　橄榄　每　枝　聪明　小孩子　每　个
　　　橄榄枝枝结果，孩子个个聪明。

198. pli?　ʐuh　ʔian,　　　　pian　ʐuh　nieʔ.
　　　结果　使　小豆（？绿豆）兴旺　使　家
　　　使小豆结果，使家庭兴旺。

199. pli?　ʐuh　ʔian　　　　ku　kak , sak　ʐuh　vaik　ku　tɕy.
　　　结果　使　小豆（？绿豆）每　枝　饱　使　肚子　每　种
　　　使每枝绿豆都结荚（？结果），使每种（生物）的肚子都吃饱。

200. plɔi　nɔh　hu　nimtau, tɕau　nɔh　hu　nimnhy.
　　　派　他　去　下允　差遣　他　去　上允
　　　派他去下允，派他去上允。下允、上允，地在普洱市澜沧县。

201. plɔi　siŋi（？khukhiap）, khri　lulak.
　　　珠子　亮晶晶　　　　　　金子　闪闪发光
　　　亮晶晶的珠子，闪闪发光的金子。

202. plɔŋ　koi　riah , giah　koi　kaiŋ.
　　　茅草　有　根　扁草　有　头
　　　茅草有根根，扁草有草头。

203. plɔŋ　lhat　kah　　　but , kut　lhat　kah　pu.
　　　茅草　怕　以（？于）冒芽　鹌鹑　怕　以（？于）飞
　　　茅草（人们）怕的是芽，鹌鹑（人们）怕的是飞。

204. plɔŋ　ʐauʔ　simeʔ, neʔ　ʐauʔ　bun.
　　　茅草　看见　男人　肉　看见　女人
　　　男人见到的茅草，女人见到的野味。外行人所说，不一定准。

205. plut khai?　mɛ?, prɛ? khai? kɯiŋ.
　　 继承　在…后　母亲　保留　在…后　父亲
　　 在母亲之后继承下来，在父亲之后保留下来。继承父母之志或遗物。

206. pɔ ʔah lo? khum, pɔ dhum lo? tiŋ.
　　 别　说　话　欺压　别　砸、压　话　大
　　 别说欺压人的话，别拿大话压人。

207. pɔ paɯh si?uiŋ lih lai, pɔ krai sigah huŋ tɕy.
　　 别　杀　蛇　现　花纹　别　说　话　多　意思
　　 不要杀现花纹的蛇，不要说有几种意思的话。

208. pɔ plɔi rip riam mai　　　vha?,　　pɔ
　　 别　放　草　薅　与（？在…附近）沐猴（？）别
　　 saɯ　lo? dʑha? mai bhauŋ.
　　 装（？说）话　骂　与　风
　　 别把薅过的草留给沐猴，别让咒人的话随风传。

209. pɔ kɛh plauŋ　　kah khaɯ?, pɔ kɛh saɯ? kah
　　 别　让　芽（？发芽）于　毛薯　别　让　痛　于
　　 rhɔm.
　　 心
　　 别让草芽穿进毛薯，别让痛在心头。不要介意。

210. pɔ kɛh pli? kɔi sikak, pɔ kɛh dak sɔm sizo?.
　　 别　使　穗子　小米　分杈　别　使　舌头　吃　长短不齐
　　 别让小米穗子分杈，别让吃东西的舌头长短不齐。彼此不能意见分歧。

211. pɔ kɛh pui lut khaiŋ　　plai, pɔ kɛh pui grai
　　 别　让　人　误　过（？于）酒　别　让　人　失
　　 khaiŋ　prɛ?.
　　 过（？于）饭
　　 别让人错过酒，别让人误了饭。

212. pɔ kɛh tɕak sɔm kɔi, pɔ kɛh mɔi prauŋ vɛ.
　　 别　让　马鹿　吃　小米　别　让　黄牛　穿过　篱笆

别让马鹿吃庄稼,别让黄牛践踏篱笆。

213. pɔ kɛh siɡiŋ kŏi mai dʑɔk, pɔ kɛh sivɔk
 别 让 姜 有 与(？在…附近) 盐臼 别 让 镰刀
kŏi mai zhauk.
有 与(？在…附近) 耳朵
 别让人家把姜放在盐臼里,别让人家把镰刀放在耳朵上。

214. pɔ kɛh sim pɯp tai, pɔ kɛh pui dik ba.
 别 让 鸟 吸 花 别 让 人 踩 大腿
 莫让鸟来吸花蜜,莫让人来踩大腿。

215. pɔ ʔih prɛʔzɛ, pɔ tɕɛ ma sɯt.
 别 吃 闲饭 别 要 旱地 赠送
 莫白吃闲饭,莫空要赠地。

216. pɔ tɕɯp simeʔ ʔih dai, pɔ vai bun ʔih nat.
 别 穿(？给…穿) 男子 用(？穿) 裙子 别 借 妇女 用 枪
 别给男子穿裙,别借妇女用枪。

217. pɔ gauʔ kah mi, pɔ khi kah hot.
 别 喜 以(？于) 富有 别 忧虑 以(？于) 贫困
 别以富有而喜,别为贫困而忧。

218. pɔ glup kah loʔ tɕaudʑhai, pɔ nai mai loʔ puitɕhauʔ (？puitɕauzauʔ).
 别 倒 于 话 预言者 别 浪费 与 话 造谣者
 别上预言者的当,别听造谣者的话。

219. pɔ dahrhɔm kah kɔndoi, pɔ kŏi rhɔm kah tɕaumi.
 别 怠慢 于 孤儿 别 有 心 于 财主
 对孤儿别怠慢,对财主莫奉承。

220. pɔ ʔẽʔ nauʔ rɔm ʔan kŏi dɔ, pɔ ʔẽʔ krai
 别 咱们 喝 水 没 有 槽(？苋槽) 别 咱们 说

loʔ ʔaŋ koi tɕγ .
话 没 有 意思
别饮无源之水，别谈论没有意思的话。

221. po zuh nauʔ teh ŋian , po zuh vhian (ʔblian) kah
别 做 灰 变 手指 别 做 鬼脸 于
pui .
人
别玩手指变灰的把戏，别在人前扮鬼脸。

222. pot pauʔtiʔ zauʔ lai , krai
写 大家（？自己的同伴） 见 文字 讲
pauʔtiʔ mhoŋ buŋ .
大家（？自己的同伴） 听 道理
写给人家看文章，讲给人家听道理。

223. pot zauʔ lhaʔlai , mhai zauʔ khaiʔtɕauŋ .
擘（？割） 看见 扫把草 标记 看见 脚印
擘（？割）了扫把草叶作标记，留下脚迹让人知。

224. pot khauʔ ʔoʔ kah hu lɔli , mi pui hot mai
断 树 竹 于 走 汽车 富 人 穷 与（？当…时）
hoik koŋtɕhaŋ (ʔkoŋtɕhaŋtaŋ) .
来 共产党
汽车过处竹木断，共产党来了穷人富。

225. pot roŋ kah bhauɯŋ , rhauɯŋ (ʔrham) plɔŋ kah lhɛʔ .
断 柱 于 风 朽烂 茅草 于 雨
柱子被风吹断，茅草被雨淋湿。

226. pot zuh rhit nauɯ sizoŋ , phɔŋ
断 做（？使） 虹吸管（？吸管） 饮 龙 碎
zuh bɔŋ hauk sizieʔ .
做（？使） 梯子 上 老天爷
把龙吸水的虹吸管（？吸管）都弄断，把老天爷上天的楼梯都砸烂。

第三章 佤语熟语

227. poih mɔh tɕaupak, tɕak mɔh tɕau prɔŋ.
     麂子 是 诏百   马鹿 是 主(?者) 判
     麂子是诏百,马鹿是管事。

228. pon poih ʔih dak, pon tɕak ʔih gua.
     得 麂子 吃 舌头 得 马鹿 吃 骨髓
     得麂吃舌头,获鹿吃骨髓。

229. pon top ʔeʔ kaiŋ mhɔm kaiŋ brai, ʔaŋ ʔeʔ pon top
     能 遮 咱们 事   好   事   丑 不 咱们 能 遮
     ŋai paiŋ ŋai luŋ.
     脸 白   脸 黑
     掩盖得了好事、丑事,掩盖不了白脸、黑脸。

230. pon nhot ʔeʔ ŋɔhkhauʔ praŋprauh, ʔaŋ ʔeʔ pon
     能 攮(?推) 我们 树墩子   四脚朝天   不 我们 能
     vauh   pui zum kauh tɕuŋ.
     扶(?撬) 人   死   起来 站
     咱们能把树桩攮(?推)得四脚朝天,却不能使死人起来站着。

231. pon mɯɯ hɔʔ khɔm tɕan(?hauɯ), pon mɯɯ man
     得   钱 汉人 连、整 口袋   得   钱   缅族
     khɔm buak(?baɯ).
     连、整 包袱(?背包)
     得到汉人的钱整口袋,得到缅族的钱整包袱。意:运气好。

232. pon phiauk mɔi mhaiŋ ra rheŋ, ʔaŋ pon teh pui ra
     能   缚   黄牛公 二 千 不 能 骗 人 二
     bok.
     次
     能缚牛两千,不能骗人两次。

233. pon sigah mai pui ʔim tiʔ gɔŋ, ʔaŋ pon prɔŋ mai
     能   说话 与 人 活 一 山 不 能   谈判 与
     pui miaŋ tiʔ kauʔ.
     人   魂   一 个
     能跟一山的活人说话,不能跟一个死人谈判。

234. pon sivai tɔʔ hak, pon tɕak tɔʔ ruŋ.
　　获得　虎、豹　给　皮　获得　马鹿　给　角
　　获虎交皮，获鹿交角。官家头人对百姓的盘剥例规。

235. prauk pauʔ tiʔ ʔih plai, pai pauʔ tiʔ zɔt sup.
　　斟　　伴儿　自己　喝　酒　打火　伴儿　自己　吸　烟
　　斟给人家喝酒，点给人家抽烟。

236. prauk pui nɔh ku biaŋplai, krai pui nɔh ku biaŋkum.
　　斟　　人　他　每　饮酒场　说　人　他　每　聊天处
　　每个饮酒场合都要斟到他，每个谈天场所都要说到他。形容知名度高。

237. praiʔ ʔeʔ khɔm gɔŋ, kauŋ ʔeʔ khɔm tɔŋ.
　　地方　我们　整　山　田　我们　整　坝子
　　整座山都是咱们的地方，真个坝子都是咱们的田。

238. praiʔ hɔʔ dɯ ziaŋ, praiʔ mian dɯ glip.
　　地方　汉人　处　静　地方　拉祜族　处　偏僻（？隐蔽）
　　汉人地方静寂，拉祜族地方偏僻。（？汉人地方的静静处，拉祜族地区的隐蔽处。意：天涯海角。）

239. prɛʔ pauʔ tiʔ zɤŋ prɛʔ mauʔhɔm, khrɔm pauʔ tiʔ zɤŋ khrɔm ʔɯp kuat.
　　收留　伴儿　自己　像　收留　丝带　聚集　伴儿　自己　像　聚集　饭　冷
　　收留自己的伴，像收留丝带一样；聚集自己的伴，像聚集冷饭一样。

240. prɛʔ pui kɔnnɔm, khrɔm pui kɔndoi.
　　收留　人们　小孩　聚集　人们　孤儿
　　收留小孩，聚集孤儿。

241. pui paiŋ zɛ ʔaŋ guah gauʔ tiʔ klɔŋ, pui luŋ zɛ
　　人　白　容易　不　值　米　一　碗　人　黑　容易

ʔih　　　guah bruŋ tiʔ mu.
要（？赚）价值 马 一 条（？匹）
　　皮肤白的人往往不值一碗米，皮肤黑的人往往能换一匹马。

242. pui kuat hauh loʔ, khauʔ kuat（？rɛ）nɛ riah.
　　 人 老 多 话 树 老　　　　多 根
　　人老话多，树老根多。

243. pui lhak kɛh ʔot mai　　　　 pɔ, pui ʔɔ kɛh
　　 人 聪明 使 在 与（？在…附近）肋下 人 愚蠢 使
ʔot kah brɔk.
在 于 庭院
　　聪明人让他待在身边，蠢人让他站在庭院。

244. pui lhak ʔih ʔɯp no,　　 pui ʔɔ ʔih lon
　　 人 聪明 吃 饭 净（？纯）人 傻 吃 块
tɛʔ.
泥巴（？土）
　　聪明人吃大米饭，老憨包吃泥巴砣（？土块儿）。

245. pui lhɯt pui lhɔ,　　 pui ʔɔ pui dγʔ.
　　 人 聋 人 聩（？）人 呆 人 傻
　　聋人聩人，呆人傻人。

246. pui hot tɕiʔ prɛ, pui mi tɕiʔ laɯʔ.
　　 人 穷 会 旺发 人 富 会 坏（？败落）
　　穷人会旺发，富人会败落。

247. pui tɕiʔ ʔih　　 gian, pui rian ʔih　　 riaŋ.
　　 人 会 吃（？用）手艺 人 勤快 吃（？用）力气
　　会手艺的人吃（？靠）手指，做事勤快的人吃（？靠）力气。

248. pui mi ʔih hɯik, pui hot khliak siʔaŋ.
　　 人 富 吃 精肉 人 穷 啃　 骨头
　　富人吃精肉，穷人啃骨头。

249. puiŋpɛh　　　　 pa plaɯn zuh khrɔm, klɛhlin
　　 射猎（？采集）结构助词 发芽 使 茨竹 玩耍

pa̱   mhɔm ʑuh praiʔ.
结构助词 好   使   地方
　　　是射猎（？采集）使茨竹长笋，是玩耍使地方好在。

250. pui̯ŋpɛh   pui khɔm sim sigaɯʔ, klɛhli̯n pui khɔm
　　　射击（？采集）人 连 鸟 斑鸠   玩耍   人 连
laɯʔ simia̯ŋ.
贵人   官
　　　连斑鸠也要射杀（？采集），连贵人也要玩耍。

251. pui̯ŋ pui nai̯ŋ tɕaʔu（？tɕavu）, gu pui nai̯ŋ phatɕa̱u.
　　　打   人   仗   扎悟   扛 人   仗   帕召
　　　人们去打扎悟引起的仗，人们去参加帕召发动的战争。

252. pui̯ŋ ka̱h mɔk, tɔk ka̱h khɔ.
　　　射击 以   炮   敲   以   锄头
　　　用炮轰，用锄头敲。开山挖路。

253. pui̯ŋ kiʔ laɯʔ, plaɯʔ kiʔ ʑum.
　　　打   它们 垮   杀   它们 死
　　　打垮它们，杀死它们。

254. pui̯ŋ ŋai sia̱k, tɕia̱k ŋai lai.
　　　射   眼   新兴鸟 戳   眼   文字（？书）
　　　射新兴鸟的眼，戳字眼（？戳文字）。佤族认为拿笔写字，像拿弩射新兴鸟的眼一样，很不容易。

255. pui̯ŋ sigaɯʔkum laɯʔ te, moi̯n   kɔn prɛ（？na̱n）
　　　射   斑尾鹃鸠   毁   箭 娶、妻 子女 兄弟（？姐妹）
laɯʔ ɲiɛʔ.
毁   家
　　　射斑尾鹃鸠箭毁，娶内侄女做媳妇家败。

256. ta̱ɯk ka̱h mɔh tiʔ tɕa̱u, mau ka̱h mɔh tiʔ pui.
　　　累   于   是   自己 主   疲倦 于   是   自己 人
　　　累是因为自己是个主儿，苦是因为自己是个人。

257. ta̱ɯk ka̱h mɔh tiʔ tɕa̱u, mau ka̱h mɔh tiʔ
　　　累   于   是   自己 主   倦   于   是   自己

kuat .
老人、头人（？）

　　累是因为是主子，倦是因为是寨老。

258. tauɯh　pui　ʔeʔ　lɔk　tauɯh　tiʔ　krɔk, tɔk　pui　ʔeʔ　lɔk
　　　 敲　　 人　 咱们　像　 敲　 反身代词 木鼓 打　 人　 咱们　像

tɔk　tiʔ　sɔʔ .
打 反身代词 狗

　　人家敲咱像敲木鼓，人家打咱像打狗。

259. tauɯh　pui　ʔɤʔ　lɔk　tauɯh　tiʔ　katɔk, lɔk　pui　ʔɤʔ　ʔɔm
　　　 敲　　 人　 我　 像　 敲　 反身代词 木鱼　骂　 人　 我　 像

lɔk　tiʔ　kɔnzɔm .
骂 反身代词 小孩

　　人家敲我像敲木鱼，人家骂我像骂小孩。

260. tauɯh　kih　tɕa　ʔaŋ　tauɯh　makphet, vih　ba　tɕa　ʔaŋ
　　　 舂　 盐　只要 不　 舂　　 辣子　 分开 大腿 只要 不

puɯik　dai　tɕah .
脱　 裙子　衣服

　　舂盐只要不舂辣子，分开大腿只要不脱衣裙。

261. tauɯh　klɔŋmɔŋ, prɔŋ　　　kahpauʔ .
　　　 敲　 铓锣　 判（？筹办）结婚（？婚礼）

　　敲铓锣，行婚礼。

262. tauŋ　khiʔ　ʔaŋ　siau　kraiʔ　khrɔm, sɔm　gauʔ　ʔaŋ　siau
　　　 烧　 柴　 不　 消　 捡　　 集中　 吃　 米　 不　 消

kuɯm　tauɯh .
簸　　舂

　　烧柴不消人捡，吃米不消人舂。

263. tauʔ　ʔaŋ　nɔm　diak　mai　buɯ, duɯ　ʔaŋ　tɕiʔ
　　　 菜　 个　 奵吃　炒　 与　 油　 地方 不　 会（？行）

plauʔ（？tɕoʔ）　kah　phɔn .
改　　　　　　 以　肥料

　　菜不好吃，拿油炒；种不成庄稼的地，改之以肥料。

264. tauʔ ʔaŋ zauʔ tiʔ rhɯp, ʔɯp ʔaŋ zauʔ tiʔ sɔm.
    菜　不　得　助词　喝　饭　不　得　助词　吃
    菜不得喝，饭不得吃。没饭吃的意思。

265. tauʔ prim siʔoi mɯt, kih tɕɯt (ʔrhɯŋʔɯm) siʔoiʔim.
    菜　陈　气味　烟熏　盐　久留的　　　　　鱼腥味
    陈菜烟熏味，陈盐鱼腥气。

266. tauʔklauʔ mhɔm tai, khramkhrai mhɔm pruih.
    苦菜　　　好　花　石斛　　　好　开花
    苦菜花好，石斛花鲜。（？花好的苦菜，艳开的石斛。）

267. tauʔklauʔ khaiʔ tai, bunmeʔ khaiʔ meʔ.
    苦菜　　　于…之后　开花　寡妇　于…之后　丈夫
    花已开过的苦菜，夫已死去的寡妇。

268. tauʔlyn mai geʔ, tauʔgrɛʔ mai tɕɯm.
    野茴蒿菜　与　芝麻　白露花　与　豆豉
    野茴蒿菜拌芝麻，白露花拌豆豉。

269. tauʔ nɔm ʔaŋ keh glup khaiŋ klɔŋ, bun mhɔm ʔaŋ
    菜　好吃　不　让　倒　从　碗　女人　好　不
    keh luan khaiŋ zauŋ.
    让　出去　从　寨子
    好菜不能让它从碗里倒泼，好女不能让她嫁出寨子。

270. tah tiʔ ʔɯm lɔŋ, tɔŋ tiʔ prɛʔ sin.
    劈　助词　留　棺材　知道　助词　收藏　财富
    劈棺材来留着，知道把财富藏好。

271. tah phia tum katɕak, tɕiak kraʔ hu tɕhy.
    劈　板　歇　喜鹊　挖　路　走　车
    劈喜鹊歇的板，挖汽车走的路。喜鹊指广播喇叭。

272. tai pruih mai kiʔ ku kak, pui lhak mai
    花　开　与（？在…附近）他们　每　枝　人　聪明　与
    kiʔ ku kauʔ.
    他们　每　个
    花随着他们枝枝开放，人跟着他们个个聪明。

273. tai mhɔm pruih khain tai maktɕaŋ, muih mhɔm graŋ
　　花　好　　开　 于　 花　石榴　 　爱　好　 模样
khain graŋ bun hɔʔ.
于　模样 妇女 汉族
　　开得比石榴花还艳的花，相貌比汉家妇女还俏的心上人。

274. taitɕauŋkrɔk hɔik pruih veŋ lɔŋ, taiblaktoŋ hɔik rauh
　　章谷花　　　已经　开　 周围　寨围　 春刺桐花　已　红
veŋ ɲiɛʔ.
周围 房子
　　章谷花在寨子周围盛开，春刺桐花在房子周围怒放。即：阳春三月。

275. tai khauʔ, pauʔ mɛʔ.
　　花　树　　舅父 母
　　树木之花，母家之舅。佤族重舅氏，以树木之花喻之。

276. tai maktɕaŋ ʔaŋ pon tiʔ, pak, pui lhak lɔʔ ʔaŋ pon
　　花　石榴　　不　能　助词 戴　 人　聪明 话　不　能
tiʔ deʔ.
助词 接近
　　石榴花戴不成，油嘴滑舌的人近不得。

277. tai rauh sigluɯm, khun　　　mhɔm khɔ graŋ.
　　花　红　累累成串　哥（？阿哥）　好　合适 模样
　　开成串的红花，好模样的情哥（？阿哥）。

278. tai siẓauʔ tiak　　prauʔ taiʔah, dɯih kɔnpha
　　开花 盐酸树　山（？一带）马草 不结果的花 回　外甥女
ɲiɛʔ pauʔ brah khuan.
家　舅父 乖蹇 命运（？魂）
　　盐酸树在长马草的山上开花，是不结果的花；外甥女嫁回到舅父家，是命运蹇。

279. tain pui khrɔn lhaʔgiʔ,　　　tauɯn pui khiʔ ʔain
　　编织 人　筐　 松枝（？松叶）烧　 人　柴　粪

mɔi .
黄牛

人家用松针编箩筐，人家用牛粪当柴烧。意为奇闻或罕见之事。

280. taiŋ nɔh khrɔŋ ʔoʔ koi ŋai , lhɔŋ nɔh luɯm
　　 编　他（？她）箩筐　竹子　有　节眼　垫　他（？她）尿布
dai krat nham .
裙子 糊 污血

拿有节眼的竹子编箩筐，拿巴着污血的裙子垫尿布。多指妇女不成器，不会做家务、养孩子。

281. taŋ ʔaŋ pon , dɔn ʔaŋ ʔuik .
　　 驮　不　得　运　不　完
驼不赢，运不完。

282. taŋ pauʔ tiʔ ʔih phuɯn , ʔuɯn pauʔ tiʔ ʔih thu .
　　 摆　伴儿　自己 用　桌子　留　伴儿 自己 用　筷子
设席摆箸。即：请人吃饭。

283. taŋ toŋmun kah bruŋ krɔʔ , vau ẓauŋsɔi kah phen
　　 驮　东勐　以　马　瘦　厉害　岩帅　以　大烟
tɛʔ .
泥土（？土）

东勐寨用瘦马驮东西，岩帅寨在拿假鸦片骗人方面特别有办法。这是旧社会各个寨子相互取笑的话。

284. taŋ khauʔ ʔaŋ taŋ tai , taŋ ŋai ʔaŋ taŋ bauh .
　　 异　树　不　异　花　异　脸　不　异　面部
树异花不异，貌殊质不殊。

285. taŋ mu ŋhoʔ , siẓɔʔ rhɔm pui .
　　 异 颗（？粒）稻谷　参差不齐　心　人
谷粒异，人心殊。

286. tɯi pauʔ tiʔ ŋom mhɔn tai , kai（？lɔi）pauʔ tiʔ ẓɔt
　　 拿　伴　自己　坐　垫子　棉花　横（？递）伴　自己 抽
lɔksup laŋ .
烟锅　长

拿给人坐棉垫子，递给人抽长烟锅。

287. tɯi pui ŋhɔʔ khiʔpi, vhi sinɔ khiʔ tham.
　　 拿　人　稻谷　毕月　串门　未婚男子　月　中秋节（？盘子）
　　人们收稻在毕月，伙子串门中秋时。毕月，佤历，相当于汉族的农历八月。

288. tɯi tiʔ pak tai khɔm gɔŋ, gau tiʔ tɔŋ bɯm
　　 拿　助词　戴　花　整　山　学　助词　知道　道理
khɔmʔuik.
全部
　　拿整山的花来戴，把全部政策或道理学懂。

289. tɯi tiʔ kin rɔm rɔŋ khɔm phai, sok tiʔ ʔah lai vɔŋ
　　 拿　助词　接　水　沟　整　水坝　找　助词　读　书　皇
khɔm phuk.
整　本
　　去打整坝的沟水，找来读整本的皇家之书。

290. tɯi tiʔ mɔh laupaŋ, ghran tiʔ mɔh lauli.
　　 拿　自己　是　老板　夺、抢　自己　是　老李
　　争着当老板，抢着当老李。争相当头儿的意思。

291. tɯi tiʔ mɔh simian, ghran tiʔ mɔh
　　 拿　助词（？自己）是　官　夺　助词（？自己）是
simeʔ.
汉子
　　拿着摆官架（？拿自己当官爷），争着做汉子。

292. tɯi rhit tɔm raŋ khrɔi, tɯi ŋɔi tɔm
　　 拿　虹吸管（？吸管）直到　岩　棕榈　拿　坛子　直到
siblaɯŋ.
勐勐坝
　　直到棕榈岩去拿虹吸管（？吸管），直到勐勐坝去拿酒坛子。形容所酿的酒十分珍贵。

293. tɯi ʔia khain kauk, lauk mɔi khain phuŋ.
　　 拿　鸡　于　鸡窝　挑选　黄牛　于　群

从鸡窝里捉鸡，从牛群里挑牛。

294. tɯi khau̠ʔ khɔm lhɔʔ, tɯi ʔoʔ khɔm ŋai.
    拿 树   连同 皮   拿 竹 连同 节眼
    拿树连同皮，取竹连同节眼。

295. tɯi mai̠ʔ hoik, toik   mai̠ʔ hu̠.
    拿 你   来 拉（？拔）你 去
    领你来，带你去。

296. tɯi mai̠ʔ ɲau̠ʔ, bau̠ʔ (？phe̠ʔ) mai̠ʔ sɔm.
    拿 你   喝   喂   你   吃
    拿水给你喝，煮饭给你吃。

297. tɯi mau̠ʔhu̠ŋ   tok thai, tɯi phu̠klai gau̠ pui.
    拿 牛绳（？麻绳） 架 犁   拿 书本   教 人
    拿牛绳架犁，拿书本教人。

298. tɯi mɯikkri̠n dɔ   tu, vɛʔ naiŋ ru hu̠
    拿 辣蚂蚁   循（？沿）肚 带 械斗 氏族 去
    ŋau̠h (？tap).
    打
    拿辣蚂蚁放在人家肚子上，带家族的武装去打。

299. tɯi nɔh mɔh ʔaik, plaik   nɔh mɔh kɔn.
    拿 他 是 女婿 扒进（？使进入）他 是 子女
    拿他做女婿，娶她做女儿（？当他作子女）。

300. tɯi nɔh mɔh khau̠ʔ rɛʔ, vɛʔ nɔh mɔh mɛʔɲiɛʔ.
    拿 他 作 树   老   领 他 作 主妇
    拿他作老树，娶她作主妇。

301. tɯi nɔh sau̠ʔ, ʔaŋ plau̠ʔ nɔh zum.
    拿 他 病   不   杀   他 死
    使他痛，不杀死他。

302. tɯm zɣŋ dʑhɛ, tɛ zɣŋ muah.
    成熟 像 野棕榈 甜 像 芭蕉
    像野棕榈果一样成熟，像芭蕉一样甜。

303. te rɛʔ ʔaŋ siau rɔn, bun ʔɔn ʔaŋ siau
　　 箭 老 不 须（？需） 削　女人 嫩　不 须（？需）
ruah .
挑拣
　　 用老竹做的箭无须（？需）细刮，嫩嫩的妞儿无须（？需）细拣。

304. teŋ kauh khaiŋ vɔŋ, nɔŋ kauh khaiŋ hɔʔ .
　　 烛 来（？从…来） 自 皇帝　香 来（？从…来） 自 汉族
　　 点烛来自皇帝，烧香来自汉族。

305. tiak pui ʔih man, phan pui ʔih ŋhoʔ .
　　 量　人　要 布　分　人　要 稻谷
　　 量给人家用布，分给人家吃稻谷。

306. tiam lai piaŋ phɯn, prɛʔ bun dauʔ rhɔm .
　　 写　字 于…之上 桌子　收藏 道理 于…之中 心
　　 读书写字桌子上，记住道理在心中。

307. tiaŋ klɔŋ lɔŋ praiʔ .
　　 渡　河　走　地方
　　 渡河走地方。周游各处的意思。

308. tɛʔtɯn mhɔm ŋhoʔ , tɛʔkloʔ mhɔm sup .
　　 蚂蚁堆　好　稻谷　粘土 好 烟
　　 蚂蚁堆土种谷子好，粘土种烟好。

309. tɛʔ ma ʔaŋ kɛh nɔh dik, tauʔ lik ʔaŋ kɛh
　　 泥土（？土）地 不 让 他 踩 菜 猪 不 让
nɔh pon .
他 得（？摘）
　　 地土不让他踩，猪菜不让他找。意为不让他干活，闲着吃。

310. tik dauʔ rɔm, dɔm（？gluɯŋ） kah ŋu .
　　 丢 于…之中 水 焚　　　　以 火
　　 丢在水中，拿火烧它。

311. tik num prim plak krɛ, vɛ（？rep） num
　　 丢　年　旧　方、面 屁股后（？屁股） 领（？接） 年

khra̲ṵʔ plak ŋa̲i .
新   方、面 脸前（？脸）
把旧年丢在屁股后，把新年领到眼面前（？眼前）。

312. ti̲h ʔaŋ tɕiʔ kuah ka̲h ʔo̲ʔ, ŋho̲ʔ ʔaŋ tɕiʔ kuah
     菌子 不 会   长   于   竹子 稻谷 不 会   长
da̲ɯʔ   rip .
于…之中 草
     菌子不会生在竹上，稻谷不会长在草中。

313. tiŋ paŋ laŋ lhaʔ .
     大 蓬 长 叶
     蓬大叶长。

314. tiŋ prɛʔ vɛh vaik .
     大 饮食 宽 肚皮（？肚子）
     饭量大，肚皮宽。

315. tiŋ ta̲iʔ laŋ tɕauŋ .
     大   手   长   脚
     手大脚长。意为长大成人。

316. tiŋ khaiŋ pauʔgra̲ṵh（？pauʔgla̲ṵh）, ra̲ṵh khaiŋ
     大 于   同年生的人   红   于
pauʔgra̲ṵ（？pauʔkra̲ṵ）.
同辈的人
     比同年生的人大，比同辈的人红。成长的快，发育得好。

317. tiŋ khaiŋ kauŋ, lha̲uŋ khaiŋ pa̲uʔ .
     大 于   孔雀   高   于   舅父
     大于孔雀，高于舅父。已经长大成人。

318. tiŋ khaiŋ mɛʔ, rɛʔ khaiŋ kɯiŋ .
     大 于   母亲 老练 于   父亲
     比母亲大，比父亲老练。

319. tiŋ lo̲ʔ khaiŋ saŋ, laŋ lo̲ʔ khaiŋ tɯt .
     大 声音 于   大象 长 声音 于   号角
     声气比象大，音比号角长。声音洪亮。

320. tiŋ loʔ mai plai, lai kliʔ mai tɕeʔ.
　　大 话 与 酒 胀阳具 与 阴户
　　沾酒声气粗，见花自动情。

321. ʔɔtɛʔ ʔaŋ peʔ ʔɔtɔŋ, vɔŋ vaʔ ʔaŋ peʔ vɔŋ man.
　　土锅 不 胜 锣锅（？铜锅） 王 佤 不 赢 王
缅族
　　土锅不抵锣锅（？铜锅），佤王不敌缅王。

322. ʔɔ lɛt n̪hak, lhak ʔih prɛʔ.
　　傻 舔 粘性分泌物 聪明 吃 饭
　　愚蠢的舔屎，聪明的吃饭。

323. ʔɔ mai kuat, muat mai n̪ɔm.
　　糊涂 与（？当…时）老 生疮 与（？当…时）幼
　　幼时生疮，老时糊涂。

324. ʔɔp kah sighau̯ʔ(？sighy̯), lau̯ʔ kah ʔum.
　　中毒 于 见血封侯 毁 于 箭毒
　　中了见血封喉的毒，毁于箭毒。

325. ʔɔt kah sinai(？), pai kah sidah.
　　擦 以 药 医 以 药物
　　拿药物医，用心药治。

326. ʔɔm ʔiŋ muik gɔŋ bia, ʔɔm ʔiŋ hia dɔŋ khau̯ʔ.
　　像 回 蚂蚁 边圈 簸箕 像 回 蜜蜂 槽 木头
　　像蚂蚁爬簸箕圈，像蜜蜂回木蜂桶。忙忙碌碌，为生活奔波。

327. ʔɔŋ tiʔ dau̯ʔ, lau̯ʔ tiʔ n̪iɛʔ.
　　土蜂 一 洞 贵人 一 家
　　窝里的土峰，一家的贵人。

328. ʔɔŋ khai̯ʔ ŋu, hiagu mai lhɛʔ.
　　土蜂 于…之后 火 岩蜂 与（？当…时） 雨（？下雨）
　　火后的土蜂，雨中的岩蜂。形容处境十分狼狈。

329. ʔo braʔ tɕaik, ʔaik braʔ te.
　　嫂 爱 掐 姐夫 爱 入（？插）

嫂嫂爱掐，姐夫爱入（？插）。男女之事，天使之然。

330. ʔot ʔaŋ nɔm, sɔm ʔaŋ laik.
    在　不　舒服　吃　不　进
    在着不舒服，吃着吃不下。

331. ʔot ʔaŋ nɔm, sɔm ʔaŋ sak.
    在　不　舒服　吃　不　饱
    住不好，吃不饱。

332. ʔot ʔaŋ siʔu, hu ʔaŋ sikiat.
    在　不　温暖　走　不　凉
    在着不热，走了不凉。无足轻重，有没有都无所谓。

333. ʔot piaŋ bruŋ, tɕuŋ piaŋ saŋ.
    在　于…之上　马　站　于…之上　象
    坐在马上，立在象上。

334. ʔot kah reh kah tɕiʔ paŋ, ʔot kah raŋ kah tɕiʔ kuah.
    在　于　陡坡　也　会　扎根　在　于　岩石　也　会
发芽
    在陡坡上也会扎根，在岩石上也会发芽。

335. ʔot kɔʔ diaŋ klɔŋ ʔaŋ tɕiʔ tɕau, ʔot kɔʔ brauʔ pui (?tiam) ʔaŋ tɕiʔ glip.
    在　即使　渡口　河　不　会　湿　在　即使　屋檐
人（？矮）　不　会　隐没（？淹没）
    虽在河边身不湿，虽在矮檐人不隐。

336. ʔot mai pauʔ tiʔ liŋ siaŋ, kliaŋ mai pauʔ tiʔ liŋ dʑu.
    在　与　伴　其　整　盟约、婚约　依然　与　伴　其
整　世
    婚约一订成夫妇，永生永世长相爱。

337. ʔot mai loʔ sinum, kum mai ɲieʔ sibua.
    在　与　话　嘈杂　聊天　与　家　人多热闹
    坐在人多处，说话闹哄哄（？聊在热闹处）。

338. ʔot mai moiŋ sivai, phum mai ŋai siveʔ (？luaʔ).
在 与（？在…旁）口 虎、豹 放屁 与（？在…旁）面前
西瓦（？鲁阿人）
在老虎嘴边待着，在西瓦（？鲁阿人）面前放屁。

339. ʔot gruɯm tom (？tomtaiʔ), ŋom piaŋ ba.
在 于…之下 掌心 蹲、坐 于…之上 大腿
待在人家掌心下，坐在人家大腿上。在人家的掌握之中或庇荫之下。

340. ʔot dauɯʔ duaŋ moh kon kaʔ, ʔot dauɯʔ kraʔ moh kon sino.
在 于…之中 潭子 是 儿 鱼 在 于…之中 路 是
儿 伙子
进潭子是鱼儿，在路上成伙子。

341. ʔot saŋ som, ŋom saŋ ʔit.
在 想 吃 坐 想 睡
待着想吃，坐着想睡。

342. ʔot vuviaŋ phia, dia vuviaŋ phun.
在 周围 板子 排列 周围 桌子
待在板子周围，排在桌子旁边。开会或大伙在一起吃饭。

343. ʔoʔte rɛʔ ʔaŋ siau ron, kon lhak loʔ ʔaŋ siau gauɯ.
箭竹 老 不 需要 刮削 子女 聪明 话 不 需要 教
老箭竹不需要细刮，口齿伶俐的孩子不需要教。

344. ʔoʔ tiʔ ploŋ, loŋ tiʔ mu.
竹子 一 筒（？节）棺材 一 个
一筒（？节）竹子，一个棺材。同生死的意思。

345. ʔoʔ tiʔ go ʔaŋ tɕiʔ moh paŋ, praŋ tiʔ mu ʔaŋ tɕiʔ moh ɲiɛʔ.
竹 一 棵 不 能 是 蓬 脊檩 一 根 不 能
成 房子
一棵竹子不成蓬，一根脊檩不成屋。

346. ʔoʔ tiʔ dʒhoŋ ʔaŋ pian mɔh paŋ, ɲiɛʔ tiʔ lhaŋ
    竹子 一 节   不 发 成 蓬 人家 一 幢（？户）
ʔaŋ pre   mɔh zauŋ .
不 繁殖（？兴旺） 为 寨
    一节竹发不成蓬，一家人繁不成寨。

347. ʔoʔ mhɔm kroŋ gɔn , bun mhɔm saŋ ɲiɛʔ .
    竹 好 把柄 刀 女人 好 建 家
    适合做刀把的竹子，适合建家庭的女人。

348. ʔoʔ mhɔm kroŋ tɕhiʔ, naŋ   tɕiʔ（？khɔ） kah
    竹 好   杆 旗 妹（？阿妹）可以（？合适） 于
rhɔm .
心
    适合做旗杆的竹子，称心合意的妹子。

349. ʔoʔ mhɔm mai paŋ , ɲiɛʔ graŋ mai buŋ .
    竹 好   与 蓬 家 漂亮 与 妇女
    竹好靠竹蓬，家美靠妇女。

350. ʔoʔ sum taʔ pot kah bhauŋ , rhaʔ sum kɯiŋ lauʔ
    竹子 种 祖父 断 于 风   酸柏茨 种 父亲 毁
kah naiŋ .
于 战争
    祖父种的竹子，被风吹断；父亲种的酸伯茨，毁于战争。

351. phak nɔŋ ʔih tɔk , sɔk nɔŋ ʔih gauʔ .
    洗   他 用 钵头 舂   他 吃 米
    洗给他用钵头，舂给他吃白米。

352. phan ʔeʔ koi taiʔ , kraiʔ   ʔeʔ koi tɕauŋ .
    创造 咱们 有 手 捏（？筑）咱们 有 脚
    造出咱们的手，捏（？筑）出咱们的脚。

353. phan bun taiʔ beʔ , phan simeʔ taiʔ dɔm .
    魂 女人 手 左   魂   男子 手 右
    女魂左手边，男魂右手边。"phan (魂)"、"beʔ(左)" 是沧源班列话。

354. phɯɯt   laih ʔak ʔe̠ʔ n̠uḻiatḻiat , niat (ʔdʑhɔp)
    以蜡抹（？抹） 弦   弩   咱们   滑滑貌   绷紧
    rhɔm vau ʔe̠ʔ lhauŋlɯilɯi .
    心   勇敢 咱们   高高貌
    把咱们的弩弦用蜡抹得滑滑的，把咱们的斗志鼓得高高的。

355. phit koi ku kaɯʔ , laɯʔ koi ku n̠iɛʔ .
    错   有   每个   坏   有   每家
    人人会有错误，家家会遭倒霉。

356. phit tɕaughɔʔ tɕɔ   sivai , phit tɕautai tɕɔ
    得罪   谷神   着（？碰见） 虎、豹 得罪   棉神   着（？碰见）
    sivɛʔ (? luaʔ) .
    西瓦（？鲁阿人）
    得罪谷神被虎咬，得罪棉神被砍头。

357. phɔ kiʔ lɔʔ , tɕɔʔ kiʔ rhɔm .
    交谈 他们 话   修正   他们 心、思想
    他们谈话，他们修正思想。

358. phɔn   tɔm namtɕak , pak tɔm namtɔi .
    无树木（？毁坏） 直到   南栅   净光 直到 南岱
    直到南栅无树木，直到南岱是光山。

359. phɔn tɛʔ tɕiak khain tɛʔ haik mɯik , siah kɯi kliŋ
    碎   土   挖   于   土   扒   蚂蚁 细   线   纺
    khain luat ʔain kɔn .
    于   丝   屙   虫
    挖土碎于蚂蚁堆土，纺线细过蚕吐丝。形容妇女能干。

360. phɔn lɔk n̠auʔ , laɯʔ lɔk n̠ia .
    粉碎   如   灰   坏   如   烬
    粉碎如灰，毁灭如烬。

361. phuat pauʔ tiʔ ʐɤŋ mauʔhɔm , khrɔm pauʔ tiʔ ʐɤŋ
    收拢   伴儿 自己 像   穗子、流苏 聚集   伴儿 自己 像
    ʔɯpkuat .
    冷饭

收拢自己的人像收拢穗子一样，聚集自己的伴像聚集冷饭一样。

362. phuat gruɯm nɛʔ, prɛʔ gruɯm tɯi.
卷起 于…之下 斗笠 收藏 于…之下 檀扇

在斗笠下卷好，在檀扇下收藏。斗笠、檀扇是雨具，斗笠是男的戴的，檀扇是女的披的，

用在婚礼祝词中比喻父母。意为：把爱人带到父母那里，得到父母的庇护和关心。

363. phiauk pui brɛʔ, gɛʔ pui tɕɔn.
绑 人 偷 抓 人 抢

绑小偷，捉强盗。

364. tɕhaʔ tiʔ gauŋ, lhauŋ (ʔluan) tiʔ tɔp.
差 一 小拃 高（?超） 一 庹

差之毫厘，失之千里。

365. tɕhɤ siʔɔʔ ku ghlɔk, tɕhɔk sinɔ ku grɔm.
试 橡子 每 刻口 问 伙子 每 公房

橡子每道刻口都试，伙子每个公房都问。

366. tɕhɔk pauʔ tiʔ num sidaiŋ, mhaiŋ pauʔ tiʔ tɕauŋ sidup.
问 伴儿 其 根 蜜花树 求 伴儿 其 脚 廊檐

蜜花树根求爱，廊檐脚下谈情。

367. tɕhɔk tɔm sauɯʔ kaiŋ, mhaiŋ tɔm sauɯʔ (ʔghlɛ) dʑhɯih.
问 直到 痛 头 要求 直到 酸（?磨损） 嘴

问到头痛，求到嘴酸。

368. tɕhɔk tɔm sidaiŋ, mhaiŋ tɔm sidauɯh.
问 直到 非常、十分 要求 直到 遍（?实现）

问到十分，求到底。（?问到头，求到底。）

369. tɕhɔk ku kauɯʔ, bauʔ ku ge.
问 每 个 截 每 树段（?段）

个个问，段段截。

370. tɕhɔk zuhluŋ tauk pon, kuan sidaiŋ tauk ʑauʔ.
    问   努力   才 得 守 非常   才 见到
    认真（？反复）问才得到，注意守才见到。

371. tɕhu tɔŋtɕʔ ʔaŋ pon tɕau, ŋau kɔnȵom ʔaŋ pon ȵɔ.
    鬻（？溢）土锅 不 能 翻搅 撒娇 小孩 不 能 哄
    土锅一铺（？溢）就翻搅不赢了，小孩一撒娇就哄不了。

372. tɕhu ʔɔ mɔh lok, kok pui mɔh koi kaiŋ.
    铺（？溢）锅 是 沸 叫、喊 人 是 有 事
    锅铺（？溢）是因为水沸，人喊是因为有事。

373. tɕhuaŋ tɕhi vhi vhaŋ.
    串   去 串门 玩
    串门游玩。

374. tɕhup pauʔ tiʔ dauʔ glɛ (？kaiŋkhlaʔ), kɛ pauʔ tiʔ dauʔ rhɔm.
    套   伴儿 反身代词 于…中 裤腰   包 伴儿 反身代词 于…中 心
    把人包在裤腰上，把人嵌在心窝里。

375. tɕhup piʔ kah hau, pau prɛʔ mai hɔʔ.
    插 笔 于 口袋 守 饭 与（？在…附近）汉人
    口袋上头插水笔，汉人门前等饭吃。

376. tɕhuh dɔŋ hia, dia kɔnlɛn.
    动 桶 蜜蜂 排列 士兵
    碰着蜜蜂桶，士兵齐出动。捅了马蜂窝。

377. ra loi van kɔnhɔʔ, koh rhiam, phuan liah ŋaiʔ kɔnslam sɔk mau.
    二 三 天 汉族   征 铁   五 六 天 傣族 找 钱、银
    汉人两天三天来征铁，傣家五天六天来找钱。

378. rɯɯ kah rhaɯk, taɯk kah mauʔ.
　　 落下 于 塌方 悬挂 于 藤子
　　 上不着天，下不着地。

379. rɯɯ khaiŋ rhaɯk, praɯk (? tɕot) khaiŋ raŋ.
　　 落下 从 塌方 溜、簌（？掉） 从 岩石
　　 从塌方处掉落，从石崖上溜下。

380. rɯɯh te pik tɔm pon puiŋ klaŋ, laŋ rhɔm kɤt tɔm
　　 直 箭 校 才 能 射 鹰 长 心 考虑 才
　　 pon prɔŋ mɤŋ.
　　 能 治理 地方
　　 校的箭直才能射老鹰，深谋远虑才能治理地方。

381. raisɯŋ paŋpat, siaŋnap (? siaŋnap) mantoŋ.
　　 惹生 班坝寨 香纳 　　　　　 文东
　　 班坝寨的惹生，文东寨的香纳。知名人士。

382. raiʔ zauŋʔuŋ, ruŋ zauŋsɔi.
　　 小青树 曼翁寨 大青树 岩帅寨
　　 曼翁寨的小青树，岩帅寨的大青树。

383. rauk khauʔ pɔ gu, ku pui pɔ laik.
　　 成片的 树 别 砍 多、闹 人 莫 进入
　　 成片的树莫砍，人闹的地方莫去。

384. rauh soʔ pɔ tɔ, zo pui pɔ tɕuŋ.
　　 吠 狗 别 跑 喊 人 别 停住
　　 狗咬别跑，人喊莫停。

385. rauh soʔ pui tuah ploŋ, kon kliʔ pui tɕia plai.
　　 吠 狗 人 割 茅草 勃起 阳具 人 酾 酒
　　 狗见人家割茅草汪汪叫，人见人家酾喜酒也动情。

386. rɯik pui ŋom haɯk saŋ, taŋ pui ŋom taŋkak.
　　 拔 人 坐 毛 大象 摆 人 坐 靠背椅
　　 拔给人坐大象毛，摆给人坐靠背椅。盛情接待。

387. riat 　　　　　　 mɔh tɕau tɔʔ, krɔʔ mɔh tɕau
　　 百长（以犀牛喻百长？）是 者 给 火头 是 者

ʑɯɯn.
按
　　百长是送亲人，火头是主婚人。
388. riaŋ tɔm ʑauʔ tiʔ sak, lhak tɔm ʑauʔ tiʔ mi.
　　勤　才　得　助词 饱　聪明　才　得　助词 富
　　勤快乃得温饱，聪明才能致富。
389. riaŋ khaiŋ mɛʔ ʔia tɔ, haiŋ ʔit khaiŋ mɛʔ ʑɔnoŋ.
　　勤　于　母 鸡 囤 醒　睡　于　母　凤头鹦嘴鸭

　　干活比鸡囤子还勤快，睡觉比凤头鹦嘴鸭还惊醒。
390. rian rhɔm tiʔ kah pui ʔaŋ mhɔm, prɛʔ rhɔm
　　　防　心 反身代词 于　人　不　好　收 心
tiʔ　kah kaiŋ ʔaŋ mɔh.
反身代词 于　事　不　是
　　防心于坏人，慎行于错事。
391. riaŋ khiʔ tɕai, dai rɔmkhauʔ.
　　明亮 月亮 中元节 裙子 青明树（？树汁）
　　中元节期月亮明，青明树汁染花裙。（？中元节的月光，树汁[青明树]汁）染的裙子。）
392. riaŋ simɛʔ nɛʔ sivai.
　　力气 男子　肉 虎、豹
　　男子的力气，老虎的肉。
393. ripriam　　　　laiʑuih, rhɔmmoh laiʔih.
　　杂草、草类（？薅草把）互相敲 爱情 相互要
　　草泥要敲来敲去，爱情要两厢情愿。（？互相敲打的薅草把，两厢情愿的爱情。）
394. rip riam ziʔ liap ŋhoʔ kɛʔ kɔi, sɔi nhan ziʔ liap
　　草 薅　我们 旁边 稻谷 与 小米 链子 戴 我们 旁边
mɛʔ kɛʔ kɯiŋ.
母　与　父
　　我们在稻谷、小米株旁薅的草，我们在父母身边戴的链子。

395. rɛh pataŋ ʔaŋ koi mauʔ bryk , raŋ paṇa ʔaŋ koi
     峭壁 巴挡 没 有 藤   攀缘 石崖 巴牙 没 有 刻
ghlɔk dik .
痕   踩
     巴当壁没有手攀的藤子，巴牙崖没有脚踩的石级。

396. rɛh saik mɔh rɔŋ , gɔŋ paih mɔh kauŋ .
     陡坡 凿 成 水沟 山 开 成 水田
     陡坡凿出水沟，荒山开成良田。

397. rɔk buansɔn , tɯi khuan tan .
     讨 福分   拿 命运（？魂）赊
     讨福分，求保佑。

398. rɔm ʔaŋsaʔ hit khaiŋ krɔŋ , vɔŋ ʔaŋsaʔ dɛ khaiŋ
     水   从不   干涸 于 澜沧江 皇帝 从不 缺乏 于
hɔʔ .
汉族
     澜沧江的水从没干过，汉族的皇帝从没缺过。

399. rɔm lhɛʔ tokhuan , rɔm rɔŋ kuan (? tauih) mɤŋ .
     水 雨   土黄   水 沟 灌 (？遍)   勐
     十月土黄雨，灌溉全勐沟。对大家普遍有好处的人或事。

400. rɔmmɔ manzaŋ , raŋtiam kauɯŋsauɯŋ .
     水井   曼阳寨   崖画   勐省寨
     曼阳的水井，勐省的崖画。

401. rɔm dik sigu , kraʔ hu sidɔŋ .
     水 踩 浑浊   路   走 明白
     踩的水是浑浊的，走的路是明白的。形迹虽可疑，行为却清白。

402. rɔm duɯ ṇauɯʔ vi , du vhi kɔnpraiʔ .
     水   潭 喝   霓 处 串 儿女
     虹霓（？龙）吸水之潭，小儿女串玩之处。

403. rɔm rɔŋ pɔ kɛh hit khaiŋ phai , ŋai lai pɔ
     水   沟 别 让 干涸 从   水坝 眼 字(？书) 别

keh grai khaiŋ rhɔm .
让　失　于　心
　　莫让沟水从水坝干涸，莫让字眼（？文字）从心中忘掉。

404. rɔm rɔŋ nauk phai , ŋailai nauk phuk .
　　水　沟　满　水坝　文字　满　书本（？本子）
　　沟水满水坝，文章满本子。

405. rɔm thai tyŋ（？diaŋ）, myŋ thai tɕau .
　　水　更替　渡口　　　勐　更换　主子
　　河水改渡口，地方换主子。（？改渡口的河，换主子的地方。）

406. rɔn pui te ʔγʔ lɔk rɔn thu , hu pui nain　　ʔγʔ
　　削　人家　箭　我　可　削　筷子　去　人家　打仗（？仗）我
lɔk hu ma .
可　去　地
　　人家削箭我削箸，人家打仗我下地。

407. rɔŋ rhaʔ taʔ dɛ .
　　枝干　酸柏茨　祖父　尽头
　　尽头之祖，酸柏茨之干。

408. rɔŋ tɯi tɔm paŋpat , lat tɯi tɔm paŋhɔm .
　　柱子　拿　直到　班坝寨　桁条　拿　直到　班欢寨
　　拿柱子直到班坝寨，取桁条直到班欢寨。建房材料都是来自远处，取之不易。

409. runam gɔŋ , rɔmmɔn goi .
　　贺南寨　长蛙　贺勐寨　蜥蜴
　　贺南人像长蛙，贺勐人像蜥蜴。

410. runam siamtɔŋ , rɔmmɔn gɔŋhan .
　　贺南　掸冬　贺勐　　公罕
　　贺南掸冬，贺勐公罕。

411. ru seh theh（？thct）ʔaiŋ lik , ru lɐuŋ ŋhɐuŋ ʔɯppit .
　　姓　下面　甩（？拨弄）　粪　猪　姓　上　蒸　糯米饭
　　下面的家族甩（？拨弄）猪粪，上面的家族蒸糯米饭。

412. ru　　　　sɛh　　　thɛh (？thɛt)　ʔaiŋ　lik　mɔh　bɯ,
　　　族（？姓）　下面　踢、甩（？拨弄）　粪　猪　是　油
ru　　　　lauŋ　ŋhauŋ　ʔɯppit　mɔh　sibo.
族（？姓）　上面　蒸　　糯米饭　是　老鼠核桃
　　下面的家族甩猪粪，才有油；上面的家族蒸糯米饭，倒出的却是老鼠核桃。（？下面的人家拨弄猪粪如搅动锅里的油，上面的人家蒸老鼠核桃当糯米饭。）

413. rup kaʔ, ʔaŋsaʔ pon, mhaiŋ buŋ ʔaŋsaʔ tɕu.
　　　网鱼　从未　得　求　女人　从未　同意
　　网鱼从未网到过，求婚从未有人愿。

414. ruŋ sum taʔ, rhaʔ　　　　　sum kɯiŋ.
　　　榕树 种　祖父　倒勾刺（=酸柏茨？）种　父亲
　　祖父种的榕树，父亲种的倒勾茨。

415. sa pauʔgrɔm ʔaŋ koi ɲieʔ ʔit, phit moik zauŋ ʔaŋ
　　　诽谤　朋友　没　有　家　睡　得罪　社神　寨子　没
koi dɯ pauŋ.
有　处　投靠
　　诽谤朋友无家睡，得罪社神无寨居。

416. sat　pui nat ʔeʔ klɔm krɔŋ khɔ, phɔ pui
　　　筑火药 人　枪　咱　扛　把　锄　讨论 人
naiŋ　　ʔeʔ hu thai ma.
打仗（？仗）咱　去　犁　地
　　人家筑火药枪，咱扛锄头把；人家讨论打仗，咱去犁地。

417. sat　pauʔ tiʔ kah sigah laŋ, saŋ pauʔ tiʔ kah sigah
　　　梳　伴　自己 以　梳子 长　伤　伴　自己 以　语言
kin.
厉害
　　拿长梳子梳人家的头，用刻薄话伤人家的心。

418. sat pui hauk ku rhaŋ sigah, ʔah pui lai ku gah
　　　梳 人　头发 每　齿　梳子　念　人　书　每　路口

kraʔ tiŋ.
路　　大
人们用梳子的每个齿梳头，人们在大路的每个路口念书。

419. sɯ pauʔ tiʔ kɔi tɕɯ, ȵɯ pauʔ tiʔ kɔi
　　 安放 伴 自己 有 名堂、意思 对准 伴 自己 有

mṵ.
个体（？形体）
使人家有个名堂，让人家像个样子。

420. sɯ　　 tiʔ ʔih kɔi, grɔi tiʔ ʔih ŋhɔʔ.
　　 放（？种）助词 吃 小米 条播 助词 吃 稻谷
种小米，撒谷子。

421. sɯ ŋhɔʔ ʔaŋ tɕiʔ lai, sɯ tai ʔaŋ tɕiʔ bruih.
　　 撒 稻谷 不 会 发 播种 棉花 不 会 绽开
撒稻谷不发芽，种棉花不会开。地方不好，晦气得很。

422. sɯ ŋhɔʔ kuah, sum muah plauŋ.
　　 播 稻谷 出苗 种 芭蕉 发芽
播稻谷出苗，种芭蕉发芽。

423. sɯ lɔkkaiŋ khlɯpdɯ (? dɯvɯi), tɕɯ ŋai kaik daŋʔɔ.
　　 装 包头 背阴处　　　　　 低下 脸 羞 锅台
垂下包头遮住脸（？背阴处弄包头），低下羞颜向锅台。形容妇女害羞之状。

424. sɯ blum pit kah ʔak, sɔn　　 rhɔm lhak mai
　　 装 酸蜂蜡 粘 于 弩 算计（？计算）心 聪明 与

kaiŋ.
工作
把酸蜂蜡粘在弩上，在工作中增长才智。

425. sɯʔ ʔaŋ kɔi ra dum, zum ʔaŋ kɔi ra bɔk.
　　 病 个 有 二 次 死 个 有 二 回
病无二次，死无二回。人生不过一死。

426. sɯʔ ʔaŋ lai ʔah ʔia, ȵia ʔaŋ lai ʔah lik.
　　 病 不 再 说 鸡 呻吟 不 再 说 猪

有病不再用鸡，呻吟不再说猪。即使有病，也是小病痛，不像大病，需要杀鸡、杀猪来看卦送鬼。

427. sauɯʔ ʔaŋ lai kum, zum ʔaŋ lai khu.
　　 病　 不　再　看望　死　 不　再　安慰
　　 病，不再看望；死，不再安慰。

428. sauɯʔ ʔaŋ lai ʔɔm, sibhɔm ʔaŋ lai zauʔ.
　　 病　 不　再　蒙受　饥荒　　不　再　见
　　 疾病不再见，饥饿不再遭。

429. sauɯʔ tiʔ dum mai ʔo, tiʔ plɔŋ,　　 zum tiʔ
　　 病　一　次　与 竹　一　节、筒（？）死　一
dauɯh mai lɔŋ tiʔ mu.
处　 与　棺材 一　个
　　 一筒（？节）竹子一回病，一具棺材一处埋。同生死的意思。

430. sauɯʔ tot siʔuiŋ, zum puiŋ siziɛʔ.
　　 病　 咬　蛇　 死　 射击 老天爷
　　 蛇咬之病，天击之死。命中注定的疾病和死亡。

431. sauɯʔ kah tɔm, zum kah keh.
　　 痛　 于　下蛋　死　于　生
　　 痛在（？于）下蛋，死于生儿。

432. sauɯʔ kaiŋ tɔʔ ʔih plai, sauɯʔ ŋai kraiʔ ʔih sidah.
　　 痛　 头　 给　吃　酒　痛　 眼　敷、涂 用　药
　　 头痛给酒吃，眼痛用药敷。

433. sauɯʔ nhim kah tɕaik tiʔ kɔi, sauɯʔ nɔi kah plɔi
　　 痛　 手指甲　于　掐 反身代词 小米 痛　 腰　 于　打发
tiʔ　 tɕaŋ (？puitɕaŋ).
反身代词 帮工
　　 小米掐的指头痛，打发帮工腰杆酸。

434. sauɯʔ nhim kah dɛʔ tiʔ, sigɛʔ kah biɔŋ tiʔ.
　　 痛　 手指甲　于　拃　助词　消瘦　于　思念　助词
　　 占卦占得指头痛，相思惹的人消瘦。

435. sauʔ vaik kah mɔik bi, siki ŋai kah diŋ tɔŋ.
　　 痛　 肚子 于 烂饭 瓜 刺激 眼 于 墙 铜
　　 瓜烂饭吃得肚子痛，铜墙反光刺人眼。

436. sak sɔm nɔm ʔit.
　　 饱　食　甜　(？好) 睡
　　 饱食甜睡。(？吃饱睡好)

437. sak sɔm nɔm nauʔ.
　　 饱　吃　舒服　喝
　　 吃饱喝足。(？吃饱喝好)

438. sak sɔm nɔm ʔot.
　　 饱　吃　舒服　在
　　 吃饱好在。(？吃饱活好)

439. saisɔ rhɔ gep (？tɕeʔ), moiktuŋ dzuŋ kliʔ.
　　 赛叟氏 锈　阴户　　 梅冬氏　 直　 阳具
　　 赛叟氏阴户脏，梅东氏阳具涨。

440. saisɔ bruk bruŋ, zauŋruŋ tɕah dɛh.
　　 赛叟氏 骑　 马　 永榕氏　 披 毡
　　 赛叟氏骑马，永榕氏披毡。

441. saik kɛʔ moh rɔŋ du (？sidu), su kɛʔ moh meʔ moiŋ.
　　 凿　他俩　为 柱子　齐、一样　同意 他们 为 夫 妻
　　 把他俩凿为成对的柱子，同意他俩成夫妻。

442. saik rhaŋ mɔ, kɔ buɯ mhɔm.
　　 凿　齿　石磨　开创　世道　好
　　 凿石磨齿，创好世道。

443. saik simauʔ koi dzuaŋ (？dʑhoŋ), prɔŋ haktɛʔ koi mɯ.
　　 凿　石头　有　础　(？节)　判　地方　有　界
　　 把石头凿成础，给地方划出界。

444. saih tuih, sizɔŋ lɔt.
　　 雷　打　龙　摄

雷打龙摄。

445. sam　　sai　　ʔai　　ɲi .
　　老三（男）老四（男）老大（男）老二（男）
　　老三老四，老大老二（男）。

446. saŋ　mɔh　ɲieʔ, pak　mɔh　zauŋ .
　　建　为　家　辟　为　村寨
　　建为家，辟为村寨

447. sɯt　　nɔh　koi　num , sum　nɔh　koi　kaɯʔ .
　　插（？赠）他　有　根　起　他　有　名
　　插（？赠）之使有根，命之使有名。给人起名字的意思。

448. sɯiŋ pui ʔɤʔ mɔh mɛʔmai , brai pui ʔɤʔ mɔh pui
　　讨厌　人家　我　是　寡妇　嫌弃　人家　我　是　人
nɔŋ .
独
　　人家讨厌我是个寡妇，人家嫌弃我是个孤儿。（？人家讨厌我如对寡妇，人家嫌弃我如对孤儿。）

449. sɯiŋ　ʔeʔ　kah　sauʔ , laɯʔ　ʔeʔ　kah　zum .
　　脏　咱们　于　病　败落　咱们　于　死
　　人病身上脏，人死家道衰。

450. siʔaŋ（？siʔaŋʔia）gaik　pauʔ , tɕamauʔ ɲhiat mɛʔ .
　　鸡卦　　　　　看　舅父　梦　听　母亲
　　舅父看的鸡卦，母亲做的梦。婚姻问题上长辈的意见。

451. *siʔaŋ sɯt* （？siʔaŋsɯt）　　　　ʔɤʔ loi beŋ
　　骨头　占卜（？占卜用的鸡骨头[股骨？]）我　三　平
mɔk , lhaʔ sibɔk ʔɤʔ loi beŋ bia .
竹筒　叶　卜　我　三　平　簸箕
　　我占卦的骨头有平平的三竹筒，我占卦的草叶有平平的三簸箕。

452. silik　vɛʔ　ziʔ　ʔaŋ　koi　mɯpai（？simauʔpai）, plai　vɛʔ
　　纸烟　带　我们　没　有　火石　　　　　　　酒　带
ziʔ　ʔaŋ　koi　susaiʔ .
我们　没　有　酒药

我们带的纸烟没有火石，我们带的酒没有酒药。所带礼物只是做样子，不能认真招待人。

453. simah pui taŋ vaik tiʔ dɛʔ, tutɛʔ (ʔtutheh) kaʔ taŋ
　　 吵架　人　为　腹　一　拃　斗来斗去　　　　鱼　为
rɔm tiʔ duŋ.
水　一　潭

　　人吵为争一口食，鱼斗为争一潭水。

454. simah sim mai　　　　puɯp tiʔ　　　tai,
　　 吵架　鸟　与、为（？当…时）吸　助词（？自己）花
simah pui mai　　　　　vai tiʔ　　　　ȡuaŋ.
吵架　人　与、为（？当…时）借　助词（？自己）身子

　　鸟儿吵架为采蜜，人们争吵为偷情。

455. simeʔ kɯŋkhyi, bɯŋ koi ȵieʔ.
　　 男子　上门、入赘　女人　有　家

　　男子上门，女子有家。

456. simeʔ laŋ diaŋ, simiaŋ tiŋ buaŋ.
　　 男子　长　脚步　管家　大　福分

　　男子脚步长，官家福分大。

457. simeʔ mɔh khauʔ ȡauŋ lɔŋ, bɯŋ mɔh
　　 男子　是　木料　基础、脚寨围　女人　是
gɔŋtɕaiŋ　　　praiʔ.
线脚（=缝儿？）地方

　　男人是固寨围的桩桩，女人是缝地方的线脚。

458. sigaɯʔ　　mai dauʔ lɔŋ, sigrɔŋ maiʔ hu gɔŋ
　　 封（？储存）你　于…之中 棺材　抬　你　去 山
mɯik.
坟

　　把你封在棺材里，抬你到坟山去。

459. sigah mai pa lhɯt, tɯt (ʔpaɯŋ tɯt) mai
　　 说话 跟　的　声 吹号角　　　与（？在…附近）

pa ʔɔ .
的 哑
　　跟聋子说话，对哑巴吹号。白费力气。

460. sigah mai pui ʔɔ, lɔklɔ mai pui kuat .
　　说话　与　人　哑　开玩笑　与　人　老
　　跟哑巴交谈，跟老人嬉闹。不看对象自讨没趣。

461. sigah mai siam kɛh dɤh nɛʔ, sigah mai
　　说话　跟　傣族　让　放下　斗笠　说话　跟
sivɛʔ (ʔluaʔ)　　kɛh dɤh vaik .
西瓦（？鲁阿人）让　放下　刀子
　　跟傣族说话使之放下斗笠，跟西瓦（？鲁阿人）说话使之放下长刀。

462. sigah mai siam kɛh ʔɔʔ, sigah mai hɔʔ kɛh ʔɯ .
　　说话　跟　傣族　使　噢　说话　跟　汉族　使　嗯
　　跟傣族说话会答应，跟汉族商量会同意。

463. sigiap luŋ pa luŋ khain tɕoih, klakɔi pa ŋoih
　　花椒　黑　结构助词　黑　于　黑蚂蚁　麝香　结构助词　贵
khain khri .
于　金
　　黑花椒更比黑蚂蚁黑，麝香更比金子贵。

464. sigit piaŋ raŋ, sigaŋ dauʔ mɤŋ .
　　竹筒　于…之上　岩石　西冈　于…之中　勐、邦
　　岩上的竹筒，勐里的西岗。

465. sigit tiŋ paŋ, simiaŋ tiŋ tɕɤ .
　　竹筒　大　蓬　官家　大　名声
　　蓬大的竹筒，名大的官家。

466. sigit kah grɛʔ, siziɛʔ kah khuan .
　　竹筒　于　炕笆　老天爷　于　命（？）、魂
　　炕笆上的竹筒，命中的天。

467. siginn　　 klɔŋ ʔaŋ tai, rhɛŋ vai ŋai ʔaŋ
　　野姜（？姜）河　不　开花　情人　借　脸　不

vhah .
痛快（？可靠）
　　野姜不开花，光把脸给人看看的情人玩不痛快（？只求名利的情人不可靠）。

468. sigom（？vok） rhit,　　　　　sigit plai .
　　使弯曲　　虹吸管（？吸管） 酽　酒
　　弯虹吸管（？吸管），酽水酒。

469. sigrit kɔn sok pauʔʔo, sido kɔn sok pauʔʔaik .
　　蟋蟀　还　找　姐妹　蚂蚱　还　找　兄弟
　　蟋蟀还找姐妹，蚂蚱还找兄弟。

470. sigu klɔm krauŋ preʔ, sinεʔ veʔ krauŋ ʔit .
　　西古氏 挑　器物 饮食 西奈氏 带 器物 睡觉
　　西古氏挑炊具，西奈氏带行李。

471. sigu rεʔ, sinεʔ vau .
　　西古氏 强硬 西奈氏 勇敢
　　西古氏强硬，西奈氏勇敢。

472. sigu rɔm khaiʔ hu klaŋkaʔ, sigaʔ niεʔ khaiʔ ʔiŋ lεn
　　浑浊　水 于…之后 走　鱼鹰　干净 家 于…之后 回 兵
hɔʔ .
汉族
　　鱼鹰过处河水浑，汉兵走后家室空。

473. sigu rɔm khaiʔ pu klaŋkaʔ, zian zauŋ khaiʔ to
　　浑浊　水 于…之后 飞　鱼鹰　静寂 村寨 于…之后 跑
kɔn praiʔ（？kɔnpraiʔ）.
子女 地方（？子女）
　　鱼鹰飞过河水混，百姓逃后村寨虚（？儿女出逃村寨寂）。

474. sigun　　paiŋ tɕe ʔaŋ tɕiʔ dut, rhɔm muih
　　脚撴（？撴）白 以为 不 会 断　心　爱
dut　　tɕe ʔaŋ tɕiʔ grai .
肯定（？断）以为 不 会 失
　　白藤脚箍（？箍）人们都以为不会断，肯定了的爱情人们都以为不会变（？结束了的爱情人们都以为不会消失）。并非如此。

475. simiaŋ tiŋ dɛʔ, sivɛʔ(？luaʔ)　　 lɔm vaik.
　　 管家　 大　拃　西瓦（？鲁阿人）锋利　刀
　　 官家拃大，西瓦（？鲁阿人）刀利。

476. simɛ　　　　　rip koi kah nɔm,　　 dʑhɔm
　　 籽种（=种子？）草　 有　于　草堆（？堆）性质、内容（？）
lhak koi kah kuat .
聪明　有　于　老人
　　 草籽在草堆之中，智慧在老人那里。

477. sibuut kauŋ mɔ, saisɔ　 kɔ praiʔ.
　　 剟铲　 挖　矿井 赛叟氏 创　规矩（？）、地方
　　 挖矿井的剟铲，创规矩（？始开辟）的赛叟氏。

478. sibuut kɔk tɕaŋlhek kauɯkɔ, sivok rhɔ tɕaŋlhɔ kauŋtum.
　　 剟铲　弯　铁匠　　 勐角　镰刀　锈　铸工　 勐董
　　 勐角铁匠打的弯剟铲，勐董铸工铸的锈镰刀。比喻不成器。

479. sibuɯ ʔaŋ riam　　 mɔh tauɯʔphai , pauʔʔaik ʔaŋ tai
　　 园圃　不　薅草（？薅）成　 辣蓼　　兄弟　　不　索
mɔh puiprɔ .
成　 路人、外人
　　 园圃不薅草长辣蓼，兄弟不索成路人。

480. sibeʔ dʑuŋ (？dʑuŋŋok) dhah mai　　　　 nɔi , khlaʔ
　　 衣服　直襟　　　　　　　长　 与（？在…附近）腰　裤子
sioʔsʏŋ sɔi　　　　 mai　　　　 tɛʔ .
学生　 摆甩（？垂）与（？在…附近）地
　　 对襟衣服长齐腰，学生装裤拖到地。

481. sibɛh koi tɕau thiaŋ (？thɛ̆) , sibian koi tɕau tɕh .
　　 慷慨　有　人　添　　　　　　 吝啬　 有　人　减
　　 慷慨有人添，吝啬有人减。

482. sidauɯh tɔm kaiŋ , sidaiŋ tɔm prauk .
　　 遍及　 直到 地头 非常　直到 地边
　　 地头都出得齐，地边都长得好。（？[庄稼]齐到角，好到边。）播

种祝辞。

483. sidaiʔ ʔim, sidim kroh.
　　八　　湿　九　　干
　　湿的八下，干的九下。湿柴好砍，干树难断。

484. sidaʔ tɔi ʔaŋ tɔʔ ʔɣʔ pak, sigah lhak ʔaŋ krai ʔɣʔ
　　尾巴 白鹇 不 给 我 戴 话 聪明 不 说 我
mhoŋ.
听
　　白鹇尾巴不给我戴，聪明话不说给我听。无人关心爱护。

485. sidu kauɯʔ mai rɔm huan, sidu buan mai siziɛʔ.
　　一样 身体 与 水 涨 一样 福分 与 天
　　身体与涨起的水一样，福份与天一样。（？身高如涨水深，福分如天高。）

486. sigian raŋ, sigaŋ kɣt.
　　葫芦 岩石 西冈 出生（？转世）
　　岩石葫芦，出人的西岗（？人转世的西冈）。

487. sineʔ rɛʔ ʥhɯih, zauŋruŋ ʥuŋ zhauk.
　　西奈氏 硬 嘴 永榕氏 直 耳朵
　　西奈氏嘴巴硬，永榕氏耳朵直。

488. siʔoi ʔɔp（？zoik）tɔm mɣŋ vɔŋ, siʔoi bhɔŋ tɔm mɣŋ
　　气味 醉人 直到 地方 皇帝 气味 香 直至 地方
hɔʔ.
汉族
　　醉人味直至皇都，香艳气直至汉地。多形容妇女之美。

489. siʔʔoʔ bruk praŋ, simian khum kuat.
　　橡子 骑 大梁 官家 欺压 老人
　　橡子骑大梁，官家欺老人。（？骑着大梁的橡子，欺压百姓的官爷。）

490. siʔuiŋ kuan kraʔ, sivɛʔ（？luaʔ） muk kaiŋ.
　　蛇 拦、守 路 西瓦（？鲁阿人） 砍 头
　　拦路的毒蛇（？蛇），砍头的西瓦（？鲁阿人）。

491. sivɔk lɔm mai ʔɣʔ ku giah（？rhaŋ）, sigah briah mai
　　 镰刀 锋利 与 我 每 齿　　　　　话 怒吼 与
ʔɣʔ ku gum.
我 每 句
　　 镰刀对我齿齿利，话语对我句句凶。

492. sivu kah pliah, siziah kah buan.
　　 绊倒 于 矛 作祟 于 福分
　　 被长矛绊倒，被别人的福分整着。

493. sizɔŋ pa ven hauk, siziɛʔ pa dʒhauk khuan.
　　 龙 助词 系 头发 老天爷 助词 箍 命运（？魂）
　　 是龙系头发，是天箍命运（？魂）。

494. sizɔŋ kah tɛʔ, siziɛʔ kah ma.
　　 龙 于 地 老天爷 于 天
　　 地上的龙，天上的老天爷。

495. siah kɯi kliŋ khaiŋ luat ʔaiŋ kɔŋ, phɔŋ tɛʔ tɕiak
　　 细 线 纺 于 丝 屙 虫 碎 土 挖
khaiŋ mhɔŋ sɔm mɔt.
于 粉 吃 蛀虫
　　 纺的线比蚕吐的丝还细，挖的土比虫蛀的粉还碎。形容妇女能干。

496. siah　　　 gian khaiŋ grɯiŋ tɔ tɛʔ, rian pit khaiŋ
　　 纤巧（？细）手指 于 白蚁 运 土 勤 黏 于
lhɛʔ siah mu.
雨 细 颗（？粒）
　　 手巧于运土的白蚁，人勤于毛毛雨。

497. siah gian khaiŋ mɛʔ ʔiatɕɔ, rian kaiŋ khaiŋ mɛʔ
　　 细 手指 于 母 雉鸡 勤 活 于 母
ʑɔŋ　　　 nɔŋ.
凤头鹦嘴鹛（？鹛）菁
　　 手指比母雉鸡灵巧，干活比母凤头鹦嘴鹛菁勤快。

498. sia̠m ta̠ŋ prɔŋ ɲiɛʔ, sivɛʔ (ʔ luaʔ)　　ta̠ŋ　prɔŋ zauŋ.
傣族 各自 治理 家 西瓦（？鲁阿人） 各自 治理 寨
傣族治傣族的家，西瓦（？鲁阿人）管西瓦（？鲁阿人）的寨。

499. si̠m pɯik tai, pui vai ʤuan.
鸟 吮吸 花 人 借 身子
采花的鸟，借身子的人。寻花问柳的人。

500. si̠msɯt ʔa̠ŋsaʔ tuih pa̠ŋlɔi,　　　　　zauŋsɔi ŋɔi
中构鹨 从不 碰绊 水林果树（？水林果藤） 岩帅寨 疥疮
ʔa̠ŋ ʔi̠h kai̠ŋ khlaʔ.
不 用 头 裤子
中构鹨在水林果树丛（？水林果丛）中从不碰着树（？藤），生疥疮的岩帅人穿裤子不要裤头。

501. si̠n lavu, kru lapa̠ŋ.
财产 老吴 武器 老板
老吴的财产，老板的武器。

502. si̠n nai, tai khru̠m.
财 浪费 花 凋谢
浪费的财富，凋谢的花。

503. si̠n zɛ, brɛ hau̠h.
财产 容易 牲口 多余
容易得的财产，多余的牲口。不义之财。

504. sɔk pui ti̠ʔ ku̠m ka̠h ziɛʔ tɕau̠mi, ʔa̠n pui sa̠ʔ sɔk
找 人 助词 聊天 于 家 财主 不 人 从来 找
ti̠ʔ vhi ziɛʔ ha̠nlhɔ̠ŋ.
助词 串门 家 英雄、好汉
只有找财主家聊天的，没有找英雄家串门的。

505. sɔk gau̠ʔ tɔm pai̠n, mhai̠ŋ　　bu̠n tɔm pon.
再舂米 直到 白 聘问（？求） 女人 直至 得到
舂米要舂到成白米，求女人要求到她同意。

506. sɔk ɲ̠eʔ mai　　　vaik, laik la̠ih mai by̠n.
找 针 与（？当…时）黑暗 入 街 与 瓦

天黑时找针，有店处赶街。

507. sɔm ʔaŋ mɔh sigrit, ʔit ʔaŋ mɔh bunkrih.
吃饭 不 是 蟋蟀 睡觉 不 是 姑娘
下饭非得蟋蟀，伴睡非得姑娘。

508. sɔm pauʔ mɛʔ, prɛʔ riaŋ kɯiŋ.
饭 舅父 母亲 饮食 力、功 父亲
请舅父和母亲吃的饭，报答父亲养育之恩的酒席。

509. sɔm ʔɯp nɔ pa ʔɔn, gaɯ lai rauk pa zie.
吃 饭 净是米的 的 软 学 文字 布饶 的 容易
吃软口的大米饭（？吃软口的纯大米饭），学易学的佤文。

510. sɔm sivai rau rhaʔ, tɕaʔ kala haktɛʔ.
吃 虎、豹 尖、梢 到勾刺（=酸柏茨？） 侵占 洋人 地方
豹子吃倒勾茨尖，洋人占祖宗的地方

511. sɔʔ ʔaŋ tɔŋ nham, tam ʔaŋ tɔŋ daɯʔ.
狗 不 知道 血 螃蟹 不 知道 洞
不知道自己血的狗，不知道自己洞的螃蟹。

512. sɔʔ kiat sivai, pui lai (? ʐuh lai) ʐum tɕauʔ.
狗 咬 虎、豹 人 做生意 死 凶
豹子要吃的狗，不得好死的生意人。

513. sup ʔaŋ lai koi daɯʔ haɯ, maɯ ʔaŋ lai koi kah taiʔ.
草烟（？烟）不 再 有 于…之中 口袋 钱 不 再 有 于 手
袋里再也无烟，手上再也无钱。

514. sup riaŋ pai, plai riaŋ sidah.
烟 工资 医 酒 报酬 药
烟是医病的工资，酒是吃药（？给药）的报酬。招待医生的烟酒。

515. sup riaŋ dʑai, plai riaŋ dʑɯih.
烟 工资 予言（？口）酒 报酬 嘴
烟是予言的工资，酒是玩嘴的报酬。

516. supsilik ʔaŋ ʥut khaiŋ hau, mau plah mhɯŋ ʔaŋ
　　 纸烟　不、没 短缺 于　口袋　钱　张　万、元　不
dɛ khaiŋ tai ʔ.
尽 于　　手
　　 袋里纸烟没有缺过，手头元币没有完过。

517. sup zum krɔh ʔaŋ koi lhaʔ dai, soʔ brai mauŋ ʔaŋ
　　 烟　死　干　没　有　叶　裙子　狗　丑　相　没
koi ŋai kaik.
有　脸　羞
　　 干死的烟没有脚叶，丑相的狗不知害羞。骂人的话。

518. sut pauʔ tiʔ ʑɤŋ suah, ruah pauʔ tiʔ ʑɤŋ gauʔ.
　　 拣　伴　其　如　炭　选　伴　其　如　米
　　 将人家像炭一样捡起（？挑出），把伴儿像米一样选出。

519. sut sizɔŋ lhaʔlhak sibloi, khrɔm tɕɤŋfuʔ kɔndoi ʔot
　　 捡　龙　　笋壳　　 飘零　 聚集　政府　 孤儿　在
tau.
一起
　　 龙神把飘零的笋壳捡起，政府把孤儿聚集在一起。

520. sum　　　　 pauʔ tiʔ kah　　 glɤt, kɤt pauʔ tiʔ
　　 劝食（？种）伴　 其　以（？于）下巴颏儿 考虑 伴　其
dauʔ rhɔm.
于…中 心
　　 以颏劝食，中心铭记。(？口中常念，心中常记。)

521. sum n̠ieʔ lɔk n̠ieʔ sizɔŋ, saik bɔn lɔk bɔn sizieʔ.
　　 盖　房子　像　房子　龙　凿　楼梯　像　楼梯　老天爷
　　 盖的房子像龙宫，凿的楼梯像天梯。

522. sum n̠ieʔ mai　　　　daŋ ʔia, dia n̠ieʔ
　　 盖　房了　与（在…附近）圈　鸡　并　房子
mai　　　　 kɔk lik.
与（在…附近）栏　猪
　　 把房子盖在鸡圈旁边，把房子跟猪栏排在一起。

523. sum sup ʔaŋ koi tɕai, krai loʔ ʔaŋ koi tɕɣ.
    种 烟草 没 有 烈味 说 话 没 有 意思
    种没有烈味的烟，说没有意思的话。

524. sum sup pui kleh dai, kuih plai pui koh gha.
    种 烟 人家 掰 脚叶 煮 酒 人家 征收 税
    种烟人家来掰叶，煮酒人家来征收税。

525. thah nɔh zɣŋ phia, via nɔh zɣŋ kɔŋ.
    劈 他 像 木板 绕开 他 像 虫
    像劈木板一样劈他，像见到虫豸一样绕开他。

526. thai ʔaŋ klɔm tɕiʔ rhɔ, khɔ ʔaŋ tɕiak tɕiʔ
    犁 不 抬 会 锈 锄 不 挖 会
khriam (? rham).
枯（？朽）
    犁不抬会锈，锄不挖会枯（？朽）。

527. thai tiʔ lhaŋ, praŋ tiʔ mu.
    犁 一 架 屋脊 一 个
    一个屋脊一架犁。

528. theh loʔ kɯiŋ sivu kah nɛʔ, theh loʔ meʔ sivu kah
    忤 话 父 绊 于 背巾 忤 话 母 绊 于
rhum.
胎胞（？胎衣）
    违父言被背巾缠住，忤母命被胎胞（？胎衣）绊倒。

529. ʔuʔ ʔia ʔah taŋ, riaŋ praiʔ ʔah taiŋ.
    啼 鸡 说 驮 亮 天色 说 织
    鸡叫就准备驮，天亮就着手织。

530. ʔuʔ ʔia liaŋ, riaŋ tiŋ praiʔ.
    啼 鸡 首次 亮 大 天
    鸡叫头遍，天大亮。

第四章　佤语基本词汇

汉译	佤语	汉译	佤语
天，天空	rau ma	岩洞	dauʔ raŋ
太阳，日	si ŋaiʔ	洞，窟窿	dauʔ
光，阳光	koik	河，川，江	klɔŋ
月亮，月	khiʔ	湖，湖泊	nhɔŋ
星，星星	sim ʔuiŋ	海，海洋	rɔm si grit si gra
天气	praiʔ	沟，水沟	rɔŋ
云，云彩	pai ʔɔm	井，水井	rɔm mɔ
雷，雷公	saih	坑，土坑	dauʔ klɔk
风	bhauɯŋ	堤，河堤	na klɔŋ (？)
雨	lhɛʔ	路，道路	kraʔ
虹，彩虹	si zɔŋ	坝，平坝，坝子	toŋ
雪	rha		
雹子，冰雹	prɛ	土，土地	tɛʔ
霜	si dap	田，田地	kauɯŋ
露，露水	rɔm tɕieʔ	石头，石子	si mauʔ
雾，雾气	si mɔk	沙，沙子	mhaik
冰，冰凌	kaiŋ si dap	尘土，灰尘	ɳauʔ tɛʔ
火	ŋu	灰	
烟，烟火	tauʔ ŋu	泥，泥巴	glauʔ
气，空气	bhɔm	水	rɔm
地，陆地	hak tɛʔ	波，波浪	pu pak rɔm (？)
山，山丘	gɔŋ	泉水	rɔm kɯt
上坡	blauŋ	林，森林，树林	tiak hauʔ
下坡	dʑɯ		
山谷，峡谷	ɳot	金，金子	khri
悬崖，崖	rɛh	银，银子	mauɯ
岩石	raŋ	铜	tɔŋ

铁	rhi̯am	子	
锡	hek	嘴，口	dʑhɯih
锈，生锈	rhɔ	唇，嘴唇	si ziap dʑhɯih
炭，火炭，木炭	su̯ah	须，胡须，胡子	hau̯k dʑhɯih
盐，食盐，盐巴	kih	下巴，颌	glɤt
碱	lhau̯ʔ	脖，脖子，颈	ŋɔk
灰，草木灰，烬	ȵau̯ʔ	肩膀，肩	khlip
		背，后背， 脊背	blɔk
地方，地区	dɯ ʔot		
街	laih	腋窝，胳肢窝	grɯm klai̯k
村，村寨，村子	zau̯ŋ	胸脯，胸	nau̯k
人家	ȵiɛʔ	乳房，奶子	gu̯n tɯih
庙，寺庙	ȵiɛʔ moi̯k	奶，乳汁	rɔm tɯih
桥	si ba̯ɯk	肚子，腹部，腹	vai̯k
坟，坟墓，墓	si mɯi̯k	肚脐，肚脐	si dai̯n
塔	kɔŋ mu (?)	眼	
身体，身子	kau̯ʔ	腰	ȵɔi
头	kai̯ŋ	屁股，臀部	ȵiɛʔ krɛ
发，头发	hau̯k kai̯ŋ	大腿	ba
辫子，辫	deh hau̯k (?)	膝盖，膝	ŋɔŋ
额，额头	doŋ re		pliʔ tɕau̯ŋ (? gɔŋ)
眉，眉毛	hau̯k ȵai	小腿	tɕau̯ŋ)
眼，眼睛	ȵai	脚	tɕau̯ŋ
鼻，鼻子	mɯih	脚踝，踝	ȵai liak
耳，耳朵	zhau̯k	胳膊，臂	plɔŋ tai̯ʔ
脸，面	ȵai	肘，手肘	plɔŋ tɔk
腮颊，腮帮	bau̯h	手	tai̯ʔ

手腕，腕	dʑhoŋ taiʔ	椎骨	
手指，手指头	gian taiʔ	肋骨	si ʔaŋ prauk
		节，关节	dʑhoŋ
拇指，大拇指	gian tiŋ	牙，牙齿	rhaŋ
		齿龈，牙床	ŋi
中指	gian grɤŋ naʔ	舌头，舌	dak
小指，小指头	gian tiah	小舌	krauŋ
		咽喉，喉咙，喉	ghok
手指甲，指甲	ŋhim		
		喉结	ghok plai
拳，拳头	glua taiʔ	肺，肺脏	nhau
肛门	ghuat	心脏，心	rhɔm
阴茎	kliʔ	肝，肝脏	tɔm
睾丸	kla	肾，腰子	sok laʔ
阴户	tɕeʔ	胆	ghin
胎衣，胎盘	rhɯm	胃	tu
皮肤，肤	hak	肠，肠子	krauŋ vaik
皱纹，皱	rak rɯn	膀胱，尿泡	blauŋ
痣	blum	屎，大便	ʔain
疮	muat	尿，小便	nɯm
伤口	dɯ mat	屁	phum
疤，伤疤	pliak	汗，汗水	rɔm lauh
癣，皮癣	viak	痰，吐痰	ghak
肌肉，肌，肉	neʔ	口水，唾液	rɔm mia
		鼻涕	rɔm mɯih
血，鲜血	nham	泪，眼泪	rɔm ŋai
筋	si niak	脓，出脓	lum
脉	lɤ	污垢，垢	kɔm
脑髓,骨髓	gua	声音，声，语言	loʔ
骨，骨头	si ʔaŋ		
脊梁骨，脊	si ʔaŋ krɔŋ	尸体，尸首	riaŋ pui zum

寿命，寿	dʑu phan	聋子	pui lhɯt
生命，寿命	dʑu	秃子，秃头	pui pak kaiŋ
汉族，汉人	hɔʔ	麻子	pui prɯih ŋai
人，人类	pui	驼背，驼子	pui khum
成年人，大人	pui tiŋ	傻子，傻瓜	pui dy̰ʔ
		疯子	pui ʐhot
小孩，儿童	kɔn nɔm	口吃，结巴	klḛ
婴儿，幼儿	kɔn ŋɛ	哑巴	pui ʔɔ̰
老头儿，老人	ta̰ʔ kuat	主人，主	tɕau ɲieʔ
		客人，客	nɔ̰
老太太，老奶奶	ziɛʔ kuat	伙伴，同伴	pauʔ
		祖宗，祖先	ta̰ʔ du ziɛʔ luan
男人，男性	sḭ meʔ	爷爷，祖父	ta̰ʔ
女人，女性	bṵn	奶奶，祖母	ziɛʔ
小伙子，男青年	sḭ nɔ	爸爸，父亲	kɯiŋ
		妈妈，母亲	meʔ
姑娘，女青年	bṵn krih	儿子，男孩儿	kɔn sḭ meʔ
士兵，兵	lḛn	儿媳，儿媳妇	mun
木匠，木工	tɕaŋ mai		
猎人，打猎的	pui dʑɔ	女儿，女孩儿	kɔn bṵn
乞丐	pui tɕaɯŋ	女婿，姑爷	khy̰i
贼，小偷	pui brɛʔ	孙子	kɔn sauɯʔ sḭ meʔ
强盗，土匪	pui tɕon	孙女	kɔn sauɯʔ bṵn
病人	pui sauɯʔ	哥哥，兄	pauʔ kḛ sḭ meʔ
仇人，仇敌	ti ry̰n	姐姐，姐，姊	pauʔ kḛ bṵn
官，官员	sḭ mian		
朋友，友人	pauʔ grɔm	弟弟，弟	pṵʔ sḭ meʔ
盲人，瞎子	pui duk	妹妹，妹	pṵʔ bṵn
跛子，瘸腿	pui tɕhɔh	伯父，伯伯	tiŋ

伯母	tiŋ	蹄，蹄子	gip
叔父，叔叔	kɯiŋ	皮，皮肤	hak
婶母，婶婶	mɛʔ	毛	hauk
侄子，侄儿	kɔn pauʔ ʔaik	尾巴，尾	si daʔ
舅父，舅舅	pauʔ	马	bruŋ
舅母，舅妈	mɛʔ	驹，小马	kɔn bruŋ
姨父	pauʔ	公马	bruŋ mhain
姨母，姨妈	mɛʔ	母马，骒马	mɛʔ bruŋ
姑父	pauʔ	马鬃，鬃	si gu bruŋ
姑母，姑姑，娘	mɛʔ	羊	peʔ
		绵羊	zuŋ
亲戚	pauʔ n̪iɛʔ	山羊	peʔ raŋ
岳父，泰山	pauʔ	羊羔，小羊	kɔn peʔ
继母，后母	mɛʔ taŋ	绵羊羔，小绵羊	kɔn zuŋ
岳母	mɛʔ		
丈夫，老公，夫	mɛʔ	羊毛	hauk peʔ
		骡子，骡	lɔ
妻子，老婆，妻	mɔiŋ	驴	la
		猪	lik
寡妇	mɛʔ mai	公猪，种猪	lik ɲha
孤儿	kɔn dɔi	母猪	lik mɛʔ
牲畜，家畜	khɔŋ brɛ	猪崽，小猪	kɔn lik
牛	mɔi krak	狗	sɔʔ
黄牛	mɔi	猎犬，猎狗	sɔʔ vuh
水牛	krak	猫	miau
牛犊	kɔn bɛʔ	兔，兔子	kaŋ kɔi
	mɔi mhain krak	鸡	ʔia
公牛	mhain	公鸡，鸡公	ʔia si mɛʔ
母牛	mɔi mɛʔ krak mɛʔ	母鸡，鸡婆	ʔia mɛʔ
牛粪	ʔain mɔi ʔain krak	小鸡，鸡崽	kɔn ʔia
犄角，角	ruŋ	雏鸡	

鸡冠	si koi ʔia	鹞	klaŋ tɕie
翅膀	pruik	雕	klaŋ mɛʔ ʔia
羽毛，羽	hauk	猫头鹰	plaŋ plɔh
鸽子，鸽	ku kɛ	燕子，燕	si vaik
野兽，动物	tɔ tiak	雁，大雁	han tiak
虎，老虎	si vai koh ku	麻雀，雀	saik
狮子，狮	si vai saŋ si	蝙蝠	blak
龙	si zɔŋ	喜鹊，鹊	ka tɕak
爪子，爪	ŋhim	乌鸦，鸦	lak
猴子，猴	rau khauʔ	野鸡，雉	ʔia praiʔ
象，大象	saŋ	鹦鹉，八哥	le
豹，豹子	si vai	斑鸠	si kaɯʔ
熊，狗熊	krih	布谷鸟	ʔɯp pit
野猪	preh	龟，乌龟	rɯih
鹿	tɕak	蛇	si ʔuiŋ
麂子，麂	poih	青蛙，蛙	khiat
麝，獐，獐子	koi	蝌蚪	raih roh (ʔ la lɣ)
		鱼	kaʔ
麝香	kla kɔi	有毛虫	kɔn
水獭，獭	phiʔ	无毛虫	viak
刺猬	ghot	臭虫	huŋ
鼠，老鼠	kiaŋ	跳蚤，蚤	diap
松鼠	lai	衣虱	bruiŋ
黄鼠狼，黄	tau	头虱	siʔ
鼬		虮子，虱卵	tɔm siʔ tɔm bruiŋ
豺，豺狗	brauk	苍蝇，蝇	rɔi
狼	sɔʔ la	蛆	graik
狐狸，狐	sɔʔ praiʔ	蚊子，蚊	braŋ
鸟	sim	蜘蛛，蛛	grɯih
鸟窝，窝	mhɯm sim	蜈蚣	siʔ si ʔuiŋ
鹰，老鹰	klaŋ	蚯蚓	ŋɔ

旱蚂蟥	blɔm	葡萄	pliʔ siat
水蚂蟥	kliŋ	板栗，栗子，栗	kɔm（?）
蚂蚁，蚁	muik		
蚕	kɔŋ ʔaiŋ luat	芭蕉，香蕉	muah
蜜蜂，蜂	zhia	甘蔗，蔗	meʔ
蝗虫，蚂蚱	si do	核桃	mak man
蜻蜓	ʔak zɔŋ	庄稼	to ma
蝴蝶，蛾	puŋ piaŋ	粮食，粮	prɛʔ
蜗牛	luʔ	水稻，稻子	ŋhoʔ kauŋ
树	khauʔ	糯米	ŋhoʔ pit
干（树干）	gɔŋ	种子	si mɛ
枝（树枝）	kak		kla kauŋ（van
根（树根）	num	秧，秧苗	kla?）
叶子，叶	lhaʔ	稻穗	pliʔ ŋhoʔ
花	tai	稻草	breʔ, glauh
水果，果	pliʔ	稻谷粒	mu ŋhoʔ
果核，核	sok	小麦，麦子	ŋhoʔ tɕaʔ
芽	plauŋ		ka muŋ（? ka
花蕾，花苞	lɔm tai	荞麦，荞子	muŋ）
柳树，柳	khauʔ si glai		ȵoik pliʔ ŋhoʔ
杨树，杨	khauʔ nau	麦芒	tɕaʔ
杉树，杉	khauʔ giʔ kat	玉米，包谷	si vɔŋ
松树，松	khauʔ giʔ	小米	kɔi
柏树，柏	khauʔ piak vhan	棉花，棉	tai（? tai pruʔ）
竹子，竹	ʔoʔ	麻，苎麻	gan
藤子，藤	nhu	蔬菜，菜	tauʔ
刺儿，刺	kat	萝卜	praŋ pryk
桃，桃了	pliʔ tc	辣椒	mak kram
梨，梨子	mak li	蒜，大蒜	si hɔ（? hɔ）
橘子，橘	mak tɕok	姜，生姜	si giŋ
柿子，柿	pliʔ krɔŋ moi	马铃薯，土	hon hɔʔ

豆		猪食	sɔm lik
绿豆	ʔian	马料	lhiau bruŋ (ʔ liau bruŋ)
小饭豆	pi		
黄豆	tɕum	线	kui
蚕豆	tu kram	布，布匹	man
豌豆	tɔm goi	丝，丝绸	luat
草	rip	绸子，绸	pre
蘑菇，菇	tih	衣服，衣裳	si beʔ
木耳	tih zhauk zhaʔ	领，衣领，	ŋɔk si beʔ
米	gauʔ	领子	
饭	ʔɯp	袖，衣袖，	taiʔ si beʔ
粥，稀饭	mɔik	袖子	
面粉，面	mɔk ɲhɔʔ tɕaʔ	纽扣	pliʔ si beʔ , tuɯn
肉	neʔ	裤子，裤	khlaʔ
瘦肉	neʔ huik	裙子，裙	dai
脂肪油，动物油	bɯ	头帕，头巾	lɔk kaiŋ
		帽子，帽	mhɔk
清油，植物油	bɯ		mauʔ pɔŋ , mauʔ
		腰带，皮带	khlaʔ
花椒	si giap (si kiap ʔ)	裹腿，绑腿	lɔk tɕauŋ
		袜子，袜	toŋ tin , va
糖	nam ʔɔi	鞋，鞋子	kiap
蛋	tɔm	梳子	si gah
汤	rɔm rhɯp	耳环，耳圈	krim
酒	plai	项圈，颈圈，项链	kɔŋ
茶	la , tɕhaʔ		
烟	sup	戒指	dʑɯp gian
药	si dah	手镯，镯子	ble
糠	kam	枕头	mhɔn gauŋ
稻糠	kam ɲhɔʔ	席子，席	dʑhat
麦糠，麸子	kam ɲhɔʔ tɕaʔ	垫子	mhɔn

房子，屋	ɲiɛʔ	火把	prɔh
房顶，屋顶	piaŋ ɲiɛʔ	香，烧的香	nɔŋ
房檐，屋檐	brauʔ	垃圾	ɲhɯ ɲhɔk
地基	guaŋ ɲiɛʔ	灶	ru tau
仓库	krau	锅	ʔɔ
砖，砖头	tɕuaŋ	盖儿，盖子	dɛp
瓦，瓦片	bɤŋ, waʔ	蒸，蒸笼	ŋhauŋ
墙，墙壁	diŋ	刀	vaik
木头，木	khauʔ	柄，把儿	krɔŋ
木板，板子	phia	勺子，勺	lɔk tuh
柱子，柱	rɔŋ	碗，饭碗	klɔŋ
门	si vɛʔ	盘子，碟	phaŋ
	dauʔ dɔh diŋ,	筷子	thu
窗，窗子	tɕaŋ fɔŋ (?)	瓶，瓶子	kɔŋ
梁	praŋ	罐子，罐	ʔein
椽子，椽	si ʔɔʔ	坛子，坛	tom
篱笆，篱	vɛ, dɛ	壶，水壶	tɔŋ fuʔ
园圃	si pɯm	缸，水缸	ʔaŋ
东西，物品	krauŋ	水桶，桶	tuŋ
床，床铺	ku	水盆，盆	phɯŋ
箱子，箱	tɤk, tɯk	箍子，箍	dʑhauk
	nam tɔŋ bɔn (?	瓢，水瓢	buk
镜子，镜	nam taŋ), si liak	三脚灶架，	phaɯʔ
扫帚，帚	bih	锅架	
灯	di (ʔ tɤŋ)	火钳，夹火	si giap ŋu
柴禾，木柴，柴	khiʔ	钳	
		吹火筒	lɔk phrɯ ŋu
火炭，炭	gauʔ ŋu	竹筒	lɔk ʔɔʔ
火石	si mauʔ pai	背带	dua
火绒	ɲhɯ pai	秤	dʑiaŋ
火镰	pai rhiam	斗，方斗	to

升（？亩）	sain	钻子	pa kloŋ kloik
钱，钱币	mau	刨子，推刨	thui
货物，货	krauŋ tɕoih	犁	thai
利息，息钱	rau	铧	to thai, phraŋ
针，衣针	n̠eʔ	耙，耙子	phy
梯子，梯	bɔŋ	锄头	khɔ
棍子，棍	khauʔ	扁担，扁挑	khauʔ glɔm
马鞍，鞍	ʔan	绳子，绳	mauʔ
马笼头，笼头	dʑup dʑhɯih bruŋ	楔子	dʑim
		镰刀	si vɔk
马镫子，镫子	tuɯ (？)	水槽	dɔŋ rɔm
马掌，掌子	rhiam gip bruŋ	水碓	bo dik (？ bo rɔm)
马槽	dɔŋ sɔm bruŋ	臼	bo, po
后鞯	si ghlu	杵，杵棍	griʔ
缰绳，马缰绳	mauʔ khɯ	筛子	ghrɯŋ
		簸箕	bia
马鞭子，马鞭	mauʔ si vɐt	磨	mɔ
		织布机	tɕak taiŋ man
驮架，马驮架	khauʔ tɕi kuŋ	柴刀，弯刀	pa kɔ
		刀鞘，鞘，刀套子	giaŋ
牛轭	ʔiak, ʔu ʔiak (？)		
牛鼻圈	mauʔ mɯih mɔi	枪	nat
船	rɣ	弩，弩弓	ʔak
木筏，竹排	kram (pram ？)	箭	te
器具，工具	krauŋ siau	圈套，套	groi
斧子，斧	mɔi	陷井	dauʔ ʔo (？)
锤子，锤，鎯头	daiʔ	火药	nam siu, nap su (？)
凿子	dʑhaik	毒	tɕai
锯子，锯	dʑhi	网，鱼网	rup

字，文字	ŋai lai		kɔn bo̤i（？tɔm
信，书信	lai	影子，影	bo̤i）
画，图画	riaŋ	梦	tɕa mauʔ
书	lai	东边，东方，东	plak lih si̤ ŋai?
纸，纸张	tɕe		
笔	piʔ	南边，南方，南	plak tɕauŋ ma̤ seh
墨，墨汁	mɤk		
话，语言	lo̤ʔ	西边，西方，西	plak gli̤p si̤ ŋai?
故事	buɯn		
歌，歌曲	lo̤ʔ ŋɯi, lo̤ʔ kɔ	北边，北方，	plak tɕauŋ ma̤ lauŋ
舞蹈	klɛh	北	
鼓	ka̤ duɯŋ	中间，中	si̤ na̤?
锣	bra	旁边，旁	prauk
钟,时钟	hiŋ	左边，左方，左	plak gua?
笛子，笛	ʔak leh		
铃，铃铛	hiŋ	右边，右方，右	plak dɔm
神仙，神	si̤ ziɛʔ		
鬼	si̤ ŋɛ	前面，前	plak ŋai
佛，佛像	pha tɕau	后面，后	plak khai?
灵魂，魂	khuan	外边，外面	plak prai?
力气，力	riaŋ	里边，里面	plak dauɯ?
事情，事	kaiŋ	角落，旮旯	dauk
办法，法子	kraʔ ʐuh , paŋ fa̤?	尖儿，尖	toih
记号	mhai	边儿，边边，	prauk
生日	ŋai? keh	边	
姓，姓氏	ru	周围，四周	veŋ
名字，名	kauɯ?	上，上面	piaŋ
错误，错	lut	下，下面	qruɯm
裂	tuh	今天，今儿	ʔin si̤ ŋai?
痕迹	rho̤i	昨天，昨儿	ko̤?
渣滓，渣子	tɕiɛh	前天，前日	ʔan ŋai?

明天，明日	pon saʔ	六，6	liah
后天，后日	siˇ gauʔ	七，7	ʔa liah
白天，白昼	pon ŋaiʔ	八，8	daiʔ
早晨，早上	pon ŋɔp	九，9	dim
中午	dʑuŋ si naiʔ	十，10	kau
晚上，晚间	pon bo	百，100	ziɛh
夜里，半夜	pon sɔm	千，1000	rhen
日子，日期	si ŋaiʔ	万，10000	mhuɯn
月，月份	khiʔ	一半，1/2	tiʔ plak
年，年头	num	第一	tiʔ tiʔ
今年	num ʔin	第二	tiʔ ra
去年	num luan	庹，展臂长	tɔp
明年	num ka	一尺，尺	khauʔ
从前，以前	diʔ diʔ	大拃（拇指	deʔ
现时，现在	zam ʔin	与中指距）	
开始，开头	dʑauh	小拃（拇指	gauŋ
春，春季，春天	bɔk van	与食指距）	
		一会儿	tiʔ vut
夏，夏季，夏天	bɔk rauʔ	一些	tiʔ blah
		我，吾	ʔɤ
秋，秋季，秋天	bɔk kauʔ ŋhɔʔ	我们	ʑiʔ
		你，汝	maiʔ
冬，冬季，冬天	bɔk ruŋ	你们	peʔ
		他，她，它	nɔh
新年	num khrauʔ	他们	kiʔ
节日，节	vɔ	咱们	ʔeʔ
一，1	tiʔ	大家	pui huŋ
二，2	ra	自己	tɕau
三，3	loi	别人，人家	pui taŋ kauʔ
四，4	pon	这	ʔin
五，5	phuan	这些	ʔin kiʔ

这里，这儿	tiŋ	深	rɯʔ
这样	nin	浅	thɔ
那（近指）	ʔan	满	nauk
那（远指）	ʔan	空	ʑi
那些	ʔan kiʔ	多	hauh
那里，那儿	tan	少	zɔm
那样	nan	方	pɔn pak（?）
谁，孰	mɔʔ	圆	lɔm le
什么，啥	tiʔ	扁	tip
哪里，哪儿	dɯ mɔʔ	尖	tɕhɔik
何时，什么时候	lai mɔʔ	钝	bɯm
		平	si beŋ
怎么，怎样	ʑuh kah mɔʔ	皱	rak rɯn
多少，几多	mɛʔ diŋ	正	sɯ
全部，所有	khɔm ʔuik	反	blak
大	tiŋ	命中	krɔʔ
小	ʔiak	偏	lhai
粗	tiŋ mu	歪	lhai
细	siah	横	gi
高	lhauŋ	竖	dʑuŋ
低，矮	tiam	直	rɯh
凸	tɔn	弯	kɔk
凹	klɔk	黑	luŋ
长	laŋ	白	paiŋ
短	ŋɔin	红	rɔuh
远	si ŋai	黄	si graiŋ
近	deʔ	绿	klai
宽	vɛh	蓝	klai lak（? klɯ rau ma）
窄	kɔp	灰	pɯ
厚	pu	亮	riaŋ
薄	rhi		

暗	vhaik	杂乱	su sak
重	kian	对	khɔ
轻	khioŋ	错	lut
快	phai	真	ruk
慢	kɔi	假	tɕiaʔ, pɛ
早	tɕau	生的	ʔim
迟	lha	新	khrauʔ
尖锐，锋利	lɔm	旧	prim
秃	pak	好	mhɔm
清	si gauŋ	坏	lauɯʔ
浑浊	si gu	贵	ŋuah
胖	kluiŋ	便宜，贱	ziɛ
肥	kluiŋ	老（菜老）	rɛʔ
瘦	krɔʔ	嫩（菜嫩）	ʔɔn
淡，瘠	tɕuɯt	年老	kuat
干燥	krɔh	年轻	ʔɔn
潮湿	tɕauɯʔ	美，靓，美丽	mhɔm graŋ
稠，浓	toʔ	丑	brai (ʔbauɯh)
稀（水多）	rɔm	热	ʔauh
密	tan	冷	kuat
稀，稀疏	tɕiɛ	温暖	si ʔu
硬	kian	热（气候热）	mai
软	ʔɔn	凉快	si kiat
粘，黏	pit	难	nu
光滑	plaŋ	易	ziɛ
粗糙	rɛʔ	香	bhɔŋ
滑（路滑）	nu	臭	tɕuʔ
紧	sɛt	酸	nɛʔ
松	bhɔ	甜	tɛ
脆	krɔiŋ	苦	sɔŋ
结实	kauɯʔ		

辣	praiʔ	羡慕，爱慕	ghoiŋ
咸	soŋ kih	爱，喜欢	muih
淡（食盐少）	tɕɯt	安装	saɯ
涩	krin	按，按住	ʐun
腥	si ʔoi ʔim	熬	kha
腻	ŋhɯi	拔	rɯik
闲	tɛn	耙	phy
忙	ki	撇	si vit
富	mi	摆，摆放	ʔun
穷，贫穷	hot	摆动，摇摆	vu vɛt
干净	si ŋaʔ	败，失败	glup
脏	khɯiŋ	搬	gaih
活	klɔt	搬动，移动	duʔ
新鲜	ʔim	帮助	tɯm
死	ʐum	绑，捆	phiauk
清楚	si dɔŋ	包，打包	kɛ
响	luah	剥，剥壳	paih
辛苦	kha	掰，擗	lɛh
花的	prɯih	剥	tɔh
聪明	lhak	保密	moʔ
蠢	dyʔ	饱	sak
合适	khɔ	抱	tɯm
凶恶，凶	tɕauʔ	刨	thɯi
厉害	kin	背（背小孩）	puʔ
勤快	rian	进，进去	laik
懒，懒惰	nɛh	比，比较	tiak
笨	phɯm	闭（闭嘴）	mip
乖	ŋe	编（编辫了）	duiŋ
高兴	si gaɯʔ	编，编织	taiŋ
悲哀，悲伤	khrup rhɔm	变化，变	teh
陡	rɛh	改变	thai

病，生病	sauɯʔ	出产	ʐuh lih
补（补衣服）	blauʔ	出（出太阳）	lih
擦（擦桌椅）	ʔɔt	出来	lih
擦掉，抹掉	pruɯt	锄	tɕiak
猜，猜测	kʌt	穿（穿衣）	tɕɯɯp
裁，裁剪	kip	传，传递	loi
踩	dik	吹（吹号）	phrṵ
藏	mɔʔ	吹（吹火）	phrṵ
磨蹭，摩擦	ku kret	捶打	tɔk
插	suɯt	戳	klauɯh
拆（拆房子）	ziɛh	催	niat
崩塌，倒塌	ghrup	搓（搓绳）	duiŋ
掺（掺水）	pha	答应，允诺	tɕu
缠，缠绕	vu vhian	打（打人）	tɔk
馋（嘴馋）	dauʔ	打开，开	pauh
尝一尝	tɕim	闪电	khiap tɕɔ
唱	ŋuɯi, tɕhan, vɔik (?)	打雷	tuih saih
吵，吵架	si mah	带，携带	vɛʔ
炒	diak	带，带领	vɛʔ
沉，下沉	tɕom (? tɕɔm)	戴（戴帽）	tɕɯɯp
秤	dʑiaŋ	挡（挡风）	tɛ
称	tɕiaŋ	倒下，跌倒	goih
撑，撑开	viŋ	推倒	tɕot
盛（盛饭）	puk	倒，颠倒	gaih
吃	ʔih	倒掉	hɛh
冲，冲锋	phlut (? dʑiɛʔ)	到达，到	hoik
冲，冲洗	phak	得到，得	pon
舂（舂米）	tauɯh	等待，等	krɔʔ
抽，抽出	lɔt	地震	kla ruɯm (? kla ruŋ)
抽，吸	zɔt	低（低头）	ŋuɯm

点（点火）	tok	酵了）	
烧	gluɯiŋ	发烧，高烧	haʔ
点（点灯）	tok	反刍	sai rɔiŋ
垫	mhɔn	纺（纺纱）	kliŋ
凋谢，谢	that	放，放入	saɯ
含	kum	放牧	liaŋ
掉，掉落	tɕot	飞，翔	pu
吊，悬	tak tyi	分，划分	guah
钓	met	分离，分开	taŋ hu
叮，叮咬	kiat	使分开	kih
钉子	ʥim	疯，发疯	zhot
钉	tɕim	缝	tɕaiŋ
丢失，失	tik	敷	kraiʔ
懂，明白	tɔŋ	孵，抱	num
凝固	ron	扶	ʥoih
冻（手冻了）	kauŋ	腐烂	si ʔum
动，蠕动	tɕhuh	埋，捂	khuɯm
读，念	phat	盖，盖住	lhop
堵塞，塞	thɔʔ	干，干旱	krɔh
跨，渡	tiaŋ	敢	pon
断（线断了）	dut	告诉，告知	krai
拉	bluh	割（割肉）	pat
断（断了）	pot	割断	tat
撅	viah	割（割草）	tuah
堆，堆起	pum	给，送给	tɔʔ
收藏	prɛʔ	耕(耕田)	thai
剁（剁肉）	gam	钩，钩住	kuaik
跺（跺脚）	taɯh	够，足够	kup
饿，饥饿	tɕai rhɔm	雇，雇佣	tɕaɯ
发抖，颤栗	si zaɯŋ	刮（刮毛）	khuɯt
发酵（已发	hoik	刮风	bhaɯŋ

挂，悬挂	vhak	养	ʔɯi
关，关闭	soŋ	获得，得到	pon
关，关进	plaik	和(和泥)	mhi
管，管理	kuaŋ	积，积存	rhɔm
灌，灌注	rauk	挤，挤出	biat
跪	gruʔ	记得	prɛʔ tiʔ tɔŋ
滚，滚动	baŋ lia	系，拴	ven
过（过桥）	tiaŋ	捡，拾	sut
过，经过	tauh	剪	kip
害羞	kaik	交付	tɔʔ
害怕，怕	lhat	浇，浇灌	sauɯ (ʔ plua)
叫（叫他来）	kok	焦，糊	lɯiŋ
喊叫	riak	嚼	pɛm
喝，饮	ȵaɯʔ	教	gauɯ
合适	khɔ	叫，啼	ʔu
恨	koiŋ	叫，母鸡叫	ka tɔt
烘，烘烤	ka	叫，名叫	kaɯʔ
哄（哄孩子），求	ȵɔ	揭，揭开	tɕih
划（划船）	haik	结果子	pliʔ
画，绘画	khua	借（借钱）	ʑauk
怀孕	ŋhe	借（借物）	vai
还，退还	viat	浸泡，泡	tɕe
换	loh	进，进去	laik
挥动，挥	vu vɐt	闯过	prauɯŋ
回，返回	dɯih	救，抢救	tauh
回答，答	pɔk	居住，住	ʔot
毁灭，毁	lauɯʔ	举，举起	ʑauk
使毁灭	plauɯʔ	锯	si
会	tɕiʔ	卷，卷起	pua
活	klɔt	掘，挖	kauŋ
		开（开门）	pauh

开，滚，沸	lok	流（水流下来）	la
开（开花）	pruih	留	ʔum
开始	dʑaɯh	聋	lhut
砍（砍树）	kit	漏	rɔik
看	gaik	滤，过滤	tɕia
看见，看到	ʐauʔ	摞，摞起	gap
扛，肩扛	klɔm	落（太阳落山了）	glip
烤（烤火）	tɕo		
靠，依靠	nɣ		
磕头，跪拜	krup	麻木，麻	mu mi
咳嗽，咳	mauk	骂	dʑhaʔ
渴，口渴	krɔh ghok	埋	khum
刻，雕刻	ghlɔk	买，购	liak
肯，同意	tɕu khliak, khiak (?)	卖，售	tɕoih
		满（满了）	nauk
啃		鸣，鸣叫	ʔah loʔ, tɕu tɕik (?)
抠	kuaih	灭，熄灭	ʐut
扣（扣扣子）	tɕup	明白，理解	tɔŋ
空闲，闲	ten	摸	pu pi
哭，泣	ʐiam	磨（磨刀）	klaiŋ
拉	bluh	磨（磨面）	krut
拉屎	ʔaiŋ	拿	tɯi
来	hoik	拿到，拿住	pon tɯi
捞	vhaiŋ	挠（挠痒）	kraik
勒	nhɔt	能够，能	pon
累，乏	tauk	蔫，发蔫	laiʔ
连接，连	toi	拧（拧毛巾）	si ʐiat
量，计量	tiak	呕吐，吐	hau
晾，晾晒	ʐaŋ	爬，爬行	mo
裂开，裂	tuh	爬（虫爬）	mo
淋	lauh		

爬（爬山）	hauk	切，切割	sit
爬（爬树）	hauk	亲（亲小孩）	ŋhɯt
盘旋	pai liŋ	驱逐，赶走	ghrɯɯ
跑，跑步	to	取	tɯi
赔偿，赔	phyiʔ	娶	moiŋ
佩带	vɛʔ	去，离去	hu
膨胀，胀	ploih	痊愈，愈	vai
碰撞，撞击	pam, pɯm	缺，缺口	veŋ
披（披雨衣）	tɕah	染	siaŋ
劈，劈开	luk	嚷，大叫	riak
漂浮，漂	si bloi	热，烧热	ŋu
泼（泼水）	lhauk	忍耐，忍	gu
破，剖	piak	认得，认出	tɔŋ
破，撕	griah	扔，弃	tik
破，破碎	maʔ	溶化	rɔm
破，破旧	doh	揉（揉面）	tu tɯik
破（碗破了）	maʔ	洒（洒水）	phruah
打破（打破碗）	pauh maʔ	撒（撒尿）	nɯm
		撒（撒种）	rhuat
剖，剖开	pih	散开，松开	gah
铺（铺床）	tɔm	解开，放开	kah
欺骗，骗	tɛh	扫，打扫	pih
砌，垒	gruʔ	杀，杀死	pauh
骑（骑马）	bruk	筛（筛米）	ghrɯɯ
起来，站起	kauh	晒（晒干）	hok
牵，牵引	tuk	晒（晒太阳）	tɕo
欠（欠钱）	tɕyk	射（射箭）	puiŋ
抢，争	si ghraŋ	射中，打中	krɔʔ
敲，打	tɔk	生长，成长	vhuaŋ
翘，翘起	dʑɯŋ, kaŋ kot (?)	生锈	rhɔ
撬	si vauh	疮，疖子	muat

生，生育	keh	锁（锁门）	sɔ
生气，发脾气	tɕauʔ	塌，塌陷	bɛh
升起	hauk	一起抬	si grɔŋ
失落，丢失	grai	淌，流淌	ʔiŋ
使，使得	kɛh	躺，躺下	grɤ, nɔi
释放	plɔi	烫（烫手）	haʔ
是	mɔh	逃跑，逃走	to
收割	vɔk	痛（头痛）	sauɯʔ
收到	rɛp	踢（踢人）	tiat
守卫，保卫	pauɯ	剃	khlau
梳，梳理	sat	天阴	tɕɯp praiʔ
输，罚款	sɛ	天晴	kɔik praiʔ
熟（煮熟）	sin	天亮	riaŋ praiʔ
熟（果子熟了）	tuɯm	天黑	vhaik praiʔ
瘦，瘦了	krɔʔ	填，填充	tɕuɯ
数，点数	si min	舔	lɛt
漱（漱口）	phak	挑选，选	lauk
摔，摔倒	tɕaŋ klat	挑，扛	klɔm
闩（闩门）	sɔŋ	跳，跳舞	ghrauh
拴，拴住	phiauk	跳（跳过去）	si dot (ʔ taiŋ)
睡，睡觉	ʔit	贴	klɛp
睡着，入睡	laik ʔit	听	ɲhiat
吮，咂	puɯp	听见	mhɔŋ
说	krai	偷，偷窃	brɛʔ
撕，撕开	riah	投掷，投	puah
死，死亡	ʐum	吐（吐痰）	baik
算，计算	sɔn	推	n̩hot
碎（碎了）	phɔŋ	退（后退）	duɯih
压碎	gut phɔŋ	吞，吞咽	bluɯt
		拖（拖走）	si rɤ (ʔ si rɔ)
		脱（脱衣）	puɯik

驮，运	taŋ	休息	laɯʔ
挖	pauk	绣，刺绣	khiap（?）
剜	kuaik	学，学习	gaɯ
弯（弯了）	kɔk	熏	muɹt
弄弯，搞弯	gɔk	寻找，找	sɔk
完，结束	hɔik	压	gut
玩耍，玩	lin	研，研磨	klɯik
忘记，忘	pi	痒	ŋeʔ
吃奶，喂奶	pɤʔ	咬	kiat
闻，嗅	ŋhuɹt	舀（舀水）	puk
问，提问	tɕhɔk	要（给你要）	tɕieʔ
握，握住	dʑhɔp	拉，牵	tuk
捂，捂住	si mum	依靠，靠	du
吸（呼吸）	si lot	溢（溢出）	kreh
洗（洗衣）	si dauʔ	赢，胜利	peʔ
高兴	si gauʔ	游泳	loi
瞎，盲	duk	有（有钱）	koi
下（下楼）	lih	有（有人）	koi
下（下崽）	ʐha		si daɯh, tiŋ tah
下（下蛋）	tɔm	遇见，碰见	（?）
下（下雨）	lih	晕（头晕）	kliŋ
相信，信任	zi	栽，栽种	sum
想，思考	kɤt	在（在家）	ʔot
想起，记起	li rhɔm kah	凿	saik
像，相似	ʔɔm	刺，捅	suat
消（消肿）	vai	扎，戳	duŋ
削（削铅笔）	bhɔik	站，站起	tɕuŋ
小心	rian rhɔm	张（张开嘴）	ʔaŋ
笑	ɲiah	长，生长	kuah
写	tiam	涨（水涨）	vhuan
醒（睡醒）	hain	胀（肚子胀）	hauk

着（火着了）	tɕap	追，追赶	phɯt
找到，寻着	ʑauʔ	捉（捉小鸡）	gɛʔ
蛰，叮	hɯik	啄（鸡啄米）	kauh
蒸	ŋhauŋ	走（走路）	hu
知道，晓得	tɔŋ	钻（钻入里面）	krɯt
织，编	taiŋ		
指，指着	tɕi	钻（钻孔）	klɔŋ kloik
种（种菜）	sum	醉	ʑoik
肿，浮肿	ʔuah	坐，乘	ŋɔm
煮（煮饭）	kɯih	做（做事）	ʑuh
抓（抓住）	pin	做梦	tɕa mauʔ
装（装进）	saɯ		

参考文献

[1] 颜其香 周植志等 编. 佤汉简明词典[Z]. 云南民族出版社, 1981.5。

[2] 周植志 颜其香 编著. 佤语简志[M]. 民族出版社, 1984。

[3] 中央民族学院少数民族语言研究所 编. 中国少数民族语言[C]. 四川人民出版社, 1987.11。

[4] 王敬骝等 搜集整理. 佤语熟语汇释[Z]. 云南民族出版社, 1992。

[5] 王学兵 译著. 司岗里传说(中国·沧源文化丛书之一)[M]. 远方出版社, 2004.4。

后　记

  我在校对本书时采取了"错误的必改，可改可不改的尽量不改"的原则，有疑问之处都查阅了词典及相关资料，实在还有疑问的则在旁边标记以与读者共商榷。此外，我还将原稿中未用云龙国际音标输入法输入的部分，为方便统一用云龙国际音标输入法重新输入。

  由于水平、时间、精力等主客观因素，本书不尽如人意之处在所难免，欢迎读者给予批评指正，读者可通过邮箱 nyisang@163.com 与我们联系，以便本书再版之时参考。

  非常期盼您的建议与支持！

校对者　李求
2010 年 4 月 3 日　星期六